LIÇÕES

DE

LIDERANÇA

DE

SPURGEON

LIÇÕES DE LIDERANÇA DE SPURGEON

LARRY J. MICHAEL

Spurgeon on Leadership: Key Insights for Christian Leaders from the Prince of Preachers
© 2003, 2010 por Larry J. Michael

Publicado por Kregel Publications, uma divisão da Kregel, Inc., P.O. Box 2607, Grand Rapids, MI 49501.

1ª edição: novembro de 2024

Tradução: Omar de Souza
Revisão: Ana Maria Mendes (copidesque) e Raquel Carvalho (provas)
Diagramação e projeto gráfico: Sonia Peticov
Capa: Julio Carvalho
Editor: Aldo Menezes
Coordenador de produção: Mauro Terrengui
Impressão e acabamento: Imprensa da Fé

As opiniões, as interpretações e os conceitos desta obra são de responsabilidade de quem a escreveu e não refletem necessariamente o ponto de vista da Hagnos.

Todos os direitos desta edição reservados à
EDITORA HAGNOS LTDA.
Rua Geraldo Flausino Gomes, 42, conj. 41
CEP 04575-060 — São Paulo, SP
Tel.: (11) 5990-3308

E-mail: editorial@hagnos.com.br | Home page: www.hagnos.com.br
Editora associada à Associação Brasileira de Direitos Reprográficos (ABDR)

Dados Internacionais de Catalogação na Publicação (CIP)

Michael, Larry J.
 Lições de liderança de Spurgeon: os segredos do Príncipe dos Pregadores para os líderes de hoje / Larry J. Michael. – São Paulo: Hagnos, 2024.

 ISBN 978-85-7742-576-1

 Título original: Spurgeon on Leadership: Key Insights for Christian Leaders from the Prince of Preachers

 1. Liderança cristã 2. Spurgeon, C. H. (Charles Haddon), 1834-1892 I. Título

24-5283 CDD 248.4

Índices para catálogo sistemático:
1. Liderança cristã

Angélica Ilacqua CRB-8/7057

Relembrando líderes cristãos que foram importantes na minha formação:

Reverendo David E. Beer (1938-2008)
Doutor Lewis A. Drummond (1926-2004)
Reverendo Ralph A. Michael (1923-1999)
Doutor Stephen F. Olford (1918-2004)

SUMÁRIO

Endossos 9
Prefácio 13
Agradecimentos 15
Introdução 17

PARTE 1
UM LÍDER PARA TODAS AS CIRCUNSTÂNCIAS

1. Competência: Desenvolvendo e demonstrando liderança 21
2. Confiança: Equilibrando fé, atitude, iniciativa e humildade 41
3. Contexto: Spurgeon na Inglaterra vitoriana 63
4. Chamado: Conversão e crescimento 77
5. Caráter: Um exemplo de integridade 99

PARTE 2
LIDERANDO AO LONGO DAS ESTAÇÕES

6. Moldando a visão: Objetivos e planejamento de Spurgeon 121
7. Coragem: Em defesa da justiça, das Escrituras e do ensino sadio 141
8. Compromisso: Ensinando e servindo de modelo de devoção à família 159

9. CRIATIVIDADE: pregação, métodos e inovações
   ministeriais 185
10. COMPAIXÃO: Firmeza pessoal e ternura pastoral 208
11. OBSTINAÇÃO: Liderando apesar de críticas e conflitos . . 222
12. PERSISTÊNCIA: Lidando com problemas de saúde
    e depressão. 243

PARTE 3
COLOCANDO EM PRÁTICA AS LIÇÕES DE UM LÍDER

13. Um líder para o mundo em crise 275
14. Um líder para os desafios de cada dia 290

Conclusão: O legado duradouro de liderança de Spurgeon 297
Apêndice: Esboço biográfico de Charles Haddon Spurgeon 301

ENDOSSOS

"A liderança continuará sendo um assunto importante no século 21. Larry Michael pegou um pastor heroico do século 19 e o apresentou como um modelo contemporâneo para os líderes cristãos de hoje. No processo, ouvimos Spurgeon tratar muitas questões relacionadas à liderança de uma maneira desafiadora que nos mobiliza a todos. Recomendo enfaticamente este livro a todos que estudam e levam a sério a liderança!"

JOHN C. MAXWELL
Fundador do INJOY Group

"Meu bisavô se converteu a Cristo e recebeu seu treinamento pastoral durante o ministério de Charles Spurgeon. Ele me transmitiu muitas das percepções de Spurgeon por intermédio de seus livros e artigos, coisas que guardo no coração até hoje [...] O modelo de liderança de Spurgeon influenciou profundamente minha vida e meu ministério. Estou entusiasmado com esse novo livro maravilhoso e perspicaz de Larry Michael, que apresenta o modelo de liderança de Spurgeon a uma nova geração."

RICK WARREN
Autor de *Uma vida com propósitos* (Vida)

"Em toda geração emerge um pequeno grupo de líderes para estabelecer o ritmo e os padrões da liderança. Charles Haddon Spurgeon foi, definitivamente, um desses grandes líderes. E agora, Larry Michael, um dos autênticos acadêmicos de Spurgeon de nossos dias, reúne as qualidades e os traços que fizeram de Spurgeon um exemplo para nós no século 21. *Lições de liderança de Spurgeon* é formidável. Dr. Michael verdadeiramente escreveu um livro para ser lido por muitos e ser usado em sala de aula durante muitos anos daqui para frente."

THOM S. RAINER
Deão no Seminário Teológico Batista do Sul dos Estados Unidos e CEO da Lifeway Christian Resources

"O autor Larry Michael conhece Spurgeon como ninguém mais nos Estados Unidos. Todo parágrafo deste livro transparece entusiasmo por Spurgeon, e em suas páginas há dúzias de exemplos do que Spurgeon fez, pensou e disse. Se você deseja aprender sobre Spurgeon, então leia o que Larry Michael diz sobre ele."

ELMER L. TOWNS
Deão na Escola da Religião da Universidade Liberty

"Numa época em que a liderança do lar, da igreja e da nação anda tão fraca e prejudicada, um livro baseado no conhecimento bíblico e na experiência pastoral de Spurgeon sobre a liderança cristã é tão oportuno quanto crucial."

STEPHEN F. OLFORD
Diretor e fundador do Centro Stephen Olford de Pregação Bíblica

"Larry Michael escolheu um dos maiores líderes da História, Charles Spurgeon, como modelo para líderes e pastores de hoje. Spurgeon foi um verdadeiro fenômeno em sua época, antecipando-se em um século na construção de uma megaigreja. Todo pastor e líder será grandemente abençoado por intermédio deste livro."

JAMES MERRITT
Pastor sênior da Primeira Igreja Batista em Snellville, Geórgia (EUA)

"Eis aqui uma abordagem renovada de um dos expoentes na história da Igreja Evangélica. Larry Michael traz Spurgeon de volta à vida e nos mostra por que todos temos tanto a aprender com o maior mestre do pastorado desde a Reforma."

TIMOTHY GEORGE
Deão da Beeson Divinity School na Universidade de Samford e editor executivo da revista Christianity Today

Endossos

"*Lições de liderança de Spurgeon* é uma companhia indispensável às muitas obras sobre o pregador Spurgeon. Recomendo com ênfase [...] este livro de Larry Michael à medida que fornece material de mentoreamento útil a partir da vida de Spurgeon sobre o aspecto-chave da formação espiritual de um pastor."

DAVID COFFEY
Secretário geral da União Batista da Grã-Bretanha e
vice-presidente da Aliança Batista Mundial

"O doutor Michael escreve com integridade. Ele sempre foi um exemplo de boa liderança, e seu desejo é inspirar outras pessoas a alcançar altos níveis de qualidade como líderes. Para alcançar essa finalidade, ele sabe que há muito a ser aprendido com C. H. Spurgeon [...] Este livro [...] destaca as melhores qualidades de liderança que Spurgeon colocou em prática e ensinou."

DAVID E. BEER
Pastor da Igreja Livre de Frinton em Essex, Inglaterra, e
diretor britânico do Ministério Igrejas com Propósitos

PREFÁCIO

Poucas pessoas argumentam contra o consenso de que o maior pastor-evangelista do cenário britânico durante o dinâmico século 19 foi Charles Haddon Spurgeon. Sua vida e seu ministério representam um modelo do que significa ser um pastor e líder extraordinário.

Spurgeon chegou muito jovem, aos 19 anos, ao Tabernáculo Metropolitano, como sua igreja passaria a ser conhecida posteriormente. No primeiro culto dominical em que ele pregou à congregação, apenas oito pessoas compareceram e ouviram sua mensagem. No entanto, na época de seu falecimento, 37 anos depois, Spurgeon estava sendo usado por Deus para erguer a maior igreja evangélica do mundo. Seu nome ainda é recorrente em muitos círculos, embora ele tenha partido há mais de um século. Este fato não apenas diz muito sobre a enorme capacidade de Spurgeon como pregador, mas também destaca sua liderança extraordinária no cenário londrino durante a segunda metade do século 19.

Para ser claro, aqueles eram tempos muito dinâmicos. Os britânicos da época mantinham a reputação de serem "religiosos notórios". Até hoje, a capacidade excepcional de liderar e pregar demonstrada por Spurgeon continua sendo um padrão do que significa ser um líder cristão eficaz.

Nesta obra, *Lições de liderança de Spurgeon*, do dr. Larry Michael, o autor destaca e apresenta os fundamentos e princípios básicos de liderança que Spurgeon incorporou tão bem à sua vida e a seu ministério. Este livro cobre uma ampla gama de aspectos da liderança. O dr. Michael aponta não apenas à mecânica ou à psicologia do que significa ser um líder influente, mas também a fundamentos importantes, como o compromisso cristão e o caráter moral.

Além disso, ele mostra como Spurgeon demonstrou extrema coragem e convicção nesses princípios e como, entre as várias controvérsias que cercaram seu ministério, ele se ergueu para cumpri-los com um senso genuíno de maturidade cristã e fidelidade bíblica. Michael também aborda exaustivamente certas características importantes, como estabelecer uma visão da tarefa e priorizar qualquer ministério tanto no que se refere ao estabelecimento quanto ao contexto da compaixão e da liderança pastoral. Ele não exclui o fato de que a liderança geralmente implica sofrimento, e é aí que Spurgeon verdadeiramente atingiu o ápice da liderança. Soma-se a isso o fato de o autor oferecer boas percepções a respeito da criatividade e da inovação que a liderança exige.

Basta um simples olhar sobre este livro para ficar claro o fato de que aqui estão todos os ingredientes essenciais da boa liderança reunidos no contexto da vida fascinante e do ministério do grande "Príncipe dos Pregadores" de Londres. Como o autor declara, "liderança é um tema recorrente em vários círculos hoje em dia". Tem se tornado cada vez mais evidente que muitas pessoas que trabalham nas fileiras do serviço cristão — tanto líderes cristãos quanto leigos — anseiam por uma resposta à questão: como cumprir sua visão e seu ministério para, como consequência, liderar outras pessoas no serviço a Cristo? Este livro será de imensa ajuda nessa jornada. Recomendo com ênfase a qualquer pessoa que se interesse em produzir um impacto em nome de Cristo em seu tempo e em sua geração. O dr. Michael produziu uma obra magnífica que certamente se tornará uma contribuição duradoura para muitas vidas.

Lewis A. Drummond

AGRADECIMENTOS

O escopo deste projeto foi maior do que eu inicialmente imaginei que seria. Sem dúvida, não teria se tornado realidade sem o apoio e o incentivo de outras pessoas durante a jornada.

Dr. Lewis Drummond — meu mentor na academia, meu supervisor no programa de doutorado, meu defensor, meu colega de magistério, meu amigo — contribuiu em grande medida para estes escritos. O curso que ministramos juntos na Beeson Divinity School, intitulado "Liderança segundo Spurgeon", foi a inspiração e a gênese deste livro. Sou muito grato pelo prefácio que ele escreveu, bem como pelo amor por Spurgeon que ele cultivou em minha vida. Que o dr. Drummond e sua querida esposa, Betty, sejam cobertos de muitas bênçãos.

Agradeço ao dr. Timothy George e à equipe da Beeson Divinity School (Universidade de Samford em Birmingham, Alabama) pela oportunidade de lecionar como professor adjunto ao longo dos últimos oito anos. Essa disciplina foi um estímulo que ajudou a aprimorar minhas habilidades acadêmicas e desenvolver meus processos intelectuais na área da liderança.

A família de minha igreja na "amigável" Primeira Igreja Batista em Clanton, Alabama, forneceu uma base de amor e apoio que me incentivou a escrever. Liderar uma igreja ativa significava escrever com disciplina principalmente nos períodos livres. No entanto, servir a uma congregação maravilhosa tornou a tarefa mais gratificante, e o ministério ofereceu oportunidades para aplicar os princípios de Spurgeon.

Sou uma pessoa afortunada por crescer em uma família cristã, meu pai e minha mãe, reverendo e senhora Ralph Michael, instilando em mim os valores da fé e o exemplo de liderança.

Meus filhos Ashley, Kent e Graham me inspiraram, mantiveram meu equilíbrio e forneceram alívio cômico durante o estresse inevitável de tudo isso. Junto com minha querida Mary Ann, eles me instigaram a perseguir o objetivo a cada passo do caminho.

Por fim, seja louvado o Senhor Jesus Cristo. Ele converte nossas fraquezas em força e transforma nossas possibilidades em realidades. O Líder supremo nos habilita a liderar com o grande propósito de nos fazer participantes da obra de seu Reino nesta terra. E é isso, afinal de contas, que faz tudo valer a pena.

INTRODUÇÃO

"Um dos anseios universais de nossa época é o desejo ardente por uma liderança envolvente e criativa."[1]

Liderança é um tema recorrente em vários círculos hoje em dia, incluindo a direção de organizações religiosas e seculares. Entre cristãos evangélicos, um dos nomes mais notórios quando se fala em líderes cristãos é o de Charles H. Spurgeon. Talvez nenhum líder tenha exercido impacto maior no mundo evangélico no século 19 quanto Spurgeon. Ele serviu como pastor da primeira megaigreja, o Tabernáculo Metropolitano, em Londres, por mais de 37 anos, pregando para mais de 5 mil fiéis todo domingo. Seus sermões eram muito concorridos, sendo que a maioria deles era publicada semanalmente, e continuam disponíveis atualmente.

Spurgeon escreveu dezenas de livros que continuam sendo impressos e inspirando o povo evangélico. Ele deu início a uma faculdade para o treinamento de pastores, iniciativa que atualmente é reconhecida como sendo a maior instituição evangélica para treinamento teológico da Europa. Ele fundou um orfanato para crianças sem teto que rivalizava com o do grande George Müller. Suas obras filantrópicas são lendárias e incluem mais de 25 organizações que variavam

---

[1] BURNS, James McGregor. *Leadership* — Chapter 1: Competence [Liderança — Capítulo 1: Competência]. Nova York: Harper & Row, 1978.

desde a Sociedade Maternal de Senhoras até a Sociedade para Vestir os Ministros Pobres do Tabernáculo Metropolitano. Ele forneceu ótima liderança pastoral em muitos empreendimentos que geraram avanços na educação, ações de benemerência e alívio e inovações práticas no ministério, portanto, promovendo o Evangelho de Jesus Cristo.

Sua influência se fez sentir não apenas no universo cristão, mas também nos campos social e político da Inglaterra vitoriana. Entre as pessoas que frequentavam sua igreja e gozavam de sua amizade estavam primeiros-ministros e futuros presidentes dos Estados Unidos. Ao mesmo tempo, ele era conhecido por sua habilidade em se comunicar com o cidadão comum. Spurgeon encarnou um estilo singular de liderança que influenciou a vida dos mais diferentes tipos de pessoas. Hoje em dia, ele ainda é lido e citado por muitos líderes cristãos evangélicos, fato que demonstra sua popularidade perene como figura pastoral.

Este livro destaca os princípios, métodos, ensinamentos e as inovações práticas de Spurgeon — relevantes tanto para pastores quanto para líderes cristãos leigos —, os quais podem ser aplicados com igual eficácia no púlpito, na sala de aula ou na edificação pessoal. Editoras oferecem livros seculares falando de habilidades de liderança focados em figuras políticas, como Abraham Lincoln ou Winston Churchill. Aqui e agora a comunidade religiosa passa a dispor de *Lições de liderança de Spurgeon*. Este livro permite que Spurgeon fale sobre questões relacionadas ao cristianismo que identificamos no cenário sociopolítico-religioso atual. Fornece aplicações práticas, usando a experiência de alguns líderes contemporâneos e do próprio autor no ministério. É oferecido aos leitores na esperança de que aqueles que buscam crescimento em sua liderança aprendam princípios cristãos que perduraram no tempo.

PARTE 1

UM LÍDER PARA TODAS AS CIRCUNSTÂNCIAS

1

COMPETÊNCIA:
DESENVOLVENDO E DEMONSTRANDO LIDERANÇA

> "Sigam em frente. Sigam em frente em suas realizações pessoais, em frente em dons e em graça, em frente em disposição para o trabalho e em frente em conformidade com a imagem de Jesus."[1]

Charles Haddon Spurgeon foi extraordinariamente competente no ministério, alcançando a excelência em tantas diferentes áreas da liderança que nossa mente quase se perde ao considerar a imensa contribuição que ele prestou como líder cristão. Seu nível de realizações é ainda mais impressionante à luz do fato de que ele era, em grande medida, autodidata, já que não recebeu qualquer educação formal além do nível secundário. Isso não quer dizer, porém, que Spurgeon tenha desprezado o valor da educação. Em certo ponto de seu primeiro período pastoral em Waterbeach, aquele jovem pastor considerou a possibilidade de passar por um treinamento teológico. Spurgeon recebeu propostas do Stepney College (que viria a se tornar o Regents

---

[1] SPURGEON, C. H. *Lectures to My Students* [Palestras aos meus alunos], 3 vols. (reimpressão). Grand Rapids: Associated Publishers, 1971, 2:23.

Park College da Universidade de Oxford), e o reitor fez o possível para entrevistá-lo o mais rapidamente possível. Uma reunião chegou a ser marcada em um lugar específico. No entanto, ao chegarem ao local em horários distintos, uma jovem assistente inadvertidamente os enviou a salas diferentes, e cada um supôs que o outro não tivesse comparecido. Ambos esperaram um tempo e depois foram embora. Por tudo isso, o encontro esperado não chegou a acontecer. Spurgeon interpretou esse contratempo como um sinal de que ele não deveria buscar treinamento teológico. Além disso, enquanto caminhava por um povoado simples, onde seria o orador convidado de uma associação local de pregadores leigos, ele recebeu o que interpretou como uma mensagem direta de Deus. Spurgeon escreveu:

> Em meio a pessoas comuns, fui surpreendido pelo que parecia ser uma voz muito alta, mas que poderia ter sido uma ilusão singular. Independentemente do que fosse, a impressão que tive foi muito vívida e de grande intensidade. Pareceu-me ouvir muito claramente estas palavras: "Buscas para ti grandes coisas? Não as busques!". Aquilo me levou a rever minha posição a partir de outro ponto de vista e colocar em questão minhas motivações e intenções.[2]

Spurgeon interpretou aquela experiência como uma corroboração à sua decisão de não se dedicar a treinamento teológico naquele momento. O ministério em Waterbeach havia chegado a 450 membros regulares, e Spurgeon acreditava que seu principal compromisso era conduzir o rebanho para onde Deus o havia chamado. Os eventos que se seguiram, incluindo sua chamada para Londres, reforçaram o intuito autodidata de Spurgeon em contraposição aos estudos formais em uma faculdade de Teologia.

---

[2] SPURGEON, C. H. *C. H. Spurgeon's Autobiography, vol. 2: The Early Years (1834–1859)* [Autobiografia de C. H. Spurgeon, vol. 2: os primeiros anos (1834-1859)]. Carlisle: Banner of Truth Trust, 1:207-8.

COMPROMISSO COM A EDUCAÇÃO PESSOAL

No entanto, a decisão tomada por Spurgeon de não buscar treinamento teológico formal não o impediu de perseguir obstinadamente a educação pessoal. Ele lia com voracidade, a ponto de completar a leitura de três a cinco livros por semana. Seu irmão escreveu o seguinte sobre ele:

> Ele nunca fez nada além de estudar. Eu criei coelhos, galinhas, porcos e um cavalo; ele não saía dos livros. Enquanto eu tinha afazeres aqui e ali, procurando me envolver em toda e qualquer atividade que um garoto pudesse se intrometer, ele se mantinha preso aos livros, e nada poderia afastá-lo dos estudos [...] Ele fez tanto progresso em seus estudos que, com certeza, havia poucos jovens capazes de se equiparar, e não conheço nenhum que o tenha superado.[3]

Por causa dessa obsessão positiva de Spurgeon pelos livros, ele se tornou versado em tantas coisas que se igualou — se não superou — a muitos de seus pares de ministério que se desenvolveram no conhecimento teológico e em outras disciplinas. Ele estudava não apenas a Bíblia, mas também Ciência, História, Literatura e Astronomia. Obras sobre essas disciplinas, bem como livros religiosos, compunham sua biblioteca pessoal de 12 mil títulos.

Com o tempo, o apetite insaciável de Spurgeon pela leitura o inspirou a fazer críticas dos mais recentes livros teológicos e religiosos da época, resenhando-os regularmente para os leitores de sua revista eclesiástica chamada *A Espada e a Espátula*. Além disso, escreveu um livro intitulado *Comentário e comentários*, analisando criticamente todos os comentários de sua época. Olhando para trás, alguns historiadores observaram que, quando Spurgeon se envolveu em algumas notáveis

---

[3] Ibid., 210.

controvérsias religiosas, o treinamento teológico teria ampliado seus talentos ministeriais ao enfrentar os rigores da instrução em sala de aula e da interação com outros alunos. Independentemente disso, não é possível concluir que a ausência de treinamento formal tenha resultado em qualquer tipo de desvantagem no que se refere à sua perspicácia teológica. A autodisciplina e a determinação de Spurgeon em continuar os estudos pessoais o habilitaram a manter-se *pari passu* com os desenvolvimentos e as tendências que contribuíssem com seu ministério em constante expansão.

Treinando pastores

O comprometimento pessoal de Spurgeon com a educação instilou nele um desejo de fornecer treinamento prático para pastores. Esse desejo o levou a fundar a Faculdade de Pastores, cujo nome não foi dado por ele, mas pelos ministros que viriam a receber instrução que os beneficiaria em seus pastorados locais. Ele acreditava que a competência no ministério era necessária para que os líderes progredissem no serviço de Cristo. O líder de hoje precisa estar comprometido com a competência ministerial. Educação, carisma pessoal e capacidades naturais atraem seguidores de curto prazo, mas nada poderia substituir o desenvolvimento contínuo de dons espirituais e habilidades práticas na obra do ministério. Com certeza, Deus é parceiro nesse processo, como registrado em Efésio 2:10: "Porque fomos feitos por Deus, criados em Cristo Jesus, para boas obras, as quais Deus preparou previamente para que andássemos nelas". Embora Deus nos conceda certos dons espirituais, é nossa a responsabilidade de buscar ferramentas e treinamento para a obra à qual Ele nos chama.

Muitos líderes são bem-intencionados, mas não demonstram muita disposição em seguir em frente com seu desejo de aprimorar suas habilidades. Leroy escreveu: "Boas intenções não podem substituir o bom desempenho. Líderes devem ser competentes na função que Deus lhes concedeu".[4] Ou, como ele prossegue: "Um oceano de intenções não vale mais uma gota de ação". Nenhuma intenção será capaz de equivaler à iniciativa determinada que alguém toma ao desenvolver suas habilidades à medida que persegue a excelência na liderança. Spurgeon mentoreou seus muitos jovens alunos com o seguinte conselho:

> Devemos todos aumentar nosso capital social. Jovens irmãos, estão todos fazendo isso? Vocês estão se desenvolvendo em dons e capacidades? Meus irmãos, não negligenciem a si mesmos. Observo que alguns irmãos crescem, ao passo que outros permanecem no mesmo lugar, encolhidos e atrofiados [...] O trabalho mais necessário e lucrativo é aquele em que investimos para aprimoramento mental e espiritual.[5]

Os passos para o desenvolvimento pessoal

Como alguém pode se tornar competente como líder? Isso acontece por conta própria? Algumas pessoas erroneamente presumem que líderes nasceram líderes, ou seja, sua liderança é natural, algo que não se assimila a partir de outras pessoas. Mesmo no meio cristão, existe uma tentação de supor que a liderança é simplesmente um dom espiritual e nada mais que isso. Sem dúvida, é mais correto dizer que a liderança é uma disciplina que se aprende. John Maxwell, um renomado líder de líderes cristãos, tratou deste assunto:

> Essa pergunta é feita com frequência: "Líderes nascem líderes?". Minha resposta é sempre a mesma: "Claro que sim. Assim como não líderes. Todos nascem". O que eles realmente estão perguntando é: "Algumas pessoas nascem com dons

---

[4] EIMS, Leroy. *Be a Motivational Leader* [Seja um líder motivacional]. Colorado Springs: Victor, 1996, p 109.
[5] SPURGEON, C. H. *An All-Round Ministry* [Um ministério abrangente]. Pasadena: Pilgrim, 1973, p. 262.

de liderança? Existem líderes naturais?" [...] Há pessoas que nascem com dons de liderança que possuem o potencial de se destacarem entre os melhores. No entanto, essas pessoas jamais serão os líderes que poderiam ser, a não ser que cultivem a liderança e se desenvolvam, e treinem, e aprendam, e leiam e se disciplinem. Por outro lado, não tenho dúvidas em minha mente de que você PODE aprender a liderar se NÃO teve esses dons naturais de liderança.[6]

Aprendendo a liderar

A liderança não pertence exclusivamente àqueles chamados "líderes naturais". Podemos colocar da seguinte maneira: "A melhor liderança é aquela *adquirida*, não a que é *herdada*". Há exemplos notórios de grandes líderes, de famílias de reis a nobres, que geraram herdeiros incapazes de alcançar o mesmo nível de liderança dos pais. Neste sentido, fica claro que é preciso mais do que genes para determinar até onde vão as capacidades de liderança de alguém.

Spurgeon não corroborava essa noção de que líderes fossem pessoas privilegiadas com dons de nascença e, portanto, não precisassem de treinamento. Ele reconhecia a necessidade dos ministros de se tornarem competentes em suas funções como pastores e líderes. Em uma de suas palestras semanais aos alunos da Faculdade de Pastores, ele falou sobre o tema "A necessidade de progresso ministerial".[7] Ele lamentou o desperdício de oportunidades por parte de alguns ministros que possuíam um potencial dado por Deus: "Que tristeza! Tantos jovens destroem nossas esperanças. Eles jogam dinheiro fora, vivem casamentos infelizes, são irritadiços, vagueiam à procura de novas opiniões, dão espaço ao ócio e a autocomplacência, enfim, deixam de se aprimorar de uma forma ou de outra".[8]

---

[6] MAXWELL, John. "Growing Churches" (entrevista). Outono de 1995:5.
[7] SPURGEON, *Lectures...*, 2:23-38.
[8] SPURGEON, *An All-Round...*, p. 262.

As palavras de Spurgeon revelam sua crença de que um líder deve estar disposto a se dedicar para se tornar um líder mais eficaz.

Quais são os elementos que demonstram a "competência hábil" de um líder cristão?

COMUNICAÇÃO

Líderes precisam se comunicar para liderar de forma efetiva. Não importa se você possui uma visão e que saiba aonde Deus está lhe levando. Se você não consegue comunicar isso a seus liderados, não atingirá seus objetivos.

Quais são algumas das barreiras para uma comunicação eficaz? Kenneth Gangel trata de algumas dessas em seu livro muito instrutivo para pastores, *Feeding and Leading* [Alimentando e liderando].[9] Ele menciona barreiras de percepção que podem influenciar seu raciocínio. A falta de autoestima pode restringir a comunicação, inibindo a liderança. Da mesma maneira, a pessoa pode sentir que existe uma barreira hierárquica quando se trata das diferenças entre o líder e o leigo. Conflitos de personalidade podem impedir a conexão entre o líder e os liderados. E a polarização pode ocorrer por causa da diferença entre os sistemas de valores.

Gangel prossegue dizendo que um líder precisa aprender a se conectar com os liderados, especialmente por intermédio da pregação e do ensino no contexto pastoral. Ele deve usar todas as suas habilidades sociais para transmitir sua mensagem. Na organização como um todo, o líder precisa manter as pessoas adequadamente informadas. Não passe por cima dos canais apropriados. Ofereça informação precisa, apropriada e na hora certa para motivar seus liderados. E não deixe de receber retorno por parte deles.[10]

---

[9] GANGEL, Kenneth O. *Feeding and Leading* [Alimentando e liderando]. Wheaton: Scripture Press, 1989, p. 217-220.

[10] Ibid.

Aumentando a eficácia da comunicação

Como alguém pode se tornar um comunicador melhor? Seja bem-informado. Saiba o que está acontecendo no mundo. Estude outros oradores. Perceba a maneira como eles comunicam sua mensagem. Conecte-se e identifique-se com seus ouvintes. Demonstre paixão pelo tema.

Spurgeon fez várias advertências relativas à comunicação, especialmente no que diz respeito à pregação. Ele tratou das quatro diretivas a seguir:

1. *Desenvolva clareza de estilo.* Spurgeon escreveu: "Quando alguém não me faz entender o que queria dizer, é porque ele mesmo não sabia o que queria dizer".[11] Ele criticava os falsos intelectuais de sua época que procuravam impressionar os ouvintes com sua profundidade. Com uma dose de humor, ele declarava: "Acredito que muitos pregadores *profundos* são assim simplesmente porque são como fontes secas sem nada dentro delas, a não ser folhas caídas, algumas pedras e talvez um ou dois gatos mortos".[12] Spurgeon cria que o orador deveria simplificar sua mensagem para todas as pessoas. "É suficiente ser tão claro a ponto de ser compreendido, e falar de modo que não gere mal-entendidos."[13]
2. *Desenvolva um estilo coerente.* Spurgeon ensinava seus alunos a demonstrarem paixão pelo tema. "Nosso discurso deve ser vigoroso. Algumas pessoas acham que isso consiste em falar alto, mas posso garantir que esse é um equívoco. A falta de bom senso não melhora por ser dita aos berros. [...] Sejamos vigorosos em função da excelência de nosso tema e da energia de espírito que dedicamos ao entregá-lo."[14]

---

[11] SPURGEON, *Lectures...*, 2:28.
[12] Ibid.
[13] Ibid.
[14] Id., p. 29.

3. *Desenvolva naturalidade de estilo.* Spurgeon lamentava pelos oradores cujo objetivo era entreter mais do que informar seus ouvintes. "Espero que tenhamos renunciado aos truques dos oradores profissionais, à variedade de efeitos, ao clímax estudado, às pausas predeterminadas, aos recursos teatrais, ao balbuciar das palavras, e não sei o que mais, o que podemos ver em certos religiosos pomposos que ainda sobrevivem sobre a face da terra [...] que todos possamos aprender uma maneira vívida, natural e simples de anunciar o Evangelho."[15]

4. *Desenvolva a capacidade de persuasão.* Spurgeon admirava oradores capazes de se conectar pessoalmente com cada ouvinte, "pregadores que, em seus sermões, parecem conduzir seus ouvintes um por um, e levar a verdade até o mais profundo de sua alma."[16] Ele incentivava pregadores a se adaptar às mais diferentes situações. "Adaptem-se à sua audiência. [...] O maior mestre da oratória [...] é capaz de falar com qualquer tipo de pessoa de uma maneira que se adéqua à condição do ouvinte, aumentando a chance de tocar seu coração."[17]

Spurgeon era famoso por seu dom singular de comunicação, notadamente em seu jeito de pregar. Além disso, porém, ele buscava colocar em prática a instrução que dava a seus alunos para que não fosse mal compreendido em seus esforços para compartilhar a mensagem do Evangelho de Cristo.

PREPARANDO OS SANTOS

Além de saber se comunicar com eficácia, um líder cristão demonstra sua competência por intermédio de sua capacidade de treinar leigos para o ministério. O apóstolo Paulo escreveu aos efésios que líderes

---

[15] Ibid.
[16] Ibid.
[17] Id., p. 30.

devem preparar os santos para a obra do ministério (Efésios 4:12). O líder precisa demonstrar competência quando empodera outras pessoas para servir a Cristo. Maxwell escreve: "O crescimento e o desenvolvimento de outros líderes é o chamado supremo da liderança".[18] Spurgeon via essa tarefa como essencial para o pastor:

> Realizar a obra do Senhor deve ser tão necessário a nós quanto o alimento. A obra do Pai é aquela em que também estamos envolvidos, e não há nada melhor a fazer do que imitar nosso Senhor. Digam-me, então, como Jesus começou. Ele começou construindo um imenso Tabernáculo, organizando uma conferência gigantesca, publicando um grande livro, tocando uma trombeta diante de si? Ele buscava algo grande e completamente fora dos padrões básicos de serviço? Ele apostou alto em popularidade e se fez conhecer através do sensacionalismo? Nada disso; Ele chamou para si discípulos, um por um, e instruiu cada um com cuidado e paciência.[19]

Compartilhando o ministério

A tentação de alguns líderes é realizar toda a obra do ministério por conta própria. Por causa do excesso de trabalho, da gestão e de outras responsabilidades próprias do cargo, eles deixam de delegar tarefas ou treinar pessoas para ajudá-los no ministério. Um líder precisa ser determinado no que se refere a desenvolver outros líderes. O famoso barão da borracha, Harvey S. Firestone, declarou com propriedade: "É só quando desenvolvemos outras pessoas que alcançamos o sucesso duradouro". Pastores e outros líderes cristãos não foram chamados para realizar todo o trabalho na igreja. Andrew Carnegie estava certo: "Ninguém se tornará um grande líder se deseja fazer tudo por conta

---

[18] MAXWELL, John. *Você nasceu para liderar*. Rio de Janeiro: Vida Melhor, 2018.
[19] SPURGEON, *An All-Round...*, p. 201.

própria ou ficar com todo o crédito pela obra realizada". A responsabilidade de um líder é desenvolver outros líderes.

Spurgeon dependia dos anciãos do Tabernáculo Metropolitano para conduzir a maior parte dos negócios da igreja. Eles estavam fortemente envolvidos tanto na administração quanto nos assuntos financeiros da congregação. Charles também incluiu seu irmão James na equipe de assistentes para dar conta da grande demanda de responsabilidades pastorais. Ainda assim, os ministérios em andamento eram conduzidos e organizados totalmente através dos líderes leigos da igreja. Treinamento prático era uma parte essencial do comprometimento com o ministério.

Desenvolvendo líderes à sua volta

A capacidade de um líder para desenvolver as pessoas que o cercam determinará, em última análise, os resultados de sua liderança. No contexto cristão, defino "liderança pastoral" como "o *empoderamento* de leigos para cumprir a missão de Cristo por intermédio da igreja local". Para empoderar pessoas, é necessário mobilizá-las para o ministério. Precisamos envolvê-las, delegando áreas de serviço que multiplicarão nossa própria efetividade. Tais pessoas devem ser destravadas e receber a liberdade de desenvolver seus ministérios particulares no contexto da comunidade local. Muita gente terá de ser desafiada a sair de sua zona de conforto, deixar os bancos da igreja e assumir suas responsabilidades. Assim como se faz com aqueles elásticos de borracha, as pessoas precisam ser esticadas para demonstrar que são eficientes. Existe complacência demais numa congregação típica. Os irmãos deixarão tudo na mão do pastor, se ele quiser. E infelizmente, isso acontece com muita frequência. Treinar os membros deve ir além de publicar no boletim da igreja que o pastor é Fulano de Tal e que o ministério é formado pela congregação.

Como uma pessoa pode treinar outras? Antes de tudo, é necessário estar comprometida com o *estudo* da liderança (ler, pensar, ser criativa). Além do estudo pessoal, ela deve participar de seminários que oferecem ajuda prática. Em segundo lugar, deve aprender tudo sobre sua organização (ler o estatuto da igreja!). Terceiro, é preciso se comprometer a treinar outras pessoas sob sua liderança. Quarto ponto: concentrar-se nos leigos que estão dispostos a ser treinados e prosseguir com seu treinamento. Por fim, não ter medo do risco de renunciar a parte de suas funções (não fazer o que você não precisa fazer). Quando você encarar uma responsabilidade ou tarefa, pergunte-se: "É algo que eu preciso fazer ou posso delegar?".

EFICÁCIA NO MINISTÉRIO

A competência de um líder é determinada por suas habilidades de comunicação e a capacidade de treinar outros líderes. Um líder cristão precisa também demonstrar eficácia no ministério pessoal. A liderança é *conquistada*, assim como aprendida. Um líder granjeia influência simplesmente por causa de sua posição, mas essa influência cresce à medida que ele dá demonstrações de eficiência em seu ministério pessoal. Spurgeon escreveu:

> Somos *ministros*. Essa palavra possui um som muito respeitável. Ser um ministro é a aspiração de muitos jovens. Talvez, se a palavra tivesse menos força, tal ambição provavelmente esfriaria. Ministros são servos. Eles não são convidados, mas garçons; não são senhores, mas operários.[20]

Ao longo de sua vida, Spurgeon manteve seu compromisso de se envolver no ministério pessoal, separando períodos específicos para interação/aconselhamento com seus membros.

Exemplo no ministério

Um líder eficiente conhece seus dons e suas capacidades, e as usa. Você necessariamente encarna o que deseja ensinar aos outros. Se você é um

---

[20] SPURGEON, *An All-Round...*, p. 254.

pastor e espera que os leigos se unam ao seu ministério de cuidado pastoral, como líder, precisa dar o exemplo. Se deseja que os membros de sua congregação sigam sua liderança no ministério, eles precisam saber que você está envolvido no evangelismo pessoal, que realiza visitas aos irmãos e que não se julga superior demais para deixar de visitar os hospitais. Parte dos pastores de hoje demonstra uma atitude arrogante de profissionalismo, relegando *todo* o ministério a assistentes ou leigos.

De fato, alguns pastores cristãos abdicaram de suas responsabilidades ministeriais pessoais como um todo. Ninguém pode se dar ao luxo de omissão ministerial quando se trata de liderança cristã. Deve ser fácil ficar o tempo todo atendendo no gabinete, tomando calmamente seu café e aproveitando os confortos disponíveis. Mas, como escreveu John le Carré, "uma mesa de trabalho é um lugar perigoso para apreciar o mundo".[21] É preciso sair do gabinete, demonstrar eficiência no pastoreio e na alimentação do rebanho. Um pastor é ungido por Deus para liderar as ovelhas, mas tal unção não é automática. Confiança e disposição para seguir um líder são algo a ser conquistado. Spurgeon instruía seus alunos:

> Irmãos, que possamos amar com todo o nosso coração todos aqueles a quem Jesus ama. Zelem pelos que enfrentam provações e sofrimentos. Visitem os órfãos e as viúvas. Cuidem dos fracos e dos fatigados. Amparem os tristes e desanimados. Estejam atentos a todas as partes do lar, e então serão bons pastores.[22]

Potencializando o ministério

Como um líder se torna mais eficiente no ministério? Determinando prioridades, focando nelas e seguindo-as. Coloque o ministério em prática!

---

[21] LE CARRÉ, John. *Sempre um colegial*. Rio de Janeiro: Record, 1978.
[22] SPURGEON, *An All-Round...*, p. 267.

Spurgeon alertava: "Esforce-se para cumprir plenamente todos os seus deveres".[23] Ele não tinha medo do trabalho pesado e frequentemente se permitia chegar ao limite no que se refere às suas responsabilidades. Certa vez, ele declarou: "Gosto da máxima de Adam Clarke: 'Matem-se de trabalhar, em seguida orem para que continuem vivos'".[24] Assim como Spurgeon, um líder precisa ter paixão pelo ministério que Deus confiou a ele.

Faça *além* do que esperam de você. Alguns líderes hoje em dia têm tanto medo de sofrer uma estafa que parecem conduzir um ministério débil, fazendo o mínimo esforço para *se virar*. Outros ministros tentam fazer tudo por conta própria, não se dispondo a atrair outras pessoas para acompanhá-los e treiná-las para o ministério. Uma palavra aos sábios: *nunca ministre sozinho* (atraia pessoas para acompanhar você e treine-as). Agindo assim, você multiplica seu ministério e sua liderança é *assimilada* tanto quanto *ensinada*.

FOCANDO NAS PESSOAS

A competência de um líder cristão depende de comunicação clara, treinamento adequado dos santos e eficiência ministerial. A liderança competente também depende da habilidade relacional. As pessoas vão aderir a *você* antes de aderir à sua liderança. Você pode ser o líder mais talentoso do mundo, mas se não orientar suas ações para as pessoas, sua liderança será limitada. Uma boa pergunta a se fazer é: "Estou edificando as pessoas ou estou realizando meu sonho pessoal e usando as pessoas para isso?". Na obra de Deus, devemos investir em gente — esse é o maior investimento a ser feito. Um líder precisa fazer o esforço extra para conhecer as pessoas com quem lida.

Eu soube de um ministro de música que solicitou uma foto do coral da igreja que o estava entrevistando para uma possível contratação.

---

[23] SPURGEON, *An All-Round...*, p. 188.
[24] Id., p. 272.

Ao chegar para assumir o cargo, ele sabia o nome de todos os membros do coral, e seu esforço prévio impressionou muito a igreja.

Como ministros cristãos, nosso negócio é gente. Sendo assim, coloque as pessoas em primeiro lugar (acima de programas ministeriais). Em sua liderança, você quer *agregar valor* à vida das pessoas. Continue a trabalhar para desenvolver relacionamentos (conecte-se com as pessoas). *Sempre* encontre tempo para elas. Esteja disponível e acessível. Espere pelo inesperado. Busque a união das pessoas em torno da causa de Cristo.

Preocupando-se com as pessoas

Spurgeon lançou este desafio relacionado às pessoas que estão debaixo de qualquer liderança: "Busque os interesses de todos que estão em Cristo Jesus, e permita que sejam tão caros a você quanto seus próprios filhos. [...] Assim, nosso Senhor nos identificará com sua obra sagrada; e, em especial, Ele verá que amamos aqueles a quem Ele escolheu. Mais que todo mundo, devemos entregar nossa vida pelos irmãos".[25]

Como um líder pode se tornar mais focado nas outras pessoas? Cuidando, cuidando, cuidando de pessoas! O dito popular é verdadeiro: "As pessoas não se importam muito com o quanto você conhece até passarem a conhecer o quanto você se importa". Ame e acolha as pessoas como elas são. Ofereça a elas encorajamento, apreço e reconhecimento. Transforme-as em heróis. Admita seus erros; seja vulnerável. E sempre procure alcançar as pessoas para Cristo. Spurgeon acreditava que essa atitude demonstra nosso maior amor por gente: "Espero que vocês jamais formem a ideia de que apenas certa classe de pregadores pode ser considerada ganhadora de almas. Todo pregador deve trabalhar para ser um veículo da salvação de seus ouvintes. A recompensa mais verdadeira da obra de nossa vida é trazer almas da morte para a vida".[26]

---

[25] Id., p. 267.
[26] Id., p. 236.

ORIENTADO POR OBJETIVOS

O líder competente se comunica com eficiência, empodera seus liderados para o ministério, dá demonstrações de um ministério pessoal e apresenta boas habilidades no trato com pessoas. Além disso, o líder competente é orientado por seus objetivos, sempre olhando para o futuro. Alguns líderes ficam presos ao passado, olhando o tempo todo para os velhos dias de glória. Spurgeon demonstrava apreço pelos grandes ministros que o haviam precedido em Londres, mas nunca permitiu que isso interferisse no chamado de Deus para ele. O primeiro objetivo de Spurgeon era agradar seu Senhor: "Nossa meta final é glorificar Deus. Não consideramos a conversão dos pecadores ou a edificação de santos como nosso objetivo principal, e sim, glorificar Deus".[27]

A prioridade do evangelismo

Spurgeon acreditava que um pastor que busca glorificar Deus precisa estabelecer objetivos. Ele deve manter um compromisso forte com o evangelismo, levando a sério à Grande Comissão de Cristo: levar o Evangelho até os confins da terra (Mateus 28:19-20). Spurgeon estava convencido de que o evangelismo deve ser uma determinação — um objetivo. "Se temos de ganhar almas, precisamos agir de acordo com isso e nos disponibilizar para cumprir tal objetivo. As pessoas não conseguem pescar sem a intenção de pegar peixes, assim como não é possível salvar pecadores sem perseguir esse alvo".[28]

O pastor do Tabernáculo Metropolitano desafiava seus alunos da Faculdade de Pastores a ir atrás de seus ministérios ativamente: "Irmãos, façam alguma coisa; *façam alguma coisa*; FAÇAM ALGUMA COISA. Enquanto comitês gastam seu tempo com resoluções, façam

---

[27] SPURGEON, *An All-Round...*, p. 299.
[28] Id., p. 237.

alguma coisa. Enquanto as Sociedades e as Uniões estão elaborando estatutos, ganhemos almas. Entramos em discussões, discussões e mais discussões com frequência, enquanto Satanás só se diverte com isso. Quando encerramos um plano, buscamos alguma coisa nova para planejar".[29]

O preço do sucesso

O ministério não oferece qualquer garantia de sucesso, mas à medida que alguém estabelece objetivos e está determinado a fazer o que for necessário, um líder alcançará resultados positivos com o tempo. Maxwell declarou: "Noventa e nove por cento de alcançar alguma coisa é saber o que você quer e pagar o preço para conseguir".[30] Objetivos fornecem direcionamento, garantem progresso e proporcionam realização. Você precisa se assegurar de que tem objetivos concretos e alcançáveis. Trabalhe com inteligência e finalize as tarefas que iniciar. (Há muita gente boa em começar as coisas, mas ruim para terminá-las.) Coloque seus objetivos em prática e leve-os até o fim.

Como um líder pode se tornar mais orientado por objetivos? Estabeleça objetivos pessoais; seja rigoroso com você mesmo. Determine objetivos para sua organização ou igreja, persiga-os e avalie o progresso. No processo, preste contas a alguém. Esse fator assegurará que você mantenha compromisso com suas metas.

Embora Spurgeon tenha vivido apenas até os 57 anos, suas amplas realizações se destacam como um exemplo do que uma pessoa pode alcançar quando compromisso e competência caracterizam sua vida. Ele estava disposto a se valer dos dons e das capacidades que possuía e trabalhar duro para que pudesse se tornar mais hábil e bem-preparado para servir ao Senhor. Qualquer cristão que aspire a liderança hoje em

---

[29] Id., p. 55.
[30] MAXWELL, John. *As 21 irrefutáveis leis da liderança*. Rio de Janeiro: Vida Melhor, 2013.

dia e deseje realizar grandes coisas, promovendo um impacto duradouro, também assumirá a mesma determinação, oferecendo o melhor de si para Deus e buscando desenvolver a capacidade de liderança que Deus lhe concedeu.

LIÇÕES DE LIDERANÇA DE SPURGEON

- **A competência no ministério é necessária para que os líderes alcancem progresso em seu serviço a Cristo.** O compromisso de Spurgeon em treinar e educar o levou a fundar a Faculdade de Pastores, criada para fornecer orientação prática para ministros que desejassem servir em pastorados locais. O líder de hoje precisa assumir um compromisso similar com a competência ministerial pessoal.

- **Um líder comprometido com a competência ministerial continuará a desenvolver suas habilidades de liderança.** Embora Spurgeon não tivesse perseguido treinamento teológico formal, ele era autodidata e lia muito, o que o capacitou a colocar melhor em prática seus dons espirituais e crescer em suas habilidades de liderança.

- **Líderes precisam se comunicar bem para liderar com eficiência.** Spurgeon fez muitos alertas relacionados à questão da comunicação, principalmente sobre pregação. Ele criou quatro diretivas: desenvolva clareza de estilo, um estilo coerente, naturalidade de estilo e a capacidade de persuasão.

- **Um líder demonstra competência por meio da capacidade de treinar e preparar as pessoas para o serviço a Cristo.** Spurgeon disse o seguinte sobre Jesus: "Ele chamou para si discípulos, um por um, e instruiu cada um com cuidado e paciência". Spurgeon se envolveu no processo de treinar líderes por intermédio da Faculdade de Pastores, dos anciãos do Tabernáculo Metropolitano e outros ministérios.

- **A influência de um líder não tem tanto a ver com a posição que ele ocupa, mas com a eficiência de seu ministério pessoal.** Spurgeon escreveu: "Ministros são servos. Eles não são convidados, mas garçons; não são senhores, mas operários". Ao longo de sua vida, Spurgeon manteve seu compromisso de se envolver no ministério pessoal, separando horários específicos para interação e aconselhamento com os membros da igreja.

- **A competência na liderança também depende das habilidades do ministro no que se refere ao relacionamento com pessoas.** Spurgeon disse: "Busque os interesses de todos que estão em Cristo Jesus, e permita que sejam tão caros a você quanto seus próprios filhos. [...] Assim, nosso Senhor nos identificará com sua obra sagrada; e, em especial, Ele verá que amamos aqueles a quem Ele escolheu".
- **Um líder precisa estabelecer objetivos para realizar as tarefas para as quais foi chamado por Deus.** O primeiro objetivo de Spurgeon era glorificar Deus por meio de seu ministério. Uma parte importante do objetivo era seu desejo de alcançar pessoas para Cristo. Ele acreditava que o evangelismo e outras metas ministeriais exigiam determinação, caso a pessoa desejasse alcançar seu objetivo de servir o Senhor.

2

CONFIANÇA:

EQUILIBRANDO FÉ, ATITUDE, INICIATIVA E HUMILDADE

"É fundamental que demonstremos fé na
forma de confiança em Deus."[1]

Uma das maiores bênçãos para um líder é saber que está no centro da vontade de Deus para sua vida! Tal certeza gera a confiança de que a liderança da pessoa e seu ministério não podem ser supridos por qualquer outro tipo de motivação.

Eric Liddell, o corredor escocês que competiu nos Jogos Olímpicos de Paris em 1924, demonstrou tal confiança. Em *Carruagens de fogo* (1981, direção de Hugh Hudson), vencedor do Oscar de 1982 como melhor filme, há uma cena impressionante na qual Liddell é repreendido pela irmã depois de chegar atrasado a um culto missionário que ele deveria liderar. Ele havia ficado retido nos treinos e perdera a noção da hora. Sua irmã achava que o atraso fosse uma indicação de que estivesse colocando a disputa olímpica à frente de Deus. Eric procurou garantir a ela que pretendia seguir o plano de Deus para sua vida, mas parte daquele plano era que ele participasse da prova de uma

---

[1] SPURGEON, *An All-Round...*, p.184.

corrida nas Olimpíadas. Num momento tenso, ainda que carinhoso, ele a pegou pelos ombros, olhou-a nos olhos e disse, confiantemente: "Jenny, Deus me criou para um propósito, mas ele também me fez um homem rápido. E quando corro, sinto que o Senhor se agrada disso". Liddell foi atrás de seu objetivo de correr com entusiasmo e seguiu em frente para ganhar uma medalha de ouro nos Jogos Olímpicos de 1924. Em seguida, ele manteve seu compromisso com Deus e cumpriu seu chamado para servir como missionário na China. Ali ele permaneceu até ser martirizado durante a ocupação comunista no fim da década de 1940.

Eric Liddell sabia que sua alegria e confiança eram resultado da certeza e segurança que tinha em sua fé. Da mesma forma, Charles Spurgeon sabia da confiança espiritual que sua fé em Deus produzia. Ao refletir sobre sua conversão, Spurgeon lembrou-se do desafio direto recebido do ministro leigo que falou na manhã em que tomou sua decisão pessoal por Cristo. O orador olhou diretamente nos olhos daquele adolescente e o exortou: "Jovem, você parece triste [...] precisa olhar para Jesus". Mais tarde, Spurgeon escreveria: "Ao olhar para Jesus, recebi toda a fé que me inspirou confiantemente em sua graça; e a palavra que tomou-me inicialmente a alma — 'Olhe para mim' — ainda soa forte como um clarim em meus ouvidos. Ali eu encontrei a conversão, e ali eu sempre encontrarei refrigério e renovo".[2]

Ao longo de seu ministério notável, Spurgeon manteve uma confiança inata na graça de Deus que transbordava como um ribeiro borbulhante de sua vida para os outros. Ele cria firmemente que o Senhor o havia chamado. Estava convencido de que Deus tinha um grande plano para sua vida. Tinha certeza de que o Pai o usaria, e viveu com a convicção de que poderia realizar todas as coisas pelo poder do Senhor! Sua determinação não se firmava em qualquer confiança em si mesmo, mas na ousada certeza da bondade e da grandeza de Deus.

---

[2] SPURGEON, ... *Autobiography*, 1:120.

CONFIANÇA E FÉ

Líderes normalmente demonstram certa medida de confiança, mas eles precisam tomar cuidado para que seja o tipo certo de confiança. Aqueles que confiam apenas em si mostram uma ignorância incrível sobre a fonte do verdadeiro poder. São os infelizes que possuem uma confiança torta e mal direcionada... em sua própria capacidade.

Com frequência, vemos esse padrão egoísta no mundo corporativo, com sua mesquinhez e sua filosofia que pimenta nos olhos dos outros é refresco. Querendo mais poder, empresários pisam nos subordinados pelo caminho que tateiam em busca de reconhecimento e realização pessoal. Vemos como políticos almejam o próprio engrandecimento. Durante as eleições, as equipes de gabinete se valem de campanhas negativas e do assassinato de reputações contra seus oponentes numa tentativa de mostrar sua superioridade e garantir a vitória. Vemos a autoidolatria no mundo dos esportes. Grandes astros que recebem certo tipo de adoração idólatra começam a acreditar na veneração que a mídia lhe dirige e conduzem a carreira de maneira a dizer: "O mundo está aqui para me servir!". Até chegamos a ver líderes de igreja que louvam a si mesmos. São pessoas que perderam a visão de Deus e ambicionam construir reinos para si na terra. Todos esses exemplos possuem uma coisa em comum: uma confiança arrogante que praticamente omite Deus.

Spurgeon desconfiava de qualquer confiança que não fosse em Cristo. Ele alertou sobre a autoconfiança sem Deus: "Não há verdade maior do que o fato de que a autoconfiança beira a queda, que aqueles que se garantem só em si serão derrubados e que a segurança na carne não passa de um tecido frágil demais para dar sustentação".[3] Ele acreditava que ninguém poderia ser usado por Deus até se esvaziar de sua autoconfiança:

---

[3] Id., 1:263.

> Nosso Senhor celestial não costuma nos levar a buscar o Salvador até que tenha nos livrado de nossa autoconfiança; Ele não pode despertar em nós o desejo sincero de ir para o Céu enquanto não nos faz sentir um pouco das torturas insuportáveis de uma consciência pesada, que é uma prévia do inferno.[4]

Quando Spurgeon percebeu seu próprio estado pecaminoso, as noções que possuía a respeito da confiança pessoal desapareceram. Sua consciência frequentemente pesada proibia esse tipo de entendimento fantasioso. À medida que ele ganhava a convicção pessoal a respeito de sua condição de pecador, o que o levou à consequente conversão, o jovem Spurgeon se dava conta de sua necessidade de dirigir sua confiança ao alvo certo: Deus, por intermédio da fé em Cristo. Ele lembrou-se do que havia aprendido de seus estudos das Escrituras.

Fé no poder de Deus

Spurgeon lembrou-se das palavras de Paulo: "Assim, quer vocês comam, bebam ou façam qualquer outra coisa, façam tudo para a glória de Deus" (1Coríntios 10:31). Quando Spurgeon se converteu à fé em Jesus, desenvolveu uma paixão intensa pela ideia de agradar a Deus. Fazer tudo para a glória de Deus se tornou seu objetivo por toda a vida conforme obedecia a seu chamado e, mais tarde, quando se tornou um líder espiritual. Glorificar Deus era a verdadeira motivação de Spurgeon. Seu objetivo único era viver para o Senhor, e que Deus recebesse a glória por seus esforços aqui na terra. O Senhor instilou em Spurgeon, por meio de sua fé sólida, uma confiança pétrea que influenciou todas as áreas de sua vida e de seu ministério. Ao fim da vida, refletindo a respeito de suas experiências, Spurgeon impeliu

---

[4] SPURGEON, ... *Autobiography*, 1:13.

outros pastores a seguir seu exemplo: "É fundamental demonstrarmos fé na forma de *confiança em Deus*".[5]

Spurgeon possuía uma fé confiante — fé no poder de Deus. Isso dava a ele forças para servir e liderar. Bem cedo em seu ministério, em sua primeira igreja no vilarejo de Waterbeach, ele falou sobre o tema "Yahweh-Jirê" — "Estou sempre com você". Spurgeon defendeu seus pontos de vista bíblicos: "É melhor confiar no Senhor do que colocar a confiança nos seres humanos. [...] É melhor confiar no Senhor do que colocar a confiança em príncipes. [...] É debaixo de Deus que estamos protegidos para sempre. Não preciso buscar em vão".[6]

A confiança de Spurgeon residia em uma fé indelével em Deus. Ele se valeu o tempo todo dessa confiança. Confiava na autoridade de Deus, em sua Lei e em sua soberania. Spurgeon acreditava que o Senhor tinha tudo sob controle. Tal confiança o ajudou a entender seu lugar em relação a Deus. Spurgeon estava confiante em saber que Cristo ergue a igreja. Ele entendeu que toda e cada igreja pertence ao Mestre. Acreditava que a igreja local é importante para a realização do plano de Deus. Spurgeon tinha confiança na autoridade da Palavra de Deus. Para ele, a Bíblia era a instrução definitiva para a vida e o ministério. Essas eram as fontes de poder de sua vida.

Fé nas promessas de Deus

Alguns líderes cristãos batalham contra uma falta de confiança em seu chamado ou ministério. Ao enfrentar as provações de seu chamado, eles devem ter perdido a confiança em sua liderança espiritual. Talvez tenham olhado só para si, em vez de olhar para Deus.

Como alguém pode se tornar mais confiante? Parece simples, mas trata-se de uma verdade profunda: tendo fé em Deus. Aproximando-se de Jesus. Acreditando nas promessas de sua Palavra! Spurgeon

---

[5] SPURGEON, *An All-Round...*, p. 184.
[6] Id., *...Autobiography*, 1:298.

escreveu: "Irmãos, se vocês não acreditam em mais ninguém, creiam em Deus sem reserva. Acreditem tanto quanto lhes for possível. Firmem-se, tanto nos momentos de fraqueza quanto de força, simplesmente na confiança em Deus".[7]

Qual é o resultado de tal confiança? É um senso de segurança de que Deus está conosco, de que Ele não nos abandona. Spurgeon entendia qual era a Fonte de suas realizações. Em um dos capítulos do livro *An All-Round Ministry* [Um ministério abrangente], ele menciona George Müller, seu contemporâneo e o grande fundador de orfanatos cristãos na Inglaterra. Müller era conhecido por depender completamente de Deus para todas as coisas. Ele nunca pedia dinheiro e, mesmo assim, levantou milhares de libras esterlinas por intermédio de sua fé pura em Deus. Spurgeon lembrava-se da fé de seu amigo:

> A dependência de Deus é a fonte inesgotável de sucesso. Quando ouvia George Müller, um autêntico santo de Deus, eu era sempre mobilizado por aquele ser tão simples e puro em sua dependência do Senhor. Mas, que pena, muitos de nós se consideram grandes demais para serem usados por Deus. Podemos pregar tão bem quanto qualquer outro, entregar um sermão a qualquer pessoa; e é assim que fracassamos. Cuidem-se, irmãos, porque, se pensarmos que somos capazes de fazer qualquer coisa por conta própria, o máximo que conseguiremos da parte de Deus será a oportunidade de tentar.[8]

Spurgeon acreditava que muitos ministros deixaram de ser bem-sucedidos porque confiaram em si mais do que em Deus. Eles poderiam reverter essa tendência, confiando em Deus e clamando por suas promessas em sua vida.

---

[7] SPURGEON, *An All-Round...*, p. 186.
[8] Id., p. 183.

Fé na providência divina

Líderes confiantes são espiritualmente decididos. Eles são capazes de tomar decisões responsáveis. Eles possuem uma autoridade inata relacionada com seu chamado e seu relacionamento com Cristo. Spurgeon cria que todas as coisas são possíveis para um líder que confia em Deus a cada passo do caminho. A confiança aumenta quando uma pequena tarefa é bem realizada. Um líder, portanto, pode assumir maiores tarefas também. As oportunidades de Spurgeon aumentavam à medida que ele colocava em prática a confiança que Deus lhe concedeu. Essa confiança o ajudou nos momentos mais difíceis.

A confiança de Spurgeon em Deus foi testada em um episódio marcante. Quando a igreja de Spurgeon em New Park Street estava sendo reformada, a congregação teve de se reunir em um salão secular. O Salão Real de Música de Surrey Gardens estava garantido para os cultos noturnos. Na manhã daquele primeiro encontro, Spurgeon havia pregado sobre o tema "Prova-me agora", e ele acreditava que alguma grande provação estava por vir. Seu pressentimento se confirmou quando um incidente trágico ocorreu naquela noite no Salão Real de Música.

Foram tantas pessoas que compareceram para ouvir Spurgeon que o lugar ficou lotado a ponto de ficar pessoas do lado de fora. Alguém estimou que mais de 10 mil pessoas estavam presentes. Logo no início do culto, alguém gritou: "Fogo!". Spurgeon não ouviu aquele alerta, mas uma grande comoção se iniciou entre a congregação. As pessoas começaram a correr na direção das portas. Na correria, sete delas foram pisoteadas até a morte. Sem se dar conta do problema que estava ocorrendo atrás dele, Spurgeon prosseguiu com o culto. Depois, ao saber o que havia acontecido, seu coração foi tomado pelo horror. A imprensa o criticou por permitir que acontecesse aquilo sem interromper o culto. Ele caiu em profunda depressão. Miraculosamente, voltou ao púlpito em apenas oito dias, mas as lembranças daquele evento o perturbaram por muitos anos.

Mais tarde, escrevendo em sua autobiografia, Spurgeon compartilhou a experiência em terceira pessoa:

> Em meio às lutas externas e aos temores internos, ele foi capaz de proclamar a mais forte confiança em Deus. Ele conseguiu passar pela provação, a qual aconselhou outros a passar, da fidelidade divina; e como resultado (a despeito de um parêntese de tribulação e lamento), ele ousa falar com gratidão abundante.[9]

Era a confiança permanente de Spurgeon na providência de Deus que o sustentava ao enfrentar os tempos mais difíceis.

CONFIANÇA E ATITUDE

A perspectiva apropriada é um imperativo para os líderes que buscam obedecer ao seu chamado com confiança. A perspectiva errada pode resultar em consequências terríveis. Quando um líder percebe que está passando por essa situação, deve se perguntar: "O copo está quase vazio ou quase cheio?". A perspectiva da pessoa ao responder essa pergunta revela muito a respeito de sua atitude.

Alguém poderia pensar que a maioria dos líderes deveria aparentar positividade, especialmente no que tange à sua fé em Cristo. Infelizmente, existe um bocado de pessimismo mesmo entre líderes cristãos. O escritor em Provérbios 23:7 nos afirma: "Porque, como imagina em sua alma, assim ele é" (versão Almeida Revista e Atualizada). Se a atitude da pessoa é negativa, o resultado pode se tornar uma profecia autorrealizada. Pessoas não reagem bem à negatividade. Elas querem seguir alguém que seja positivo, tenha esperança e seja cheio de fé no Senhor.

A liderança verdadeira surge de um estado mental, não do rótulo proporcionado por certo status ou determinada posição. Líderes

---

[9] SPURGEON, ... *Autobiography*, 2:212.

podem ser tentados a pensar que um título ou um escritório sejam credenciais suficientes. Em seu livro *Você nasceu para liderar*, John Maxwell escreve: "A liderança tem menos a ver com posição do que com disposição".[10] A atitude determina a altitude. Você voará tão alto quanto as aspirações que inspiram sua vida. Sua atitude afetará as atitudes daqueles que seguem sua liderança. Eles serão confiantes se você for confiante. Repito: no fim, a questão é influência. Para exercer a influência correta, um líder precisa ser positivo. Portanto, seja uma pessoa cheia de fé e esperança. Seja otimista. Seja como a pessoa mais entusiasmada que conhece. Demonstre paixão. Inspire. Conheça seu papel e o que está compartilhando com seus liderados. Napoleão acreditava que "um líder é um distribuidor de esperança".[11]

Cristãos têm todas as razões do mundo para serem confiantes. Nosso futuro é certo e garantido por intermédio de Jesus Cristo. "Olho nenhum viu, ouvido nenhum ouviu, mente nenhuma imaginou o que Deus preparou para aqueles que o amam" (1Coríntios 2:9). Aguardamos por seu retorno glorioso e pela consumação de nossa vitória!

Spurgeon estava convicto do resultado definitivo: "Nós, portanto, em confiança esperamos, e em paciência aguardamos nosso tempo. Temos certeza da vitória com muita antecipação".[12]

A capacidade de persuasão de Spurgeon

Pouco depois de começar a pregar em Londres, na Igreja Batista de New Park Street, a congregação cresceu tão rapidamente que o prédio já não era grande o suficiente para abrigar os membros. Por fim, em sua frustração pela falta de iniciativa dos diáconos para resolver o problema, Spurgeon pregou um sermão sobre a batalha de Jericó. No meio da

---

[10] MAXWELL, *Você nasceu...*
[11] MAXWELL, John. *Os quatro segredos do sucesso*. Rio de Janeiro: Thomas Nelson Brasil, 2008.
[12] SPURGEON, *An All-Round...*, p. 18.

mensagem, ele afirmou: "Por fé, as muralhas de Jericó caíram; e por fé, esta parede atrás de mim também cairá".

Depois do culto, um diácono idoso, usando um tom autoritário na voz, conversou com o jovem pastor e disse: "Que nunca mais ouçamos uma palavra sobre isso". Spurgeon relembrou o fato: "Perguntei: 'O que o senhor quer dizer? *Quando a parede cair*, então o senhor não ouvirá uma palavra a respeito; portanto, quanto mais rápido isso estiver resolvido, melhor'".[13]

Embora nem todo pastor fosse capaz de se sustentar no cargo depois de tal declaração, a audiência cada vez maior nos cultos fortaleceu o argumento de Spurgeon. Pouco depois, a igreja foi adiante e providenciou as reformas necessárias para aumentar a capacidade do prédio.

Liderados refletem a atitude de seus líderes. Spurgeon lamentou a situação de algumas igrejas mortas dirigidas por líderes mortos:

> Sou muito grato por nunca ter sido pastor de uma igreja morta, controlada por diáconos mortos. Eu já vi esse tipo de coisa com meus próprios olhos, e a visão era verdadeiramente medonha. Lembro-me muito bem de pregar em uma capela em que a frequência da igreja se tornara muito reduzida e, de alguma forma, o próprio prédio parecia um sepulcro, embora tenha lotado naquela noite por causa das pessoas que compareceram para ouvir o pregador. Os cantores entoavam louvores como se fossem músicas fúnebres, enquanto os membros permaneciam sentados e mudos. Encontrei dificuldade para pregar; não havia vigor no sermão, eu parecia estar conduzindo cadáveres. Depois do culto, vi dois homens que presumi serem os diáconos — os pilares da igreja —, ambos recostados nas laterais da porta do gabinete em uma atitude de completa apatia. Perguntei: "Vocês são os diáconos desta igreja?". Eles me responderam

---

[13] SPURGEON, ... *Autobiography*, 1:271.

que eram os únicos diáconos, e eu frisei que era o que eu imaginava. [...] Ali estava uma igreja morta, comparável ao navio do velho marinheiro tripulado pelos mortos. Diáconos, professores, ministros, pessoas, todos mortos e, ainda assim, tentando manter a aparência de vivos.[14]

Cristãos servem um Salvador ressurreto! Temos mais razões que qualquer um para sermos provedores e veículos de vida. Um líder vivo e entusiasmado que demonstra a atitude correta atrairá as pessoas que estão em busca de um ministério cristão vivo e vibrante que possam se envolver.

Perspectiva e possibilidades

Alguns líderes hesitam em seguir adiante e tomar decisões importantes por causa de sua atitude melancólica. Eles demonstram falta de fé, e isso influencia seus liderados. Spurgeon escreveu: "Eu me atrevo a asseverar que, no serviço de Deus, nada é impossível e nada é improvável. Busquem coisas grandes, irmãos, em nome de Deus; arrisquem tudo na promessa do Senhor e ela será realizada em sua vida, de acordo com sua fé".[15]

O líder cristão Chuck Swindoll reforça a crença de Spurgeon ao declarar que a vida é constituída de 10% do que acontece e 90% de como reagimos a esses acontecimentos. Maxwell ecoa esse sentimento: "O pensamento positivo nem sempre muda nossas circunstâncias, mas sempre nos muda. Quando somos capazes de fazer a coisa certa ao enfrentar situações difíceis, então nossas jornadas através da vida se tornam melhores".[16]

Como pode um líder adotar uma atitude melhor? Sendo positivo. É fácil ser negativo. Você pode ouvir uma centena de frases positivas

---

[14] Id., 2:70.
[15] SPURGEON, *An All-Round...*, p. 185.
[16] MAXWELL, *Você nasceu...*

e, em seguida, ouvir um só comentário negativo. O que acontecerá? Você se lembrará da única declaração negativa. Desenvolva um plano para passar a pensar da maneira certa. Associe-se a pessoas positivas que incentivam você. Esse espírito positivo contagia. Leia livros motivacionais. Mergulhe nos salmos e em outras passagens inspirativas das Escrituras. Crie o hábito de dedicar tempo à leitura de livros motivacionais e encorajadores. Estabeleça uma meta: ser positivo sobre determinadas coisas a cada dia. Conte as bênçãos. Cultive um padrão de realizações positivas. A atitude positiva que resultará dessas iniciativas pagará os dividendos em bênçãos que você jamais imaginava serem possíveis.

CONFIANÇA E INICIATIVA

Um líder que tem sua confiança em Deus tomará a iniciativa de orientar e liderar em seu ministério. O líder se torna ativo, não passivo, em sua abordagem — proativo, não reativo, à espera de que alguma coisa aconteça. É importante ser capaz de tomar a iniciativa.

Spurgeon encontrava grande relutância entre muitos líderes: "A política comum de nossas igrejas é a de manter muita prudência. Via de regra, não tentamos nada que esteja além de nossa força. [...] Realizamos pouco porque não temos ideia de como realizar muito. Seria bom que Deus nos desse mais garra".[17]

Embora "garra" seja um termo passível de se tornar datado, ele conota a noção de Spurgeon sobre certa determinação de seguir em frente em nome de Cristo. Muitos de nós já ouviram falar das últimas sete palavras de uma igreja moribunda: "Nós nunca fizemos isso desse jeito antes". O líder deve assegurar que essas palavras não sejam usadas para descrever uma igreja que ele lidere com confiança, lançando-se em fé.

---

[17] SPURGEON, *An All-Round...*, p. 185.

Autodisciplina

A iniciativa não é algo que simplesmente acontece; ela exige grande disciplina nos hábitos de uma pessoa que trabalha. Muitos líderes se tornam acomodados. E quando se trata das realizações de uma pessoa, a acomodação é algo a ser temido. Você pode acabar se acostumando com as normas, com a rotina e com o que é previsível. Pode se tornar algo bem confortável. Mas foi para isso que Deus criou você? A tarefa do pregador é exortar seu público a se aventurar, indo além de sua zona de conforto: confortar os aflitos e incomodar os acomodados. O pregador, o líder, também precisa colocar a mensagem em prática; deve estar atento para não cair na armadilha de querer se comparar com outros líderes que estejam trabalhando menos, em sua avaliação. Spurgeon alertava sobre o perigo de tais comparações:

> Não nos julguemos pela régua dos outros, e mais, com uma autocomplacência insensível: "Estamos indo bem, se comparados com outros irmãos. Não há muitas adesões às nossas igrejas, mas somos tão bem-sucedidos quanto outros". Ó, meu irmão, se alguns ainda estão bem atrás no caminho, isso não aumenta nossa esperança em vencer a corrida! Que tenhamos nosso Mestre como referência de medida, e não nossos companheiros de serviço; agindo assim, o orgulho será impossível, mas a esperança será natural.[18]

O líder que toma a iniciativa é um motivador. À medida que as pessoas se sentem motivadas, elas se tornam inspiradas, e seu estado de espírito é elevado nesse processo. Peter Wagner mostra os efeitos positivos de um bom estado de espírito: (1) ele surge a partir de um senso de expectativa contagiante; (2) ele surge através de uma série

---

[18] Id., p. 303.

de boas experiências; e (3) ele é construído por intermédio de uma realização que Deus proporciona.[19] Congregações, empresas e outras organizações precisam de líderes capazes de inspirá-las, encorajá-las e motivá-las a buscar objetivos ainda mais elevados.

Trabalhando de maneira inteligente

O bom líder sabe quando tomar a iniciativa. Ele trabalha duro e, o mais importante, trabalha de maneira inteligente. Sabe o que ele mesmo deve fazer e o que pode ser delegado a outras pessoas. O líder de sucesso é aquele que faz a coisa certa no momento certo pelo motivo certo. Uma liderança como essa exige diligência e perseverança. Spurgeon disse: "Sejam diligentes na ação. Coloquem todos os ferros no braseiro. Usem todos os seus recursos para Jesus. Estejam de olhos bem abertos para enxergar as oportunidades e se apressem em aproveitá-las".[20]

Um líder com iniciativa é geralmente o mesmo líder que se esforça para alcançar a excelência. Ele não se acomoda com a mediocridade nem se contenta em fazer as coisas com o menor esforço possível. Ele é o que caminha a milha extra, que fica acordado até a madrugada para terminar um projeto e que faz mais do que se espera dele. Spurgeon se irritava ao ver pastores talentosos desperdiçando suas oportunidades:

> Alguns de nossos irmãos persistiram, apesar dos momentos tenebrosos de desânimo, servindo ao Senhor fielmente; outros ganharam almas para Cristo, ainda que, para eles, o custo de levar uma alma para Jesus significasse muito mais do que ganhar centenas de pessoas teria custado para alguns de nós. Eu poderia me sentar prazerosamente aos pés desses irmãos tão consagrados em quem estou pensando agora, olhar para eles e

---

[19] WAGNER, Peter. *Leading Your Church to Growth* [Liderando sua igreja para o crescimento]. Ventura: Regal, 1984, p. 130.
[20] SPURGEON, *An All-Round...*, p. 393.

glorificar a Deus por suas vidas. Pessoas assim têm sido encontradas entre homens de capacidades limitadas, poder reduzido e poucos recursos; mas como eles têm trabalhado, e como têm orado, e como Deus os tem abençoado! É possível que, com dez vezes mais capacidades e oportunidades que eles, não tenhamos feito tanto quanto eles. Não é para nos lamentarmos por causa disso? Podemos suportar esse fracasso?[21]

Spurgeon acreditava que, com tantos talentos e oportunidades, também advinha uma grande responsabilidade. Deus não olhará com complacência para um líder que busca cumprir seu chamado passivamente. Como líder, como você pode tomar mais a iniciativa? Assuma a responsabilidade de realizar seu trabalho com uma determinação obstinada e uma paixão consumada. Trabalhe como se tudo dependesse de você; ore como se tudo dependesse de Deus. Embora saibamos que o Senhor não espera que façamos qualquer coisa por esforço próprio, Ele quer que nos dediquemos inteiramente ao nosso trabalho e ministério. Assim, em última análise, podemos deixar os resultados nas mãos dele.

CONFIANÇA E HUMILDADE

O equilíbrio entre confiança e humildade capacita o líder a colocar seus dons em prática com responsabilidade, olhando para Deus, mas também reconhecendo as próprias capacidades. No entanto, não importa quais sejam as capacidades e realizações da pessoa — não há espaço para a arrogância. Ela é resultado do orgulho e do egoísmo. Um líder que alcança alguma medida de sucesso é, sem dúvida, tentado a se tornar arrogante e enaltecer a si próprio. Mas qualquer pessoa que se vê como um servo de Cristo reconhecerá a necessidade de manter a

---

[21] Id., p. 147.

humildade. Tal humildade não pode ser falsa, como quem se deprecia e diz: "Não sou bom em nada, não sou capaz de nada". Uma pessoa verdadeiramente humilde vê a si mesma como Cristo a veria.

Quando Spurgeon foi a Londres pela primeira vez, em vez de ficar deslumbrado por seu sucesso, ele se sentiu *intimidado*:

> Quando me tornei pastor em Londres, meu sucesso me intimidou; e a ideia da carreira que parecia estar se abrindo diante de mim, bem longe de me enaltecer, levou-me *à* maior das profundezas. [...] Quem era eu para continuar a liderar uma multidão tão grande? Eu deveria me resignar à obscuridade de minha aldeia ou emigrar para os Estados Unidos e encontrar um ninho solitário na floresta onde pudesse ser capaz de realizar as coisas que seriam demandadas de mim. Só então a cortina foi erguida diante do trabalho de minha vida e temi pelo que seria revelado. Acredito que não me faltou a fé, mas fiquei receoso e fui tomado por uma sensação de que não estava apto para aquela tarefa. Temi pela obra que a providência divina havia preparado para mim.[22]

Spurgeon sabia quem era e de onde viera. Mas também reconhecia que era um filho do Rei. Independentemente de seus receios, servia um Deus capaz de realizar muitas coisas por intermédio dele, se estivesse disposto a ser usado pelo Senhor. A confiança resoluta de Spurgeon residia na capacidade de Deus para realizar seus propósitos através de seu servo e de outros líderes:

> Todos os propósitos humanos falharam, mas não os propósitos de Deus. As promessas do ser humano podem ser quebradas — muitas delas são feitas para isso —, mas as promessas de Deus serão todas cumpridas. Ele faz promessas, mas nunca

---

[22] SPURGEON, ... *Autobiography*, 1:263.

as quebra; Ele é um Deus fiel às promessas que faz, e todos entre seu povo são prova disso. Essa é minha confiança grata e pessoal: "O Senhor aperfeiçoará o que concerne a minha vida", minha vida indigna, perdida e arruinada. Ainda assim, Ele me salvará, e então, "eu, em meio à multidão dos que foram lavados por seu sangue, erguerei o ramo de palmeira, usarei a cora e cantarei a vitória em alto e bom som".[23]

Egotismo e egoísmo

À medida que seu ministério crescia, Spurgeon era acusado, vez por outra, de ser arrogante. Ele se oporia, dizendo que tinha muita confiança, mas apenas por causa da presença do Senhor na vida dele. Deste modo, Spurgeon fazia distinção entre o egotismo e o egoísmo:

> O reconhecimento apropriado do EGO é um tema digno de nossa atenção. Darei um conselho, se me permitirem: deixem a palavra EGOTISMO para o orgulho, a vanglória, a egolatria intrusiva, e deixem a palavra EGOÍSMO para o humilde, responsável e honesto individualismo propriamente dito, o qual, encontrando-se na própria existência, resolve dar o melhor de si para diminuir-se diante do Divino, para a glória de Deus.[24]

Ele estava disposto a admitir que tinha um ego, mas procurava permitir que o Senhor se valesse desse ego para cumprir os propósitos divinos.

Fazendo a luz de Cristo brilhar

Spurgeon viveu o ensinamento de Jesus: "Assim brilhe a luz de vocês diante dos homens, para que [...] glorifiquem ao Pai de vocês..."

---

[23] Id., 1:186.
[24] SPURGEON, *An All-Round...*, p. 62.

(Mateus 5:16). Ele não via necessidade de esconder sua luz debaixo de um cesto, mas buscava manter um relacionamento apropriado entre seu ego e uma submissão sem reservas ao senhorio de Cristo. Spurgeon acreditava, como João Batista: "É necessário que ele cresça e que eu diminua" (João 3:30). Quanto maior seu relacionamento com Cristo, mais confiante ele se tornava na obra do Senhor. Ao mesmo tempo, ele percebia a necessidade de reduzir o foco em si mesmo.

A humildade demonstra o coração de um servo. Ela mostra uma disposição para ouvir, para aprender e para admitir quando a pessoa está errada. Spurgeon não temia a confiança temperada pela humildade:

> Existe um certo tipo de confiança da pessoa em seu próprio poder que deve sempre estar a serviço daqueles que são chamados para posições de destaque, desde que essa confiança esteja bem fundamentada, temperada com humildade e amparada por aquela santa gratidão que dirige toda honra e toda glória para o Doador de todo bem e dom perfeito.[25]

Humildade significa a pessoa permanecer sempre disposta a ser ensinada. Significa estar disposta a permitir que outras pessoas fiquem com o crédito. Pastores cristãos se mostram frequentemente relutantes a envolver outros no ministério porque querem ficar com o crédito só para si. Isso não é liderança de serviço nem humildade verdadeira. As pessoas se impressionam com líderes que estão dispostos a compartilhar o sucesso e a glória ao longo da jornada.

Acreditando no melhor das pessoas

Spurgeon estava coberto de razão em duvidar da sinceridade de seus irmãos de ministério. Muitos deles eram seus críticos e sentiam ciúme

---

[25] SPURGEON, ... *Autobiography*, 1:263.

de seu sucesso. Ele sabia da verdade contida na afirmação de que muitas pessoas estão bem-dispostas a chorar com você quando você chora, mas não estão dispostas a se alegrar com você quando você se alegra. Ele resolveu acreditar nas melhores intenções de seus colegas de ministério. Dizia: "Aprenda a desacreditar naqueles que não acreditam em seus irmãos. Suspeite daqueles que convenceriam você a suspeitar dos outros. Uma falta de fé determinada em todos os mexiriqueiros será muito útil para reprimir suas energias perniciosas".[26] Seu objetivo era edificar e apoiar seus irmãos na fé, acreditando que se identificava com as lutas deles, bem como com suas vitórias.

Segurança no serviço

As pessoas lideradas por Spurgeon poderiam considerá-lo mais um líder do que um chefe. A diferença estava na maneira pela qual ele compartilhava seu coração e sua vida com eles. Tipicamente, um chefe diz: "Vá!". Um líder, porém, diz: "Vamos!". Uma pessoa que se considera importante demais para servir junto com seus liderados é, basicamente, insegura.

Durante o ano em que Londres sofreu com uma epidemia de cólera, Spurgeon mostrou estar disposto a se manter ao lado daqueles que se contagiavam ou estavam à beira da morte. Sua preocupação com os outros e os riscos à própria saúde a que se submeteu fez crescer a estima de sua igreja com ele. Os membros sabiam que ele estava disposto a servir entre eles.

O líder seguro confia em sua capacidade de liderar e de servir os outros durante o processo. Com frequência, líderes adotam atitudes profissionais que criam barreiras entre eles e seus liderados. Tais líderes são levados a acreditar que devem ser servidos mais do que devem servir. Os Guinness, autor de *Dining with the Devil* [Jantando com o

---

[26] SPURGEON. *Cartas*, 3:161.

Diabo], escreve sobre seu tipo de líder na igreja local: "Muitas super-igrejas são simplesmente igrejas locais infladas de maneira artificial com superpastores inflados de maneira artificial que não serão capazes de sobreviver ao próprio supercrescimento".[27]

O líder humilde reconhece suas fraquezas e seus pontos fortes. Spurgeon afirmou: "É admirável ver um homem humildemente ciente das próprias fraquezas e, ainda assim, bravamente confiante no poder do Senhor para operar através de sua enfermidade".[28]

Como um líder pode ser mais humilde? Busque a vontade de Deus em primeiro lugar. Coloque as outras pessoas na frente de seus próprios desejos. Procure oportunidades para servir. Não se envaideça por causa de sua posição. Sirva os outros com graça e amor. Um líder com confiança absoluta em Deus demonstra uma mistura singular de fé confiante e humildade pessoal, sendo positivo em sua perspectiva e estando disposto a tomar a iniciativa e assumir a liderança quando a oportunidade se apresenta.

---

[27] GUINESS. Os. *Dining with the Devil* [Jantando com o Diabo]. Grand Rapids: Baker, 1993, p. 29.

[28] SPURGEON. *An All-Round...*, p. 184.

Confiança: Equilibrando fé, atitude, iniciativa e humildade

LIÇÕES DE LIDERANÇA DE SPURGEON

- **O líder cristão tem uma confiança inata que brota da certeza de que está no centro da vontade de Deus.** Spurgeon reconheceu essa infinita fonte de confiança bem cedo na vida e buscou a vontade de Deus com persistência.

- **A melhor maneira de pôr a fé em prática é depositando sua confiança plena em Deus.** Spurgeon alertou seus leitores: "É fundamental que demonstremos fé na forma de *confiança em Deus*".

- **Líderes que confiam em si mesmos demonstram uma incrível ignorância a respeito da fonte do verdadeiro poder.** Spurgeon acreditava que ninguém poderia ser usado por Deus até se esvaziar de sua autoconfiança: "Nosso Senhor celestial não costuma nos levar a buscar o Salvador até que tenha nos livrado de nossa autoconfiança".

- **Uma atitude/perspectiva apropriada é um imperativo para os líderes que buscam obedecer ao seu chamado com confiança.** O ponto a que um líder chega no que se refere a incorporar uma atitude positiva pode determinar, em grande medida, seu grau de eficácia.

- **O líder que coloca sua confiança em Deus se sente empoderado para tomar iniciativas em seu ministério.** "Sejam diligentes na ação. Coloquem todos os ferros no braseiro. Usem todos os seus recursos para Jesus. Estejam de olhos bem abertos para enxergar as oportunidades e se apressem em aproveitá-las."

- **Líderes devem estar atentos para não caírem na armadilha de querer se comparar com outros líderes.** "Não nos julguemos pela régua dos outros [...] Que tenhamos nosso Mestre como referência de medida, e não nossos companheiros de serviço; agindo assim, o orgulho será impossível, mas a esperança será natural."

- **O líder humilde reconhece suas fraquezas e seus pontos fortes.** "É admirável ver um homem humildemente ciente das próprias fraquezas e, ainda assim, bravamente confiante no poder do Senhor para operar através de sua enfermidade."

- **A confiança, quando temperada com a humildade, busca dirigir toda glória a Deus.** Existe um certo tipo de confiança da pessoa em seu próprio poder [...] bem fundamentada, temperada com humildade e amparada por aquela santa gratidão que dirige toda honra e toda glória para o Doador de todo bem e dom perfeito."

3

CONTEXTO:

SPURGEON NA INGLATERRA VITORIANA

"Temos razões abundantes para sermos
gratos pela paz e pela ordem que temos gozado durante o
reinado memorável da rainha Vitória.
Que Deus permita que não tenhamos de perder nossas
bênçãos para aprender o valor que elas possuem!"[1]

"A história de um país ou sua religião não pode ser estudada isoladamente."[2] O que é verdade sobre a história de uma nação também é verdadeiro no que se refere ao estudo de uma pessoa. Um líder não pode ser separado de seu passado, de seu ambiente, de sua cultura e das múltiplas influências que contribuíram para seu desenvolvimento como pessoa. Todo líder é tanto um produto da composição de forças e fatores que ajudaram a formar e informar sua vida quanto uma influência sobre a vida de outras pessoas.

É imperativo posicionar um estudo sobre a liderança de C. H. Spurgeon no contexto da Inglaterra vitoriana do século 19. Para assimilar

---

[1] SPURGEON, resenha de "Victoria: Queen and Empress — A Jubilee Memoir" ["Vitória: rainha e imperatriz — Um memorial de jubileu"], em The Sword..., 23:290.
[2] ELLIOTT-BINNS, L.E. *Religion in the Victorian Era* [Religião na era vitoriana]. Londres: Butterworth, 1953, p. 8.

melhor a relevância de sua liderança e seu impacto sobre as pessoas daqueles dias, a pessoa precisa enxergar Spurgeon como um homem de seu tempo. O objetivo deste capítulo é obter uma compreensão maior de Spurgeon e de sua contribuição singular para a liderança cristã a partir da pintura de um quadro amplo das forças sociológicas e religiosas que formaram o pano de fundo para seu ministério.

O CONTEXTO CULTURAL

Certo historiador declarou não ser correto estereotipar a Era Vitoriana como "uma sucessão de meras tempestades em um copo d'água. Mais que isso, foi um período de explosões — de revolução política, social, moral, científica e religiosa".[3] Esta citação parece ser uma descrição adequada da Inglaterra do século 19. A Grã-Bretanha estava mudando rapidamente nos anos 1800, e o processo de rebelião por toda a nação estava afetando muitos de seus cidadãos.

Charles Haddon Spurgeon nasceu em 1834, três anos antes de a rainha Vitória ascender ao trono da Inglaterra. Ele veio ao mundo no condado rural de Essex em meio a uma calma relativa. Além dali, em cenários mais urbanos, a nação cambaleava por causa das rápidas mudanças sociais que estavam ocorrendo. Reformas nacionais significativas surgiam no horizonte. O Decreto de Reforma Parlamentar de 1832 foi promulgado para conceder direito de voto a cidadãos de baixa renda pela primeira vez. A escravidão foi abolida em 1833, e leis foram aprovadas limitando o número de horas de trabalho de crianças nas fábricas.

A estabilidade da rainha Vitória

Uma jovem Vitória assumiu o trono como rainha da Inglaterra com 18 anos. Ela reinou até sua morte, em 1901 — um mandato que cobriu

---

[3] DAVIES, Horton. *Worship and Theology in England, 1850–1900* (*Louvor e Teologia na Inglaterra, 1850–1900*). Princeton: Princeton University Press, 1962, 4:173.

64 anos. Sua ascensão à liderança real do país foi marcada por transformações profundas na coroa e na corte. Vitória devolveu a respeitabilidade e a responsabilidade moral ao trono, num contraste gritante com a monarquia decadente de William IV que a antecedeu. Ela exerceu uma liderança decisiva e uma forte influência moral que foi sentida tanto no governo quanto na vida cotidiana. Sua estabilidade no trono permitiu que a Grã-Bretanha estendesse grandemente seu império, e a economia da nação cresceu consideravelmente. Embora o governante puritano Oliver Cromwell (1599-1658) fosse um dos heróis de Spurgeon, o pastor era um adepto da realeza no coração. Ele admirava muito a rainha Vitória, e foi muito leal a seu governo soberano sobre o Império Britânico.

A Era Vitoriana foi o triunfo da industrialização, à medida que a Grã-Bretanha pavimentou o caminho para o restante do mundo. A construção de fábricas repletas de maquinaria têxtil, a dominação das locomotivas e dos barcos a vapor no transporte e a substituição de velas e lamparinas por iluminação a gás sinalizavam o eventual declínio de uma sociedade baseada na cultura agrária e o surgimento de uma sociedade mecanizada. Muitos bens produzidos na Grã-Bretanha inundaram o Império Britânico conforme as exportações cresciam dramaticamente. Ao mesmo tempo surgiam novas classes de industriais e comerciantes, tudo parte do desenvolvimento da sociedade secular.

Pobreza urbana

O avanço da economia britânica, porém, não afetou toda a população positivamente. A produtividade era baseada na mão de obra em massa dos pobres, incluindo mulheres e crianças que trabalhavam em condições terríveis. A remuneração pelos longos dias de trabalho duro era reduzida. Os sindicatos classistas ainda estavam nos seus estágios primários de organização, mas a pobreza entre as pessoas que ganhavam menos era excessiva. A fumaça, a graxa e a fuligem das fábricas cobriam os belos prédios de Londres, enchendo a cidade com sua abominável neblina amarela. Quem morava nas favelas vivia entre a sujeira e a doença à medida que a população de Londres se multiplicou, saindo de 1 milhão para 2 milhões de pessoas ao longo do século 19.

Aos poucos, alguns membros socialmente conscientes da crescente classe média perceberam que alguma coisa precisava ser feita para mudar as condições opressivas da pobreza da nação. Lojistas, proprietários de bares e outros indivíduos da classe trabalhadora concordavam com alguns membros da privilegiada classe alta que passaram a acreditar que a sociedade tinha de proteger aqueles que sofreriam mais por causa das forças sociais e econômicas emergentes. Consequentemente, eles se envolveram na reforma de presídios, na rejeição de leis trabalhistas cruéis, na luta contra o trabalho infantil e, de maneira geral, no apoio à propagação da educação e da filantropia. A reação de C. H. Spurgeon e de vários outros líderes religiosos, que fizeram crescer várias formas de filantropia individual, surgiu a partir desse esforço. Eles acreditavam que, ao ajudar os indivíduos, a sociedade seria beneficiada. Por essa razão, fundaram orfanatos, asilos e outros ministérios para fazer frente aos males sociais de seu tempo.

A epidemia de cólera

Em 1854, ano em que Spurgeon passou a morar e exercer o ministério em Londres, a grande epidemia de cólera avançou violentamente pela cidade. Sua presença era repetidamente solicitada para acompanhar as vítimas em seu leito de morte, ou aos velórios dos que sucumbiam. Spurgeon notou que alguns de seus amigos de pastorado estavam contraindo a doença, e isso o preocupou. Um dia, voltando para casa depois de um funeral, Spurgeon notou um papel preso na janela de um sapateiro. Ao retirá-lo e lê-lo, guardou no coração as palavras contidas no bilhete: "Porque tu, ó Senhor, és o meu refúgio. No Altíssimo fizeste a tua habitação. Nenhum mal te sucederá, nem praga alguma chegará à tua tenda" (Salmos 91:9-10, versão Almeida Corrigida Fiel).

A partir daquele momento, Spurgeon continuou a ministrar aos doentes e moribundos, na confiança de que ele continuaria bem e que seria abençoado por fazer isso naquele momento.

Esse clima social foi o ambiente no qual C. H. Spurgeon e outros ministraram em meados dos anos vitorianos. A pobreza, a doença e a degradação moral eram crescentes entre as massas esquálidas das áreas urbanas, como a do leste de Londres. Tais condições instigaram a consciência de muitos cristãos e a proliferação de novas ideias. Consequentemente, os movimentos filantrópicos entraram em ação para atender as necessidades dos pobres. Spurgeon, assim como outros evangélicos de seu tempo, não via a dicotomia entre aspectos sociais e religiosos do Evangelho. Para ele, não era uma questão de privilegiar um ou outro, mas ambos eram importantes no que se referia ao mandamento de Deus no sentido de ministrar ao corpo e à alma. Por intermédio de sua liderança em empreendimentos ministeriais, Spurgeon foi capaz de contemplar os dois aspectos de uma maneira biblicamente sadia e moralmente vantajosa para disseminar o Evangelho.

O CONTEXTO RELIGIOSO

As mudanças que ocorriam em outros setores da sociedade estavam sujeitas a criar ramificações na dimensão religiosa. À medida que a vida na Inglaterra em geral foi transformada como consequência da revolução que acontecia nas estruturas social e econômica, a Igreja também era afetada. O cristianismo vitoriano precisava lidar com os problemas espirituais criados pelas novas populações das grandes cidades, a crescente separação de classes e as dificuldades que surgiam como resultado da ascensão do materialismo econômico.

Em meio à mudança radical no país, a religião organizada parecia ser uma força crítica em favor da estabilidade. Ela fornecia segurança para uma nação cujo próprio progresso e desenvolvimento ajudaram a mudar a face do mundo. No entanto, a expressão religiosa não era estática, pois sua variedade refletia a diversidade daqueles tempos.

O louvor durante a liturgia dos cultos dirigidos pelo arcebispo da Cantuária guardava pouca semelhança com os encontros evangélicos realizados em uma pequena capela batista de Essex. Os estilos diferentes de adoração eram símbolos da complexa matriz religiosa que caracterizava a Era Vitoriana.

A Igreja da Inglaterra

A denominação dominante da Inglaterra, de maneira geral, era a Igreja Estabelecida, a Igreja da Inglaterra (comumente conhecida como Igreja Anglicana). Era patrocinada pelo Governo, que lhe garantia privilégios que outras paróquias além das suas não desfrutavam. Antes da mudança das leis por meio das reformas no início do século 19, apenas os membros da Igreja da Inglaterra poderiam participar do Parlamento, das corporações municipais, dos tribunais, da advocacia ou frequentar as universidades.

A família de Spurgeon vinha de uma longa linhagem de dissidentes puritanos (agrupados entre os não conformistas), membros de denominações que não faziam parte da Igreja Estabelecida. Conforme o século 19 se desenrolava, as restrições contra as denominações não anglicanas foram sendo relaxadas, e as igrejas dissidentes passaram a gozar de maior liberdade política e religiosa à medida que o tempo passava.

Ao colocar em prática essas liberdades recém-conquistadas, elas se tornavam mais poderosas, e sua influência era sentida nas reformas políticas daquele tempo. O surgimento do não conformismo, aliado à ascensão de denominações como a batista, a metodista e a congregacional, criou uma cena religiosa mais pluralista. Elas se organizavam para pleitear reformas constitucionais na Inglaterra porque tais reformas fortaleciam sua posição em relação à Igreja Estabelecida. Assim, as mudanças na sociedade provocavam mudanças no âmbito religioso e preparavam o palco para desenvolvimentos que viriam a alterar a forma do cristianismo na Inglaterra.

A ascensão do evangelicalismo

O pietismo evangelical foi uma reação poderosa à ortodoxia formal e ao racionalismo que prevaleciam durante o século 18. Os evangelicais buscavam alcançar as pessoas com o Evangelho de Jesus Cristo, crendo que a fé pessoal em Cristo era essencial para a salvação. Eles revigoraram a leitura pessoal da Bíblia e o compromisso individual de fé; mudaram o intelectualismo, adicionando calor emocional; geraram consciência social; e renovaram a pregação, as missões e a hinódia. Embora o evangelicalismo tenha exercido uma influência importante na Igreja da Inglaterra, seu fervor era maior entre as igrejas dissidentes. Elas cresceram drasticamente no século 19 como resultado do reavivamento liderado por George Whitefield e John Wesley durante o século anterior.

Por volta de meados do século 19, o número de não conformistas ativos ultrapassava o de anglicanos praticantes. A maior denominação não anglicana era a metodista, seguida da batista. Conforme esses grupos experimentavam crescimento, eles produziam pregadores de grande poder. De fato, um escritor declarou: "O número de pregadores não conformistas reconhecidos era tão considerável que é extremamente difícil selecionar nomes entre eles para destacar".[4] Alguns deles, porém, foram C. H. Spurgeon, Joseph Parker, Alexander Maclaren e John Clifford, todos eles, exemplos da força crescente dos púlpitos dissidentes.

O movimento missionário

Um dos desenvolvimentos mais significativos que surgiram a partir dos não conformistas foi o movimento missionário do século 19. Esse período tem sido reconhecido como o "grande século" do alcance

---

[4] ELLIOTT-BINNS. *Religion in the Victorian Era* (*Religião na Era Vitoriana*), p. 461.

missionário protestante.⁵ A visão de missões estrangeiras que emergiu na pessoa de William Carey estendeu-se por intermédio da formação de muitas sociedades missionárias. Elas, por sua vez, enviavam centenas de missionários para todas as partes do mundo num esforço de comunicar o Evangelho a todas as pessoas por toda a terra.

O crescimento das organizações não conformistas não ocorreu sem controvérsia. O historiador Elliott-Binns se referiu à "Dissidência dos Dissidentes" que aconteceu com a multiplicidade dos grupos protestantes.⁶ O debate que nascia entre a Igreja Estabelecida e os dissidentes, somado à competição entre as denominações dissidentes, significou inúmeras tensões no mundo religioso. Mesmo dentro das denominações surgiram conflitos que provocaram cismas e a formação de ainda mais grupos religiosos novos. Tais contendas eram parte da mudança que caracterizou as denominações dissidentes durante a Era Vitoriana.

Os batistas

Pouco depois de sua conversão, Spurgeon se tornou membro da Igreja Batista. Havia dois grupos principais de batistas: os Batistas Gerais, que se mantinham de acordo com as doutrinas arminianas, e os Batistas Particulares, que se apegavam às crenças típicas dos puritanos e separatistas ingleses. Durante o século 19, os Batistas Gerais e os Particulares mantiveram suas distinções, mas se uniam para propósitos missionários, evangelísticos e comunitários. Eles formaram o que viria a ser conhecido como A União Batista da Grã-Bretanha e da Irlanda. Spurgeon participou ativamente da União Batista até seu afastamento em nome da finalidade de seu ministério. Sua saída da denominação batista será abordada mais adiante neste livro.

---

⁵ NEILL, Stephen. *A History of Christian Missions* (*Uma história das missões cristãs*). Baltimore: Penguin, 1964, p. 396.
⁶ ELLIOTT-BINNS. *Religion...*, p. 483.

Um evento que exerceu um grande impacto no processo de mudança religiosa na Inglaterra vitoriana foi a publicação do livro *A origem das espécies* por Charles Darwin, em 1859. As teorias de Darwin sobre a evolução desafiavam o pensamento cristão ortodoxo. Elas também lançavam dúvidas sobre o envolvimento sobrenatural de Deus com o mundo. Essas dúvidas abriram o caminho para a aceitação de abordagens mais liberais, ao que Spurgeon se opôs ao longo de seu ministério.

As condições gerais da sociedade e as necessidades daquela época nos ajudam a entender como Spurgeon foi capaz de conquistar reconhecimento amplo. Quando ele foi para Londres, as massas populares estavam lá, precisando da influência do Evangelho de Cristo. As multidões ao sul da cidade estavam preparadas para ser evangelizadas. Com sua capacidade excepcional de pregar e seus múltiplos dons de liderança, Spurgeon entrou em cena no momento certo e no lugar certo para exercer um impacto tremendo pelo Reino de Deus.

O CONTEXTO SOCIAL

A contribuição singular de Spurgeon não pode ser completamente compreendida se não tivermos em mente o panorama social daquela época. Já naquele tempo, a grande maioria da população de classe média frequentava os cultos semanais com regularidade. Naturalmente, havia poucas outras distrações disponíveis aos domingos. Ninguém ainda pensava em excursões dominicais, e viagens aos fins de semana estavam longe de se tornar um hábito. As pessoas muito pobres ficavam em suas casas aos domingos, ou então lotavam bares e vagavam pelas ruas. Os teatros estavam fechados, e a era do cinema ainda não havia começado. Não havia nenhum outro lugar para frequentar aos domingos, pelo menos para as pessoas respeitáveis. É claro que poderia haver algumas poucas exceções de pessoas que se permitiam algumas rebeldias não cristãs, mas quem fazia isso não tinha abertura para divulgar suas aventuras. As classes médias respeitáveis iam para a igreja nas manhãs de domingo, ceavam ao meio-dia, dormiam à tarde e voltavam à igreja à noite. Os cultos matutinos eram tão frequentados quanto os noturnos, que tinham um caráter mais evangelístico. Naqueles dias, famílias inteiras adoravam juntas, e cada uma se sentava em um banco específico — uma instituição reconhecida na época.

Adoração convencional

A natureza e a descrição das igrejas daquele período também são dignas de nota. A maior parte delas mantinha vínculos por questões de convenção ou tradição. Cultos, sermões, orações e hinos eram longos — bem mais longos do que se espera hoje em dia. Os ministros tinham por hábito ler seus sermões, muitos dos quais pareciam verdadeiros tratados imensos, tão frios quanto chatos. A pregação era geralmente metódica, previsível, intelectualmente pesada e enfadonha. Revistas populares ridicularizavam os clérigos típicos em charges que os retratavam como pessoas arrogantes e intocáveis. O advento de uma pessoa combativa e interessante como Spurgeon inspirou outros pregadores a tornar os cultos das igrejas mais vibrantes e suas apresentações, mais atraentes.

Em meio ao mundo comparativamente cinza da Londres de seus contemporâneos, Spurgeon explodiu como uma lufada de ar fresco. Ele começou a alcançar os trabalhadores comuns e os membros da classe operária com a mensagem salvadora do Evangelho. Não demorou muito, todos os tipos de pessoa com diferentes histórias de vida estavam se reunindo para ouvir o jovem pregador de Essex. Em 1934, o eminente pastor estadunidense George W. Truett, falando durante a celebração do centenário de aniversário de nascimento de Spurgeon no Royal Albert Hall em Londres, destacou:

> Ele foi um homem de solidariedades universais. Essas solidariedades foram especialmente dirigidas do mais profundo de seu coração aos pobres, aos necessitados, aos ignorantes, aos desafortunados. A presença em seu Tabernáculo Metropolitano

de pessoas como o acadêmico senhor Ruskin, do primeiro-ministro, senhor Gladstone, de lorde Shaftesbury ou de algum arcebispo de grande fama não lhe dava maior prazer do que a presença do carpinteiro humilde, do cocheiro, da costureira, da lavadeira. Sobre tal fato, temos uma das mais reveladoras explicações de sua influência e de seu poder de tão largo alcance. Pode-se dizer dele o mesmo que de seu Mestre: "As pessoas comuns o ouviam com alegria". Para ele, o corolário da glória do Evangelho de Cristo é que ele seja pregado aos pobres.[7]

O advento de Spurgeon

Muitos dos detratores de Spurgeon profetizaram que ele não duraria muito tempo, mas estavam errados. Seu ministério efetivo continuou em Londres até o último ano de sua vida, conquistando o respeito de muitos de seus pares e de diferentes líderes de todas as esferas da sociedade. Ele não apenas influenciou Londres e uma parte considerável da Inglaterra, como também seus sermões e seus escritos publicados exerceram um tremendo impacto em todo o mundo. Mas é fundamental ver Spurgeon como um líder no contexto de sua cultura e da sociedade que o cercava. As evidências sugerem que ele era tanto um produto das forças de seu tempo quanto uma influência sobre elas. De fato, todas as mudanças e reformas, bem como todo o crescimento, toda a expansão, todas as novas ideias e outros termos usados para descrever a Inglaterra Vitoriana eram parte das experiências de vida que moldaram Spurgeon. Por essa razão, dado o ambiente sociocultural no qual ele serviu, fica mais fácil entender o que compunha sua liderança.

Muitas mudanças ocorreram desde a Era Vitoriana na qual Spurgeon viveu. Nos primeiros anos de um novo milênio, quando

---

[7] TRUETT, George W. "C. H. Spurgeon Centenary" ["O centenário de C. H. Spurgeon"]. In: *George W. Truett Library* (*A biblioteca de George W. Truett*). Nashville: Broadman, 1980, 3:156.

encaramos os desafios da liderança cristã numa sociedade altamente avançada em termos de tecnologia, muitas características dos tempos de Spurgeon parecem remotas e irrelevantes. Ainda assim, mesmo com todas as mudanças sociais e culturais que ocorreram durante o último século, a liderança espiritual de Spurgeon permanece como um padrão popular e consistentemente alto entre os evangélicos hoje em dia. Muitos dos princípios de liderança que ele personificou são atemporais, porque a base deles estava diretamente relacionada com a compreensão de Spurgeon sobre a Palavra de Deus aplicada à sua vida e ao seu ministério.

LIÇÕES DE LIDERANÇA DE SPURGEON

- **Para entender a influência de um líder, a pessoa precisa avaliá-lo no contexto de seu ministério.** Embora Spurgeon fosse muito bem-sucedido em seu tempo, é necessário estabelecer seu trabalho, bem como de outros líderes, dentro do contexto em que vivia para entender o impacto específico de cada um.

- **Um líder não pode ser separado de seu histórico pessoal, de seu ambiente, de sua cultura e de outras múltiplas influências externas que contribuem para seu desenvolvimento como pessoa.** Todo líder é tanto um produto da composição de forças e fatores que ajudaram a formar e informar sua vida quanto uma influência sobre a vida de outras pessoas.

- **Os aspectos sociais, econômicos e culturais de uma sociedade influenciam a extensão do sucesso de um líder.** Spurgeon se descrevia como um "homem da capital", um produto da cena da Londres metropolitana em meio a uma sociedade vitoriana mais conservadora. Ao mesmo tempo, sua posição privilegiada o mobilizou a atender as necessidades daqueles menos afortunados que ele.

- **A visão de um líder se expande conforme ele se expõe a todas as demandas do ambiente que o cerca.** Quando Spurgeon chegou à cena londrina, seu encontro com a epidemia de cólera criou a urgência que justificou seu ministério evangelístico. Ele não se abalou diante da responsabilidade, mas foi bem além de seus limites ao arriscar a própria saúde para ministrar aos doentes e aos moribundos.

- **O estado geral da sociedade e as condições materiais daquela época nos ajudam a entender, até certo ponto, por que Spurgeon foi capaz de atrair uma atenção tão vasta.** Seu estilo e sua abordagem no ministério eram singulares naquele tempo porque muitos de seus pares eram mais reservados e previsíveis em seu ofício. A abordagem agressiva de Spurgeon sobre o evangelismo e o ministério geraram uma plataforma para sua ampla influência.

- **Um líder ajuda a sociedade ao ajudar os indivíduos.** Spurgeon e vários outros líderes religiosos procuravam por formas avançadas de filantropia individual. Eles acreditavam que a sociedade seria beneficiada como resultado da ajuda que prestavam às pessoas individualmente. Por essa razão, eles construíram orfanatos, asilos e outros ministérios para atender as mazelas sociais de sua época.
- **Muitos princípios de liderança espiritual são atemporais, independentemente do contexto social e cultural.** O padrão duradouro da liderança de Spurgeon continua até os dias de hoje porque sua base está diretamente relacionada com a compreensão que ele tinha sobre a Palavra de Deus aplicada à sua vida e ao seu ministério.

4

CHAMADO:
CONVERSÃO E CRESCIMENTO

"Irmãos, vocês não foram feitos para outra coisa
além de Deus; portanto, rendam-se a ele, e encontrem
nele sua prosperidade, sua honra e seu tudo."[1]

Charles H. Spurgeon era geralmente considerado um homem de Deus. Sua liderança espiritual contava com alta reputação entre seus pares, bem como por toda a cristandade no século 19. Qual era o segredo de sua santidade e de sua vida de compromisso inabalável com a obra de Deus? Para responder a essa pergunta, é preciso olhar para a fonte da liderança de Spurgeon: sua vida de fé baseada em seu relacionamento pessoal com Jesus Cristo. A partir dessa fundação brotaram os recursos espirituais que fluíram continuamente ao longo de sua vida para fazer dele um dos líderes cristãos mais extraordinários de seu tempo.

Um dos primeiros princípios a serem aprendidos a partir da liderança de Charles Spurgeon é que um líder cristão precisa primeiro ser liderado por Deus antes que seja capaz de liderar outras pessoas. Com certeza, Spurgeon disse "amém" à advertência de Jesus para "buscar primeiro o Reino de Deus e a sua justiça" como objetivo primário do

---

[1] SPURGEON, *An All-Round...*, p. 179.

compromisso espiritual de alguém. A própria experiência de conversão pessoal e chamado de Spurgeon ensinam sobre a prioridade do compromisso espiritual como a fonte de sua liderança.

CONVERSÃO ESPIRITUAL

Charles Haddon Spurgeon foi criado em um lar cristão. Tanto seu pai quanto seu avô haviam servido como ministros do Evangelho. Hoje em dia, crianças suficientemente afortunadas por nascer, crescer e ser educadas em famílias cristãs evangélicas frequentemente tomam a decisão por Cristo muito cedo, muitas delas antes de chegar aos 10 anos. Embora tenha recebido muita instrução e bastante treinamento espiritual na juventude, Spurgeon só assumiu seu compromisso com Cristo aos 15 anos. No entanto, a influência cristã de sua família deixou nele uma marca indelével. Mais tarde, Spurgeon escreveria a respeito de seu treinamento espiritual doméstico:

> Fui privilegiado por ter pais tementes a Deus, que tomaram conta de mim com olhos cuidadosos; que raramente sequer permitiam que eu me juntasse a companhias duvidosas; que me alertaram a não dar ouvidos a qualquer coisa que fosse profana ou libidinosa; e que me ensinaram o caminho de Deus desde minha juventude.[2]

A conversão de Spurgeon é frequentemente recontada nas muitas biografias escritas a respeito dele. Ele costumava compartilhar essa experiência pessoal de salvação ao falar no púlpito, especialmente em seus últimos anos como ministro no Tabernáculo Metropolitano. Há quem afirme que ele tenha dito que 30 gramas de testemunho pessoal valem mais do que uma tonelada de alta teologia. Quando ele

---

[2] SPURGEON, ... *Autobiography*, 1:38.

enfrentava qualquer dificuldade para dizer alguma coisa, simplesmente se valia de uma porção de experiência espiritual para incendiar seu sermão. Embora ele dispusesse de muita munição espiritual para gastar, sua conversão sempre lhe foi algo estimado e fácil de mencionar ao longo de sua vida e de seu ministério.

O caminho para a salvação

Spurgeon não poderia ser acusado de ter uma "crença conveniente", a acusação que se faz hoje em dia contra certo tipo de evangelismo que só exige aquiescência intelectual a certas verdades espirituais, mas não requer arrependimento pessoal de pecados nem uma fé em Cristo capaz de transformar a vida. Durante certo tempo, o jovem Charles lutou contra sua própria condição de pecador e a necessidade de conversão espiritual pessoal. Ele tinha plena consciência do estrago provocado pelo pecado: "Quando estive nas mãos do Espírito Santo sob a convicção de meu pecado, tive uma noção clara e precisa da justiça de Deus. O pecado, seja ele o que for para as outras pessoas, tornou-se para mim um fardo intolerável. Eu não temia tanto o inferno quanto eu temia o pecado".[3]

Quando garoto, Charles acompanhava regularmente o pai nas pregações que fazia em várias igrejas congregacionais. Numa manhã particularmente fria de inverno, a neve estava tão intensa e a jornada tão difícil que o jovem Spurgeon não viajou com o pai. Em vez disso, ele procurou a casa de oração mais próxima de sua casa. Na cidade de Colchester, naquele domingo invernal de janeiro de 1850, Spurgeon encontrou uma pequena igreja metodista primitiva, onde parou para participar do culto. Um orador convidado era a atração daquela manhã, um leigo com pouca formação educacional que pregou uma mensagem evangelística simples baseada em Isaías 45:22: "Voltem-se

---

[3] Id., p. 43.

para mim e sejam salvos, todos vocês, confins da terra...". Em determinado momento, à medida que a história prosseguia, o leigo olhou para Spurgeon e disse: "Jovem, você parece muito triste".

A observação daquele homem estava correta: o jovem Spurgeon declararia depois que ele, de fato, se sentia a pessoa mais triste naquele dia. As palavras penetraram diretamente em seu coração. O orador continuou: "Você sempre será uma pessoa triste — triste na vida e triste na morte — se não obedecer ao que digo. Porém, se obedecer agora mesmo, será salvo. [...] Jovem, olhe para Jesus Cristo! Olhe! Olhe! Olhe! Você não precisa fazer mais nada além de olhar e viver".[4] Na mesma hora, Charles vislumbrou o caminho da salvação. Mais tarde, ele descreveria: "Naquele lugar e naquele instante, a nuvem se dissipou, assim como a escuridão, e naquele momento eu vi o sol. Então fui capaz de me levantar na mesma hora e cantar junto com os mais entusiasmados da congregação sobre o sangue precioso de Cristo e a fé simples que não olha para mais nada além dele".[5] Spurgeon respondeu àquele chamado pela fé, experimentando o perdão por seu pecado e se convertendo verdadeiramente para seguir Cristo.

O batismo do crente por imersão

Enquanto a família de Spurgeon era formada por evangélicos da Igreja Congregacional que faziam batismo de crianças, o jovem Charles havia pesquisado as Escrituras e chegado a uma conclusão diferente sobre a questão. Ele estava convencido de que a Bíblia ensinava o batismo como uma ordenança para ser colocada em prática por imersão total e restrita apenas a crentes. Assim, ele foi em busca de um ministro batista e encontrou em um vilarejo nas imediações. Ele imediatamente se submeteu ao batismo do crente, em obediência a Cristo. A disposição

---
[4] SPURGEON, ... *Autobiography*, p. 88.
[5] Ibid.

de Charles em fazer as coisas mais por convicção do que em função das crenças familiares era um indicativo do espírito independente com o qual ele sempre lidou com as questões de fé. Se Spurgeon se sentia convencido de que alguma coisa estava correta de acordo com as Escrituras, ele estava disposto a lutar sozinho contra aqueles que discordassem dele. Tal espírito corajoso se tornou um fator definidor de liderança quando, mais tarde, Spurgeon teve de lidar com questões difíceis relacionadas à fé e à prática cristã.

O pai de Spurgeon escreveu a ele, alertando-o para que não confiasse no batismo que recebera. O novo convertido assegurou ao pai que ele não tinha qualquer superstição de que o batismo o salvaria. A mãe dele o lembrou que, embora orasse com frequência pela conversão do filho, ela jamais pedira para que ele viesse a se tornar um batista. Charles respondeu, em tom bem-humorado, que o Senhor lidara com aquelas orações "com sua costumeira generosidade", e dera à mãe "abundantemente mais" do que ela havia pedido".[6]

No dia em que Spurgeon foi batizado, ele não desfrutou os benefícios de um batistério do século 21, construído dentro de um templo e com água em temperatura agradável. Em vez disso, ele caminhou 13 quilômetros na ida (e outro tanto na volta) até o local de seu batismo, o riacho Lark, localizado numa área rural de Essex. Coincidiu com o dia do 50º aniversário de sua mãe, e o jovem Charles estava muito entusiasmado para seguir o mandamento de Cristo e ser batizado em uma ocasião tão memorável. Logo depois, ele se envolveu no serviço de Cristo, fazendo tudo quanto podia para ajudar outras pessoas a ter um encontro com o Jesus a quem ele passara a conhecer como Senhor e Salvador.

A conversão espiritual de Spurgeon foi tão profunda que se tornou a motivação fundamental de sua vida como líder cristão. Daquele dia em diante, seu compromisso era com o testemunho da salvação que ele

---

[6] Id., p. 148.

havia recebido para que outras pessoas fossem conduzidas à fé salvadora em Jesus Cristo.

É possível conjecturar que o compromisso espiritual seria uma "vocação" oferecida a todos os líderes cristãos. No entanto, mais tarde, Spurgeon lamentaria a condição espiritual de alguns dos chamados "líderes ministeriais" de sua época:

> Tenho ouvido falar de ministros que demonstram mais animação quando estão jogando croquet ou críquete, fazendo uma excursão ou negociando alguma coisa. Foi dito de um deles, e chegou aos meus ouvidos: "Que belo ministro ele poderia ter sido se, ao menos, tivesse se convertido...". Ouvi isto de um homem muito inteligente: "Ele teria sido um grande ganhador de almas, se ao menos acreditasse em almas; mas ele não acreditava em coisa alguma.[7]

Spurgeon sabia ser imperativo que os líderes cristãos tivessem primeiro a convicção de serem, eles mesmos, crentes transformados em Jesus Cristo antes de criarem qualquer expectativa de exercerem liderança de tal natureza sobre outras pessoas a ponto de elas assumirem um compromisso espiritual por si.

CHAMADO VOCACIONAL

Líderes do Reino recebem um chamado especial para a liderança. Paulo escreveu: "Dou graças a Cristo Jesus, nosso Senhor, que me deu forças e me considerou fiel, designando-me para o ministério..." (1Timóteo 1:12). Enquanto alguns líderes contemporâneos se referem a uma "motivação" em sua vida, os líderes cristãos genuínos agem de acordo com um verdadeiro senso de chamado. Jesus disse: "Pois

---

[7] SPURGEON, ... *Autobiography*, p. 163.

muitos são chamados, mas poucos são escolhidos" (Mateus 22:14). Aqueles que respondem ao chamado de Deus encontram uma identidade, uma segurança proveniente da noção de estarem no centro da vontade de Deus para sua vida. Spurgeon recebeu um chamado claro para o ministério que o sustentou ao longo de toda a sua ilustre carreira.

O chamado inicial para o ministério

Muitos ministros já testificaram sobre sua experiência dizendo que, ao receber um chamado vocacional de Deus, resistiram fortemente. Eles afirmam passar por um processo que envolve muita luta até "se render" àquele chamado em sua vida. Para Spurgeon, um chamado tinha menos a ver com "rendição" do que com um reconhecimento da mão de Deus sobre sua vida. O chamado dele parecia se desenvolver como uma progressão natural de seu desejo apaixonado de servir ao Cristo que lhe dera a salvação. Quando ainda era um adolescente cristão, ele corria atrás ativamente de oportunidades de testemunhar de Cristo, e aceitava todos os convites que surgiam para servir ao Senhor. Ele começou ensinando em uma classe de garotos da Escola Dominical; em seguida, passou a receber convites para falar em várias igrejas. Logo se tornou evidente a unção de Deus sobre aquele rapaz de Essex. Aos 16 anos, o chamado ao seu primeiro pastorado veio de uma pequena e humilde igreja batista no vilarejo de Waterbeach. Pouco mais de um ano depois de sua conversão, depois de a congregação tê-lo ouvido pregar apenas duas vezes, Spurgeon foi convidado a se tornar o líder da igreja. Charles recebeu aquele chamado como uma confirmação da unção divina para pregar o Evangelho e aceitou o convite da igreja.

A partir do momento que Spurgeon começou a pregar, sua preocupação era sobre como ganhar almas para Cristo. Ele sabia que havia sido salvo pelo Evangelho, mas também se perguntava se mais alguém seria salvo, agora que ele o estava pregando. Depois de pregar seus sermões nos primeiros cultos dominicais, ele perguntou a seus diáconos se algum deles havia sido "trazido a Jesus" por intermédio de suas mensagens. Eles responderam que aquilo certamente teria acontecido, mas Charles queria ter certeza disso.

Logo chegou o dia quando ele ouviu falar de seu primeiro convertido. Um de seus diáconos lhe contou: "É a esposa de um pobre operário de um lugarejo qualquer! Ela voltou para casa com o coração quebrantado por seu sermão pregado dois ou três domingos atrás, e vinha passando por um grande conflito em sua alma, mas encontrou a paz, e diz que gostaria de falar com o senhor".[8] Spurgeon foi visitá-la, e afirmou que a realidade da conversão daquela mulher era como um selo de confirmação de seu ministério.

Levando outras pessoas a Cristo

Um profundo compromisso evangelístico caracterizou o ministério de Spurgeon desde o começo. Ele considerava a conversão de uma pessoa algo mais precioso do que qualquer outra coisa:

> Eu prefiro ser o veículo para livrar uma alma da morte e levá-la à salvação do que o maior orador da terra. Eu prefiro trazer a mulher mais pobre do mundo aos pés de Jesus do que ser nomeado arcebispo da Cantuária. Eu teria mais urgência de arrancar um simples condenado da danação do que explicar todos os mistérios. Ganhar uma alma à beira do precipício é uma realização mais gloriosa do que ser coroado na arena da controvérsia teológica como doutor Suficientíssimo.[9]

O resultado da pregação evangelística de Spurgeon foi uma igreja abundante na qual muitas vidas foram transformadas, resultando em

---

[8] SPURGEON, ... *Autobiography*, p. 197.
[9] Ibid.

um profundo efeito sobre o vilarejo. Por volta dos 19 anos, a fama que cercava a habilidade de Spurgeon como pregador se espalhou por toda a região. Não demorou muito para que surgissem convites de vários outros lugares para ouvi-lo pregar.

O chamado para Londres

Uma igreja em Londres que, tempos antes, tinha sido uma referência em termos de ministério estava em busca de um pastor que pudesse restaurar sua proeminência. A Igreja Batista de Park Street tornara-se conhecida pelo trabalho de três pastores notáveis que serviram ali durante os 200 anos de história daquela congregação: Benjamin Keach, doutor John Gill e doutor John Rippon. Juntos, eles contribuíram com 148 anos de um ministério significativo que capacitou a igreja a crescer e prosperar. A congregação mudou de endereço e passou a ser chamada Igreja Batista de New Park Street, na parte sul de Londres. Infelizmente, eles se estabeleceram em uma área da cidade que foi se tornando decadente e desabitada. Esse movimento, combinado com os ministérios medíocres de quatro pastores em sequência, contribuiu para que uma igreja que chegara a contar com 1,2 mil membros fosse diminuindo até chegar a apenas 200 adoradores.

No verão de 1853, eles ouviram falar sobre o jovem pastor de Waterbeach e o convidaram a visitar a congregação e pregar. Spurgeon pensou que se tratava de um engano, achando que eles não estariam interessados em um jovem interiorano como ele. Mas a igreja estava muito ansiosa por assegurar seus serviços pastorais, e quando ele pregou para a congregação, as pessoas foram profundamente tocadas pelo sermão. A notícia se espalhou rapidamente, e então veio o convite para que Spurgeon viesse para servir aquela igreja histórica na cidade de Londres. O início do ministério de Spurgeon em Londres foi o ponto de partida de um pastorado evangelístico que se manteve cheio de poder por aproximadamente 38 anos.

O compromisso do chamado

Ao longo de todo o seu ministério, Charles Spurgeon foi irresistivelmente convencido do chamado de Deus para uma vida de vocação ministerial. No entanto, ele acreditava que o chamado estava diretamente conectado ao seu compromisso espiritual e à sua obediência a Cristo. De fato, Spurgeon escreveu que "a piedade verdadeira e genuína é necessária como o primeiro requisito indispensável. Qualquer 'chamado' que alguém afirme ter, se a pessoa não foi chamada para a santidade, ela certamente não foi chamada para o ministério".[10] Spurgeon buscou continuamente consagrar-se a Cristo, crendo que o nível de seu próprio compromisso validava seu chamado para servir e liderar as outras pessoas.

Spurgeon estava convencido de que a base do próprio compromisso de fé de um líder determina a eficácia de seu ministério.

> A piedade pessoal não pode se tornar escassa em nós. Nossa própria justificação pessoal na justiça de Cristo, nossa santificação pessoal pelo poder do Espírito Santo que habita em nós, nossa união vital com Jesus e nossa expectativa pela glória nele, sim, nosso próprio crescimento em graça, nossa própria rendição — devemos pensar e considerar bem todas essas coisas.[11]

Ele acreditava que os ministros cristãos devem se doar integralmente a Deus:

> Não há a menor necessidade de qualquer hesitação, a escolha de todo ser humano entre nós é a de pertencer integralmente

---

[10] SPURGEON, C. H. *Lectures to My Students: A Selection from Addresses Endnotes Delivered to the Students of The Pastors' College, Metropolitan Tabernacle* [Palestras aos meus alunos: uma seleção de notas finais de discursos aos alunos da Faculdade de Pastores, Tabernáculo Metropolitano]. Londres: Passmore and Alabaster, 1:3.

[11] SPURGEON, *An All-Round*, p. 64.

ao Senhor — ser ardentemente, apaixonadamente, veementemente servos do Senhor, permitir que um fervor divino ocupe em nós o que for necessário em termos de mente, coração e vida. Nossa única esperança de honra e glória e imortalidade reside no cumprimento de nossa dedicação a Deus.[12]

Spurgeon acreditava que nada é mais importante que o chamado de um líder: "Permita que cada pessoa descubra o que Deus deseja que ela faça, e então permita que ela o faça ou morra tentando".[13] Talvez uma das razões pelas quais tanta gente tenha deixado o ministério vocacional seja porque seu chamado não foi definitivo. O líder cristão deveria ser desafiado pelo chamado inequívoco de Spurgeon ao ministério.

Determinando o chamado

Como alguém pode saber se recebeu ou não um chamado? Em uma palestra a seus estudantes da Faculdade de Pastores, Spurgeon apontou os sinais definitivos para determinar o chamado de uma pessoa ao ministério, como veremos a seguir.

1. *Um desejo intenso pela obra que absorva toda a sua vida.* Há uma paixão avassaladora pelo ministério que motiva o líder a persegui-lo.
2. *Aptidão ao ensino e alguma medida das outras qualidades necessárias para um orientador de pessoas.* "Uma pessoa não pode se considerar chamada à pregação até provar que pode falar em público."[14]
3. *Precisa ver algum grau de eficácia em seus esforços no sentido de levar pessoas à conversão.* Especificamente relacionado ao papel de um pastor, a pessoa precisa ver evidências de que seu ministério está resultando na atração de pessoas não salvas a Cristo.

---

[12] Id., p. 178.
[13] Id., p. 233.
[14] SPURGEON, *Lectures...* (Grand Rapids), 1:25.

4. *Sua pregação deve ser aceita pelo povo de Deus.* As pessoas oferecerão testemunhos suficientes a respeito de seus "dons, conhecimento e capacidade de comunicação".[15] Spurgeon alertava seus alunos a se certificar de seu chamado: "Tenham certeza absoluta disso enquanto ainda estão neste retiro; e trabalhem diligentemente para ajustar sua vida a seu grandioso chamado".[16]

Spurgeon lamentava pela noção segundo a qual os ministros estavam servindo às igrejas porque se tratava de seu último recurso vocacional. "Conheci dez, vinte, uma centena de irmãos que garantiam ter certeza, muita certeza de que haviam sido chamados ao ministério; estavam bem certos disso porque haviam fracassado em todas as outras coisas."[17] Ele acreditava que o chamado para servir a Deus dentro de uma capacidade vocacional era a mais grandiosa vocação e a mais nobre das ocupações. "Considerando tudo, a experiência é nosso teste mais garantido, e se Deus nos encoraja a cada ano e nos concede sua bênção, não precisamos passar por nenhuma outra prova de nossa vocação."[18]

Perseverança no chamado

A proporção de ministros que abandonam igrejas hoje em dia é alarmante. Muitos deles são dispensados pelas congregações por causa de desvios morais e outras situações impróprias. Alguns foram forçados a deixar o ministério local por não corresponderem às expectativas dos membros da igreja. Da mesma forma, inúmeros pastores sucumbiram à estafa, e se consideraram incapazes de suportar o estresse do ministério. Ainda há os que deixaram suas congregações ao se render

---

[15] SPURGEON, *Lectures...*, p. 23-30.
[16] Id., p. 39.
[17] Id., p. 35.
[18] Id., p. 37.

à promessa de encontrar pastagens mais verdejantes em outras profissões. Spurgeon criticava aqueles que deixavam o ministério para perseguir outros propósitos: "Para nós, rejeitar o trabalho na obra e buscar distinção em outras coisas é uma absoluta insensatez; uma praga se derramará sobre nós, e não teremos sucesso em nada, a não ser buscar a glória de Deus".[19]

Spurgeon estava convencido do mérito de um ministério de longo prazo: "Será algo doce ter morrido sem abandonar seu posto, não trocando o ministério por riquezas nem correndo de Dã até Berseba para obter um salário melhor, mas parando onde seu Senhor ordenou que você ficasse para proteger o forte".[20] Ele se sentia muito mais decepcionado com o curto período de duração de muitos ministérios hoje em dia, com médias estimadas entre dois e três anos por pastorado. Não admira muito que o crescimento do Reino fique comprometido quando as evidências indicam o pouco comprometimento dos pastores com um ministério de longo prazo.

Será que Spurgeon acreditava que deveria fugir de problemas? Absolutamente não. "Não tenham medo de trabalhar duro para Cristo; um acerto de contas terrível aguarda aqueles que vivem um ministério de facilidades, mas uma grande recompensa está reservada para os que suportam todas as coisas em nome dos eleitos."[21] Ele acreditava fortemente em uma vida inteira de comprometimento com o ministério vocacional baseada na certeza e na convicção do chamado e em uma determinação sagrada de levar essa vocação até o fim.

COMPROMISSO COM O CRESCIMENTO ESPIRITUAL PESSOAL

A urgência dos tempos em que vivemos exige que a pessoa se comprometa com a renovação pessoal e com o crescimento espiritual como

---

[19] SPURGEON, *An All-Round...*, p. 178.
[20] Id., p. 197.
[21] Ibid.

líder. A tentação é a de se tornar condescendente e medir a eficácia de alguém pelo que outros colegas fizeram e estão fazendo em seus ministérios. A resposta de Spurgeon: "Que sejamos capazes de nos medir tendo nosso Mestre como referência, e não por nossos companheiros de serviço; se fizermos assim, o orgulho será impossível, mas a esperança será natural".[22] O líder cristão precisa ser não apenas capaz de alcançar um crescimento que conduz a oportunidades ainda maiores, mas também de continuar resoluto em seu processo de desenvolvimento espiritual.

Uma pessoa não consegue conduzir outras além do ponto aonde ela chegou. Talvez este seja o motivo pelo qual vemos tantas igrejas espiritualmente estagnadas. Spurgeon disse ser "mais importante ao ministro que sua piedade seja vigorosa. Ele não deve se contentar em ser igual aos recrutas cristãos; precisa ser um crente maduro e corajoso, pois o ministério de Cristo é chamado, com propriedade, 'a escolha das escolhas, a eleição das eleições, uma igreja selecionada dentro da igreja'".[23] Não gostaríamos de ter como mentores pessoas que não são melhores que nós. O mesmo vale para aqueles que seguem nossa liderança. Spurgeon disse: "Quero um homem que seja melhor que eu para ser meu orientador espiritual".[24]

A determinação para crescer

Alguns líderes possuem as habilidades e o carisma, mas lhes falta a determinação para alcançar maior desenvolvimento espiritual, além de não se comprometerem com um crescimento de longo prazo. A falta dos verdadeiros recursos provenientes do crescimento espiritual pessoal pode se revelar letal para aqueles líderes que desejam estender seu ministério. "Permitamos que essa seja a paixão ardente de nossa alma:

---

[22] SPURGEON, *An All-Round..*, p. 303.
[23] Id., *Lectures...*, 1:8.
[24] Id., *An All-Round...*, p. 351.

crescer para nos tornarmos líderes e campeões."[25] A estagnação espiritual em um ministério resulta em letargia espiritual na igreja local.

Não existe razão alguma para qualquer líder espiritual se acomodar com o *status quo*. Spurgeon escreveu: "Se devemos perseguir nosso chamado santo com sucesso, *precisamos ser pessoas melhores*".[26] O líder pode se contentar por ter realizado certas metas e por alcançar determinado nível de sucesso. No entanto, jamais houve alguma razão para essa pessoa descansar sobre os louros. Ser um discípulo significa se tornar um aprendiz da vida. O líder que assume uma atitude de aprendizado e continua a crescer espiritualmente consolidará e expandirá a eficácia de sua liderança. Ninguém deve presumir que chegou lá e não precisa de mais crescimento ou desenvolvimento espiritual. Spurgeon escreveu: "O operário mais indispensável e produtivo é aquele com quem contamos para nosso aprimoramento mental e espiritual".[27] Ele via a tolice do líder que continuava a servir a partir das próprias reservas espirituais, porém não reabastecia as próprias energias espirituais. "Doar sempre e nunca receber tende ao vazio."[28]

O poder da oração

Quais são algumas das qualidades que demonstram crescimento espiritual? Em primeiro lugar, um líder precisa ser empoderado pela oração. A Bíblia nos diz para orar sem cessar. Spurgeon acreditava muito na necessidade da oração: "Aproveite a oração ao máximo. [...] A oração é a arma suprema. Seríamos grandemente sábios se a usássemos mais, e se o fizéssemos com um propósito mais específico".[29] Dizia-se a respeito de Spurgeon que jamais teria orado por mais de

---

[25] Id., p. 249.
[26] Id., p. 302.
[27] Id., p. 262.
[28] Ibid.
[29] Id., p. 313.

cinco minutos de cada vez, mas que nunca passava mais do que cinco minutos sem orar. Ele mencionava com frequência que o segredo de seu sucesso era oração, e ele citava os muitos membros da igreja que oravam regularmente no porão durante os cultos e em outras ocasiões importantes.

Peter Wagner, conhecido escritor e líder especializado em crescimento de igrejas, escreve: "Quanto mais fundo eu cavo abaixo da superfície dos princípios do crescimento da igreja, mais completamente me convenço de que a verdadeira batalha é espiritual, e que nossa arma principal é a oração".[30] Um líder eficaz precisa ter uma vida de profunda oração. Spurgeon escreveu sobre o poder da oração:

> Todo inferno é derrotado quando o crente dobra seu joelho em súplica persistente. Amados irmãos, vamos orar. Não podemos todos discutir, mas podemos todos orar; não podemos todos ser líderes, mas podemos todos suplicar; não podemos todos ser poderosos na retórica, mas podemos todos prevalecer em oração. Antes de ver você eloquente com os homens, gostaria de vê-lo eloquente com Deus. A oração nos liga com o Eterno, com o Onipotente, com o Infinito, e, portanto, é nosso recurso principal. [...] Assegure-se de estar com Deus, e só então terá certeza de que Deus está com você.[31]

O ex-deão de seminário Thom Rainer citou evidências estatísticas referentes ao poder da oração: "Um estudo entre igrejas que antes eram estáveis ou estavam em declínio, mas agora experimentavam crescimento revelou uma estatística fascinante. O relatório concluiu que 71% daquelas igrejas identificaram uma ênfase cada vez maior na oração nos últimos anos, em comparação com apenas 40% das igrejas

---

[30] WAGNER, Peter. *Church Planting for a Greater Harvest* [Plantando igrejas para uma colheita maior]. Ventura: Regal, 1990), p. 46.
[31] SPURGEON, *An All-Round...*, p. 314.

que continuam no mesmo patamar".³² Tal oração não acontece sem a liderança do pastor. Um líder cristão deve continuar a crescer e liderar na disciplina da oração.

Cheio de fé

Em segundo lugar, o líder demonstra crescimento espiritual quando ele é "cheio de fé". Spurgeon escreveu: "Devo dizer que a primeira, a segunda, a terceira e a última coisa são a fé. 'Sem fé, é impossível agradar a Deus.' E se queremos agradar a Deus, isso não acontecerá por causa de nosso talento, mas através de nossa fé".³³ O perigo reside em alguém se tornar mais confiante nas próprias capacidades do que continuar a confiar e depender de Deus. Spurgeon acreditava que "a dependência de Deus é a fonte permanente de sucesso".³⁴ Os grandes líderes espirituais reconhecem que sua consistência precisa ser apoiada no Senhor. O notável escritor Elmer Towns reforça esse axioma: "Todos os grandes líderes têm em comum um dom espiritual: a fé".³⁵

Spurgeon não via a fé como algo excepcional no trabalho de um líder, mas uma função natural na vida cristã: "A fé em Deus é santificada, e isso é senso comum".³⁶ É como pensar em Deus a partir de sua Palavra. "Crer na Palavra de Deus é a coisa mais razoável que podemos fazer; é o caminho mais plano que podemos trilhar, e a política mais segura que podemos adotar, mesmo no que se refere ao cuidado que temos conosco. [...] Vamos apostar tudo na fidelidade a Deus, e assim nunca seremos envergonhados ou confundidos, um mundo sem fim."³⁷

---

³² RAINER, Thom. *Eating the Elephant* [Comendo o elefante]. Nashville: Broadman, 1994, p. 23.
³³ SPURGEON, *An All-Round...*, p. 179.
³⁴ Id., p. 183.
³⁵ Extraído do manual *Spiritual Church Growth* [Crescimento espiritual da igreja], de Elmer Towns. Lynchburg: Church Growth Institute.
³⁶ SPURGEON, *An All-Round...*, p. 186.
³⁷ Ibid.

A fé envolve riscos. O pastor Gene Getz escreve: "A fé se reflete nos cristãos que estão dispostos a se aventurar e crer nas promessas de Deus".[38] Spurgeon declarou: "Precisamos ter mais fé. Precisamos crer mais intensamente em Deus, assim como confiar nele de uma maneira mais prática e inquestionável".[39] Spurgeon acreditava que a fé conduz a realizações: "Almejemos grandes coisas, pois aqueles que creem no nome do Senhor ultrapassam todas as expectativas. O obreiro vive pela fé".[40]

Guiado pelo Espírito

Em terceiro lugar, o líder demonstra crescimento espiritual por intermédio de um ministério baseado na obra do Espírito Santo. Spurgeon escreveu: "Não creio que Deus colocará seu selo em um ministro que não almeje estar estritamente de acordo com a mente do Espírito Santo".[41] Aqueles que são guiados pelo Espírito vão demonstrar sensibilidade à orientação de Deus por meio de sua Palavra. A convicção do pecado e o convencimento da justiça e do juízo por vir são comunicados por intermédio da agência do Espírito Santo. A inspiração, a iluminação e a interpretação resultantes da verdade revelada são confirmadas pelo Espírito. Spurgeon declarou: "Vocês precisam estar com o Espírito Santo se pretendem que o Espírito Santo esteja com vocês".[42] Um líder em desenvolvimento continua crescendo à medida que se enche do Espírito Santo e se mostra sensível à liderança contínua do Espírito.

Com o tempo, à medida que o líder cristão se aprofunda mais na obra e descobre que a rotina se torna mundana e previsível, ele pode

---

[38] GETZ, Gene. "Becoming a Spiritually Mature Leader" ["Tornando-se um líder espiritualmente maduro"], *in Leaders on Leadership* [Líderes sobre liderança], editado por George Barna. Ventura: Regal, 1997, p. 88.
[39] SPURGEON, *An All-Round...*, p. 304.
[40] Id., p. 185.
[41] Id., p. 342.
[42] Id., p. 343.

perder a sensibilidade à liderança do Espírito. É possível também que ele resista às provocações do Espírito Santo quanto a sua devoção pessoal e sua atenção renovada à Palavra de Deus. Entretanto, o líder que continua a crescer em fidelidade e segue a orientação de Deus vai buscar renovação contínua de seu compromisso com Cristo. Quanto a esse ponto, Spurgeon escreveu: "Nada pode nos manter no frescor das primícias como a unção diária do Espírito Santo".[43]

Liderança servidora

Em quarto lugar, o líder demonstra crescimento espiritual através de um estilo de vida orientado pelo serviço. Consequentemente, ele manifesta "um espírito mais abrangente de autossacrifício".[44] Muitos líderes cristãos sacrificaram carreiras mais lucrativas ao responder ao chamado para o ministério vocacional. As exigências do ministério e os fardos das limitações financeiras criaram dificuldades práticas para o estilo de vida de pastores e suas famílias. Felizmente, muitas igrejas reconheceram a necessidade de apoiar seus pastores, bem como sua equipe, adotando um padrão que atualmente equivale à média de um líder leigo. No entanto, o chamado de um líder ao autossacrifício vai além do sacrifício financeiro e material.

A atitude de autossacrifício inclui a disciplina de morrer diariamente para o próprio ser e viver para Cristo. Spurgeon escreveu: "Precisamos estar preparados para abrir mão de todas as outras coisas: nosso nome, nossa reputação, nossas amizades, nossas conexões, tudo isso devemos deixar, sem reserva, se Cristo precisar dessas coisas".[45] O líder cristão não está preocupado primariamente com confortos e preferências pessoais, mas com a realização das coisas que trazem honra e glória a Cristo. O crescimento espiritual, nessa área, significa que a pessoa

---

[43] Id., p. 135.
[44] Id., p. 306.
[45] Id., p. 306-307.

está se moldando cada vez mais à imagem de Cristo. As palavras de Spurgeon nos lembram: "Não tenhamos medo porque não temos nada a perder, considerando que tudo quanto possuímos já é de Cristo".[46] À medida que um líder rende continuamente todas as áreas de sua vida ao Senhor, ele sentirá uma satisfação ainda maior em servir a Cristo.

O líder que rende tudo quanto tem a Deus e não retém nenhuma área de sua vida dará fruto espiritual verdadeiro. Sua santa busca e seu crescimento espiritual são como uma oferta entregue ao Senhor. Como Spurgeon declarou com tanta propriedade: "Todos nós abrimos mãos de nossa vida para a obra de Deus, e não podemos voltar atrás. Desejamos ser ofertas totalmente queimadas e sacrifícios completos a Deus, e não ousaremos nos desviar do caminho do altar".[47]

---

[46] SPURGEON, *An All-Round...*, p. 307.
[47] Id., p. 177.

LIÇÕES DE LIDERANÇA DE SPURGEON

- **Um líder cristão precisa primeiramente ser guiado por Deus antes que possa guiar outras pessoas.** O principal fundamento da liderança de Spurgeon era sua vida de fé, baseada em seu relacionamento pessoal com Jesus Cristo. "Irmãos, vocês não foram feitos para outra coisa além de Deus; portanto, rendam-se a Ele, e encontrem nele sua prosperidade, sua honra e seu tudo."

- **"Trinta gramas de testemunho pessoal valem mais do que uma tonelada de alta teologia."** A conversão espiritual de Spurgeon foi tão profunda que essa se tornou a motivação principal de sua vida como líder cristão. A partir daquele momento, seu compromisso passou a ser o de testemunhar a salvação que ele recebeu para que outras pessoas pudessem ser levadas à fé salvadora em Jesus Cristo.

- **Um bom líder é fiel a suas convicções teológicas.** Ainda na adolescência, a disposição de Spurgeon de não acompanhar sua família sobre a questão do batismo era um indicativo da forma pela qual ele sempre abordaria as questões de fé. Se Spurgeon estava convencido de que alguma coisa estava correta de acordo com as Escrituras, ele estava disposto a lutar sozinho contra todos que tivessem uma opinião diferente.

- **A eficácia de um líder provém diretamente de seu compromisso espiritual.** Spurgeon estava convencido de que a natureza do compromisso de fé de um líder determina sua eficácia no ministério. "A piedade verdadeira e genuína é necessária como o primeiro requisito indispensável. Qualquer 'chamado' que alguém afirme ter, se a pessoa não foi chamada para a santidade, ela certamente não foi chamada para o ministério".

- **Líderes perseveram.** Spurgeon cria que líderes cristãos deveriam perseverar em seu chamado. Ele criticava aqueles que deixavam o ministério para perseguir outros propósitos: "Para nós, rejeitar o trabalho na obra e buscar distinção em outras coisas é uma absoluta insensatez; uma praga se derramará sobre nós, e não teremos sucesso em nada, a não ser buscar a glória de Deus".

- **Um líder não levará você além de onde ele mesmo não consegue ir.** Spurgeon acreditava que o desenvolvimento espiritual contínuo é fundamental para uma eficácia cada ver maior na liderança. "Permitamos que essa seja a paixão ardente de nossa alma: crescer para nos tornarmos líderes e campeões."

- **O crescimento espiritual é a medida da influência contínua de um líder sobre seus seguidores.** Spurgeon demonstrava seu compromisso com o crescimento espiritual como líder em quatro áreas diferentes: ser empoderado pela oração, cheio de fé, dirigido pelo Espírito e orientado pelo serviço. "Assegurem-se de que vocês estejam com Deus, e então terão certeza de que Deus está com vocês."

5

CARÁTER:

UM EXEMPLO DE INTEGRIDADE

> "Aspiremos pela santidade de espírito e caráter.
> Estou convencido de que o maior poder que podemos
> exercer sobre nossos companheiros é o que provém
> de uma vida consagrada e santa."[1]

As características pessoais de um líder comportam seu testemunho até a última influência que exercer. Ao longo de seu extenso ministério, C. H. Spurgeon demonstrou compromisso firme com a mais alta conduta moral em sua vida pessoal e pública. James Douglas escreveu em sua biografia sobre Spurgeon: "Ele era grande como homem [...] grande em sua relação privada com Deus e grande em público, na companhia de seus companheiros".[2] Aquele homem manteve coerência por toda a vida, e sua influência ajudou a conduzir milhares de pessoas a seguir o Cristo que ele amava e servia.

A QUESTÃO DO CARÁTER

A questão do caráter é debatida com vigor nos círculos de liderança de hoje. Tradicionalmente, *caráter* tem sido definido como "a

---

[1] SPURGEON, *An All-Round...*, p. 245.
[2] Citado by DALLIMORE, Arnold. *C. H. Spurgeon*. Chicago: Moody, 1984, p. 176.

constituição moral de uma pessoa". Entre as descrições populares atuais, temos "aquilo que você é quando ninguém está olhando" ou "quem você é em oculto". Em outras palavras, o caráter revela a verdadeira substância de uma pessoa — quem aquela pessoa realmente é, dia após dia, nos momentos bons e nos maus — ao longo do curso da vida. Ao contrário de algumas opiniões, o caráter não é um título, um papel ou uma posição.

John Hawkins, da Leadership Edge ["O Limite da Liderança"], expande essa ideia: "Em sua essência, a liderança não é uma posição; é um estilo de vida".[3] Aqueles que cometeram os maiores erros são líderes que assumiram que sua posição era mais importante que seu estilo de vida. Para alguns deles, as consequências têm sido trágicas.

Anos atrás, os Estados Unidos tiveram de lidar com situações sexuais impróprias ocorridas com o presidente Bill Clinton com uma estagiária na Casa Branca. O julgamento de um *impeachment* que resultou desse caso não levou a nenhuma condenação, mas é possível que um veredito ainda maior tenha sido oferecido ao país. A noção de que o caráter era essencial para a liderança foi calada pela mensagem enviada de que a popularidade e a prosperidade haviam se tornado as medidas que definem um bom líder.

Avesso a noções populares bizarras, o líder e consultor de negócios Warren Bennis defende que o caráter é a "essência da liderança".[4] Líderes só são capazes de liderar se tiverem total confiança em seus liderados. Quando se trai essa confiança, é como se o apoio fosse tirado. Líderes dignos de confiança buscam manter-se coerentes em sua vida pública e privada, são autênticos em sua preocupação com seus liderados e fiéis à palavra que empenham.

---

[3] *Leadership as a Lifestyle* [Liderança como estilo de vida]. Provo, Utah: Executive Excellence, 2001.

[4] BENNIS, Warren. "Lessons in Leadership from Superconsultant Warren Bennis" ["Lições de liderança do superconsultor Warren Bennis"], entrevistado em *Bottom Line Personal*, ed. 17, nº 13, 1º de julho de 1996), p. 13-14.

O contraste estelar de Spurgeon

Considerando-se o caráter estelar que Spurgeon demonstrou por toda sua vida, questionamentos sobre ele parecem ser dispensáveis. Na ocasião de sua chegada a Londres, aos 19 anos, Spurgeon se tornou uma sensação imediata à medida que as multidões se reuniam para vê-lo pregar na Igreja Batista de New Park Street. Sua rápida ascensão em termos de popularidade chamou a atenção crítica tanto da imprensa secular quanto da religiosa, que o difamaram por seus métodos não convencionais e por seu estilo de pregação. Ele foi ridicularizado como um caipira de Essex que a elite da imprensa considerava rude e "vulgar". Ele foi apresentado de maneira caricatural em muitas charges como um charlatão em busca de fama e fortuna na cidade. Essas caracterizações abrangiam o que se tornaria conhecido como a "Controvérsia da Imprensa".[5]

As pessoas zombavam de sua pregação, questionavam suas motivações, criticavam seu ego e ridicularizavam suas ambições. No entanto, em todo o debate público a respeito dos primeiros anos de ministério de Spurgeon, jamais se levantou qualquer questionamento relacionado a desvio moral. Na verdade, à medida que o ministério de Spurgeon ia amadurecendo, a imprensa secular em geral passou a respeitá-lo pelas muitas contribuições morais que ele ofereceu a partir de seu trabalho no púlpito, na igreja e em seus notáveis empreendimentos filantrópicos. O tratamento que a imprensa dedicou a ele nos últimos anos de ministério contrastava muito com as suspeitas levantadas a respeito de Spurgeon no início. Sem dúvida, as mudanças ocorreram porque Spurgeon conquistou a confiança deles ao mostrar uma persona pública que correspondia com o padrão de comportamento na vida privada.

---

[5] Essa controvérsia inicial é tratada extensivamente na dissertação de doutorado do autor, "The Effects of Controversy on the Evangelistic Ministry of C. H. Spurgeon" ["Os efeitos da controvérsia no ministério evangelístico de C. H. Spurgeon"]. Seminário Teológico Batista do Sul, 1989, p. 107-128.

Como o mundo de Spurgeon se revela diferente do atual, em que o olhar malicioso dos paparazzi e jornalistas vorazes parece estar à espreita a cada esquina que se dobra, todos ansiosos por desvendar o último escândalo capaz de expor outro líder imoral. A imprensa secular de nosso tempo dedica pouca deferência ao ofício ou ao cargo das pessoas em sua jornada em busca de uma matéria. Em vez disso, seu apetite insaciável pelas coisas mais sórdidas e indecentes alimenta suas motivações questionáveis para satisfazer o furor de um público que exige tal tipo de informação. O resultado disso é "baixar o nível" das expectativas em relação aos líderes públicos, em que a responsabilidade moral se torna rapidamente uma mera sombra do passado.

DESENVOLVIMENTO DO CARÁTER

A crise do caráter que hoje vemos ocorreu tanto na dimensão secular quanto na religiosa. Infelizmente, e com mais frequência que se imagina, os registros de imoralidade entre líderes são verdadeiros. Passamos a aguardar esses tipos de revelações, o que nada faz além de alimentar o cinismo daqueles que acreditam que todos os líderes são moralmente transigentes. Ouvimos falar de pastores se envolvendo com suas secretárias, evangelistas da TV tendo relacionamentos sexuais com garotas de programa indiscriminadamente, executivos de grandes corporações mantendo apartamentos para manter um alto padrão de vida e conforto para suas amantes em várias cidades — e até presidentes tendo caso com jovens estagiárias no Salão Oval da Casa Branca.

Quando se trata de liderança, para que alguém possa defender a questão do caráter, é preciso considerar a coerência das ações do líder, as motivações por trás das decisões, o comportamento que assume com as pessoas com quem se relaciona, a integridade dos princípios éticos dessa pessoa no ambiente de trabalho e, com certeza, a autenticidade de seu estilo de vida. Mas o verdadeiro caráter não pode ser avaliado de maneira apropriada num período de poucos anos, ou mesmo de muitas décadas. Para se julgar o caráter de uma pessoa, especialmente no que se refere à liderança, uma análise acurada e completa pode levar uma vida inteira. Um líder precisa demonstrar um caráter estelar em sua liderança hoje, mas ser passível de uma queda amanhã.

Vulnerabilidade cristã

Líderes cristãos são tão vulneráveis quanto os seculares em sua busca para manter a alta conduta moral esperada deles. O pastor Jack Hayford defende que é uma "jornada do coração" que determina uma busca diária e consistente por um caráter semelhante ao de Cristo. "O desenvolvimento do caráter na liderança exige mais do que a prática de disciplinas externas, pois envolve o coração, e não apenas os hábitos."[6] Para Spurgeon, tal jornada começou cedo, ainda na infância. Sob a tutela de uma família temente a Deus, especialmente seus avós, o caráter dele foi influenciado e desenvolvido de maneira a resultar em uma vida inteira de honra a Cristo.

Stambourne, lar de seu avô puritano e temente a Deus, exerceu uma atração singular sobre o jovem Spurgeon. Ali, debaixo do treinamento e da tutela do avô, foram estabelecidos os fundamentos do caráter de Spurgeon, bem como foi plantada a semente que, anos depois, viria a germinar e resultar em uma colheita abundante. Seus pais foram abençoados com dezessete oliveiras que adornavam a casa onde viviam. E por serem escassos os meios de sustento da família, foi, com certeza, um grande alívio para eles verem seu primogênito, em grande medida, fazer do presbitério do avô seu lar.[7]

Quando rapaz, Spurgeon morou por longos períodos com seus avós. A influência moral deles deixou nele uma impressão indelével por toda a vida. Eles lhe ensinaram a importância da honestidade e

---

[6] HAYFORD, Jack. "The Character of a Leader" ["O caráter de um líder"], *in Leaders on Leadership*, p. 79.
[7] DOUGLAS, James. *The Prince of Preachers* [O Príncipe dos Pregadores]. Londres: Morgan and Scott, cap. 4.

da integridade e incorporaram o exemplo de justiça cristã. Spurgeon guardou no coração o que aprendeu de seus avós e construiu sobre os fundamentos que recebeu durante a infância. Eles serviram como base para o caráter que ele desenvolveu e manteve ao longo de seu ministério.

CARÁTER PERSONIFICADO

O que fez a diferença para Spurgeon? Ele era um homem perfeito? Não passou pelas mesmas tentações de outros homens? Foi mais fácil para ele do que para os líderes de hoje em dia porque os tempos em que Spurgeon viveu eram outros?

A Era Vitoriana foi, com certeza, um tempo de alta moralidade pública no que diz respeito à liderança. O comportamento recatado era o símbolo popular de conduta para a elite, para os educados e para os cultos. A rainha Vitória estabeleceu o padrão que induzia seus súditos a imitá-la. Sem dúvida, o tom moral que ela imprimiu levantou o nível para todos os líderes de sua época. Ainda assim, mesmo em um tempo no qual a alta moralidade deveria ser o padrão, Spurgeon não era tão ingênuo assim a ponto de ignorar a própria vulnerabilidade. Ele foi o primeiro a admitir sua condição pecaminosa diante de um Deus de justiça e de um mundo atento. Seus sermões são cheios de expressões de reconhecimento de sua própria situação de pecador, não fosse ele transformado pela abundante graça de seu Salvador. O segredo de Spurgeon para vencer a tentação pecaminosa era, nada menos, sua total submissão às regras e ao Reino de Cristo em sua vida. Por intermédio de seu compromisso inabalável, de suas fortes convicções e de seu estilo de vida disciplinado, o caráter de Spurgeon permaneceu declaradamente coerente com a fé que ele professava.

Acima da tentação?

Sem dúvida, Spurgeon enfrentou tentações. A estima e a confiança que ele granjeou durante seu ministério não foram conquistadas de um dia para o outro, mas ao longo do tempo. A reputação da qual Spurgeon gozava no Tabernáculo Metropolitano poderia ser facilmente manchada se o pastor daquela comunidade sucumbisse a muitas das tentações que, sem dúvida, surgiram em seu caminho. Por viajar muito por causa de seu ministério, seu comportamento e suas amizades eram passíveis de especulação pública. No entanto, jamais se levantou qualquer questionamento a respeito de sua conduta pessoal em todas de suas muitas jornadas. Spurgeon também poderia ter prejudicado sua reputação de outras maneiras. Como o empreendedor de muitas iniciativas, incluindo um orfanato, asilos e outros ministérios de benemerência, Spurgeon poderia ter enchido os bolsos às custas de tais organizações. Mas há evidências bem claras de que, em vez disso, ele doou com sacrifício para abastecer os cofres daqueles grupos, jamais tirando proveito pessoal deles. Como pastor presidente em Londres, Spurgeon poderia ter tentado fazer uso de sua influência e de seu poder sobre seus contemporâneos de maneira a lustrar sua reputação. Ao contrário, porém, ele estava mais frequentemente inclinado a assumir padrões impopulares como matéria de sua convicção pessoal, o que exigiu dele um alto custo em termos de amizades. Ao observar o registro de sua jornada, poderíamos acham difícil acusá-lo de buscar atrair apreciação pública ou prestígio pessoal, especialmente considerando o risco de comprometimento moral.

Grupos enxutos

Assim como seu ministério no Tabernáculo Metropolitano, Spurgeon manteve grupos bem enxutos nos círculos de liderança de sua igreja e de seus ministérios estendidos. Ele selecionava sua equipe cuidadosamente, incluindo a indicação do próprio irmão, James Archer Spurgeon, como assistente pastoral. James o ajudou a administrar as contínuas atividades e os ministério diários da igreja. Com uma liderança tão confiável a cercá-lo, não chega a ser surpresa o fato de nenhum sinal de qualquer escândalo imoral ou conduta antiética ter surgido entre aqueles que estavam em sua equipe de liderança. É possível depreender que o próprio exemplo de disciplina pessoal estrita de Spurgeon, combinado com as altas expectativas e exigências daqueles que o auxiliavam no ministério, evitou os tipos de problemas que infelizmente se tornaram mais frequentes nas organizações religiosas hoje em dia.

MODELO DE CARÁTER

As pessoas hoje querem ter a certeza de que seus líderes são dignos de crédito, que merecem confiança. Membros de uma igreja evangélica querem ver em seu pastor demonstrações das qualidades pessoais das quais ele fala no púlpito — por exemplo, que aquele pastor é um líder confiável que mantém sua palavra. Elas querem se assegurar de que ele seja honesto em todos os seus acordos, de que pague suas contas em dia, não sonegue impostos e cumpra seus compromissos. Não querem apenas ouvi-lo falar sobre evangelismo, mas também saber que ele mesmo é um evangelista. As pessoas não querem apenas ouvi-lo pregar sobre o dízimo; também desejam saber que seu pastor é um dizimista, como está na Bíblia. Elas precisam estar certas de que, ao serem desafiadas a se envolver no ministério diário, ele também está fazendo sua parte. Elas querem ver seu pastor demonstrando que família é uma de suas prioridades, e não apenas proclamando o que a Bíblia diz a respeito delas. Elas desejam ouvir sobre o amor de Deus, mas querem ver seu líder colocando esse amor em prática. Elas precisam ouvir sobre as prioridades de uma pessoa temente a Deus, mas querem ver seu pastor mostrando o equilíbrio certo em seu próprio estilo de vida.

Firmeza de padrões

Como Spurgeon enfrentou o desafio de se tornar um modelo de caráter, especialmente no que diz respeito à liderança? Ele defendeu a firmeza de caráter não apenas nas palavras, mas também no contexto de sua vida cotidiana. Seu foco principal era a pregação do Evangelho e os ministérios que compunham a extensão de seu chamado — liderar os crentes nas matérias da fé. Spurgeon se destacou na luta por líderes autênticos que demonstrassem um padrão sólido de caráter moral. Ele cria que a liderança mais eficaz é a que se exerce por exemplo, não por decreto. O modelo de temor a Deus que um líder cristão apresenta desafia outras pessoas a seguir Cristo por intermédio do testemunho de vida de um líder. Em 1Pedro 2:21 lemos: "Porque para isto sois chamados; pois também Cristo padeceu por nós, deixando-nos o exemplo, para que sigais as suas pisadas". Spurgeon escreveu sobre a inevitabilidade de os líderes serem observados por seus seguidores:

> Eu não acho que qualquer um de nós ousaria dizer a nosso povo: "Siga-me em todas as coisas". Ainda assim, a tendência das pessoas é de seguir seu pastor. Nessa tendência estão contidos tanto a influência exercida pelo sagrado quanto um poder medonho de prejudicar os incautos. Muitos iniciantes se encantam facilmente diante de um modelo terreno; eles acham mais natural copiar um homem temente a Deus, a quem conseguem ver, do que imitar o Senhor Jesus, a quem não conseguem ver. Eu não recomendo que façam isso. No entanto, é assim que acontece, e precisamos ser delicados em relação a essa fraqueza de maneira que não se torne uma oportunidade para o mal.[8]

Um "exemplo seguro"

A noção que Spurgeon tinha a respeito da dependência que seus seguidores tinham em relação a seu modelo de comportamento fez com que se tornasse extremamente atento à influência que exerce sobre eles. Seu desejo era o de ser um "exemplo seguro" como líder cristão: "Trata-se de um estado de coisas chocante quando pessoas boas dizem: 'Nosso pastor não faz nos salões o que ele fez no púlpito. Ele prega

---

[8] SPURGEON, *An All-Round...*, p. 245.

muito bem, mas sua vida não combina com seus sermões.' [...] Que Deus nos ajude a viver de tal maneira que possamos ser exemplos seguros para nossos rebanhos".[9]

Nos dias de Spurgeon, um incidente público fortuito ocorreu no qual pastores fracassaram em liderar por exemplo. Ele ficava muito aborrecido quando observava as óbvias contradições entre as coisas que um líder falava e as que fazia diante da fé que professava. Tinha pouca paciência com líderes que não pareciam se importar com as incoerências entre suas declarações em público e seu estilo de vida. Quando um ministro caía, Spurgeon acreditava que aquela pessoa poderia ser espiritualmente restaurada, mas, ao mesmo tempo, tal líder deixava evidente uma fraqueza que significava problemas. Ele compartilhou com seus alunos essa opinião: "A imoralidade aberta, na maior parte dos casos, por maior que seja o arrependimento, é um sinal fatal de que as graças ministeriais nunca estiveram presentes no caráter daquela pessoa".[10] Ele acreditava que os ministros deveriam manter-se atentos para não caírem vítimas do pecado: "A autoindulgência já matou milhares. Que possamos manter toda paixão e todo hábito debaixo de firme controle; se não formos mestres de nós mesmos, não somos talhados para ser líderes na Igreja de Cristo".[11] Sobre os líderes, ele prosseguiu: "Temos a necessidade de manter uma piedade muito vigorosa, porque o perigo que corremos é muito maior do que o dos outros".[12]

J.C. Ryle faz eco aos sentimentos de Spurgeon: "A doutrina é inútil se não for acompanhada de uma vida santa. Pior que inútil — ela gera prejuízo. Algo da 'imagem de Cristo' precisa ser visto e observado pelos outros em nossa vida privada, e nos nossos hábitos, e em nosso caráter e em nossas ações".[13]

---

[9] SPURGEON, *An All-Round...*, p. 191.
[10] Id., *Lectures...*, 1:9.
[11] Id., *An All-Round...*, p. 46.
[12] Id., *Lectures...*, 1:10.
[13] *Holiness* [Santidade]. Darlington: Evangelical Press, 2001, "Apresentação".

Brecha na comunhão

Um exemplo do alto padrão moral de Spurgeon era o distanciamento que ocorreu entre ele e Joseph Parker como consequência de uma questão que Spurgeon acreditava ser uma transigência da conduta cristã. Parker era pastor do Templo da Cidade, uma grande igreja de Londres comparável ao Tabernáculo Metropolitano. Ele e Spurgeon eram colegas de ministério e amigos que cooperaram em vários esforços evangelísticos e pastorais na cidade por muitas décadas. No entanto, nos últimos anos do ministério de Spurgeon, sua relação amigável com Parker foi colocada em questão quando descobriu que o colega frequentava os teatros seculares de Londres. Spurgeon acreditava que o teatro era um bastião de imoralidade que representava os males do mundo. Ele não podia compreender como Parker era capaz de apoiar esse tipo de entretenimento tão mundano. Parker reagiu à crítica severa de Spurgeon escrevendo uma carta aberta que foi publicada em jornais de Londres. Esse distanciamento nunca foi reparado até a morte de Spurgeon. Considerando o nível de transigência que se tornou a regra quanto a formas populares de entretenimento, imagine quantos de nossos líderes cristãos da atualidade seriam capazes de parar para pensar no desafio proposto por Spurgeon.

A INFLUÊNCIA DO CARÁTER

Oswald Sanders definiu a liderança como "influência", algo que John Maxwell popularizou. Quanto mais influência uma pessoa exerce sobre outras, maior será a disposição dessas pessoas em seguir a liderança dela. O que acontece no mundo secular, nesse caso, também acontece no mundo cristão. Os líderes cristãos, antes de tudo, precisam demonstrar possuir moralidade de caráter se esperam exercer influência duradoura sobre seus seguidores. As pessoas perdem a fé em seus líderes quando a moral deles é questionável. Spurgeon usou a expressão "maior poder" para descrever a influência que um líder poderia ter sobre seus seguidores. "Aspiremos pela santidade de espírito e caráter. Estou convencido de que o maior poder que podemos exercer sobre nossos companheiros é o que provém de uma vida consagrada e santa."[14]

Fracasso moral na liderança

O maior poder ou a influência que um líder pode exercer sobre alguém é por meio de sua "santidade de espírito e caráter". Spurgeon cria que, quanto mais alguém se aproxima de Cristo e quanto mais obediente essa pessoa se torna às verdades reveladas na Palavra de Deus, maior seria o poder maior para o bem na vida dela. O reverendo Jesse Jackson, um religioso notável e líder político, desafiou essa crença. Descobriu-se que Jackson tinha um filho fora do casamento. Quando isso se tornou de conhecimento público, dois anos depois, foi perguntado a Jackson se sua influência moral teria ficado comprometida. Ele respondeu que não achava que sua liderança moral tinha sido afetada. De fato, pouco depois da revelação da conduta imoral de Jackson, uma senhora de 71 anos da igreja que ele frequentava declarou: "Nós estamos ao lado dele. É um grande líder, não importa o que aconteça."[15]

Acredita-se que Spurgeon teria se inclinado a agir de maneira oposta. "Quando ouvimos falar de um homem que arruinou seu caráter por causa de um surpreendente ato de insensatez", ele escreveu, "podemos supor, via de regra, que seu deslize não foi nada além de um jato sulfuroso disparado de um solo carregado de fogo vulcânico; ou, para mudar de ilustração, um leão rugindo de dentro de um covil de feras selvagens."[16]

Spurgeon lamentava as ocasiões em que líderes públicos se envolviam em fracasso moral. Ele declarou: "Infelizmente, uma vez

---

[14] SPURGEON, *An All-Round...*, p. 245.
[15] BUCHANAN, Andrew. "Jackson Pledges to Continue Work" ["Jackson se empenha em continuar a trabalhar"], *in* Associated Press, 22 de janeiro de 2001.
[16] SPURGEON, *An All-Round...*, p. 137.

tosquiada, a barba aberta da reputação encontra dificuldade para crescer novamente".[17] De fato, algumas pessoas admitiram fracassos morais publicamente e recuperaram, em alguma medida, sua liderança; entretanto, na maioria dos casos, um líder público envolvido em atos imorais nunca alcança o mesmo nível de confiança do qual uma vez gozou. A oportunidade de influenciar, de conquistar o maior poder, é reduzida quando o caráter está comprometido.

UNIDADE DE CARÁTER

A palavra "integridade" está diretamente ligada à questão do caráter. Uma frase frequentemente citada é: "Imagem é o que as pessoas pensam a nosso respeito; integridade é o que realmente somos". O especialista em liderança Peter Drucker relatou os resultados de uma pesquisa realizada entre 1,3 mil executivos veteranos de grandes corporações. A investigação revelou que a integridade é a mais necessária qualidade humana para alcançar o sucesso nos negócios. Entre as pessoas pesquisadas, 71% colocaram essa qualidade no topo de uma lista de dezesseis traços responsáveis por ampliar a eficiência de um executivo. Se isso é verdade no mundo secular, deve ser ainda mais verdadeiro no mundo religioso. C. B. Hogue escreveu: "A maioria dos líderes, tanto espirituais quanto seculares, aponta a integridade como um elemento essencial para a eficiência. É uma das mais importantes — senão a mais importante — características no desenvolvimento da liderança espiritual".[18]

Integridade é definida como "o estado de completude, de unidade". Um líder íntegro é "incorruptível, honesto e confiável".[19] Ele faz o que diz que fará; mantém suas promessas. Quando alguém tem

---

[17] SPURGEON, *Lectures*..., 1:9.
[18] HOGUE, C.B. "Spiritual Leadership" ["Liderança espiritual"], *in Growing Churches* [Igrejas em crescimento], primavera de 1995: 8.
[19] GANGEL, Kenneth O. *Feeding and Leading* [Alimentando e liderando]. Wheaton, Ill: Victor, 1989, p. 34.

integridade, sua lealdade não se divide; essa pessoa não finge. Não há nela ambiguidade ou hipocrisia. Como escreve Bud Paxson: "A integridade fala de pessoas que conseguiram integrar seu ser interior com o exterior. Elas são, por dentro, o que aparentam ser por fora".[20] Uma pessoa assim não tem nada a esconder nem a temer.

Spurgeon se referiu a isso como a "integridade do espírito". Ele via a integridade como absolutamente essencial na obra do ministério:

> Queridos irmãos, precisamos adquirir certas qualidades e certos hábitos morais, assim como deixar de lado os defeitos. Aquele que não tem integridade moral nunca fará muita coisa para Deus. Se não formos guiados pela prudência, se houver qualquer modo de ação que nos oriente que não seja a honestidade, não demorará muito antes que naufraguemos. Determinem, queridos irmãos, que vocês poderão ser pobres, que poderão ser desprezados, que poderão perder própria vida, mas que não poderão se tornar uma coisa torpe. Permitam que a única política da vida de vocês seja a honestidade.[21]

Artigos escassos

Infelizmente, a integridade e a honestidade são artigos cada vez mais escassos hoje em dia. Os padrões pessoais estão deteriorando em um mundo obcecado por perseguir gratificação pessoal e por buscar atalhos para o sucesso. Spurgeon acreditava que o comportamento ético é fundamental. Ele declarou em seu sermão intitulado "A cerca quebrada": "Ouse ser singular. Decida por manter-se próximo a Deus. Assuma uma sólida determinação de não permitir que nada em sua vida, independentemente do ganho e do prazer, desonre o nome de

---

[20] PAXSON, Lowell "Bud". *Threading the Needle* [Passando pelo buraco da agulha]. Nova York: HarperCollins, 1998, p. 148.
[21] SPURGEON, *An All-Round...*, p. 48.

Jesus. Seja dogmaticamente autêntico, obstinadamente santo, inabalavelmente honesto, desesperadamente gentil e solidamente ético".[22]

Um líder íntegro faz a coisa certa da maneira certa e pela razão certa. É uma pessoa de convicção. O líder cristão possui padrões consistentes e altos valores que têm em Cristo seu padrão. Tal tipo de líder merece confiança. Ele conquista respeito. Ele pratica a autodisciplina e o autocontrole. John Maxwell o chama de "a etiqueta de preço da liderança". Engstrom e Dayton falam do preço a se pagar por manter a integridade:

> Geralmente custa muito manter a integridade e honrar nossos compromissos. Às vezes, pode custar um bocado a uma organização manter a integridade só porque nos comprometemos a fazê-lo. Muitas vezes, é mais fácil concluir que foi melhor permitir essa *escorregada* porque a despesa extra envolvida acarretaria um estresse. Quando isso acontece, perdemos algo de nossa integridade.[23]

O LEGADO DO CARÁTER

Spurgeon alertava seus alunos: "O mais alto caráter moral deve ser mantido diligentemente".[24] A diligência com a qual Spurgeon se aplicava aos mais altos padrões morais lhe dava as credenciais necessárias para alcançar o mais amplo espectro de influência como líder cristão. O legado que ele deixou foi rico de várias maneiras, mas especialmente no que diz respeito ao caráter. Ele acreditava que um caráter temente a

---

[22] SPURGEON, C. H. "The Broken Fence" ["A cerca quebrada"], *in Metropolitan Tabernacle Pulpit* [O Púlpito do Tabernáculo Metropolitano], vol. 59. Londres: Passmore & Alabaster, 1913.

[23] ENGSTROM, Ted W.; DAYTON, Edward R. "Integrity" ["Integridade"], *in Christian Leadership Letter* [Carta da liderança cristã], agosto de 1983: 3.

[24] SPURGEON, *Lectures*..., 1:8.

Deus era o melhor testemunho que alguém poderia deixar para a posteridade. Ele concluiu: "Um bom caráter é a melhor lápide. Aqueles que amaram você e a quem você ajudou se lembrarão de sua vida quando as flores sobre seu jazigo murcharem. Grave seu nome no coração das pessoas, e não no mármore".

Para atingir esse objetivo, cada líder deve orar como Spurgeon orava:

> Assim como, de joelhos dobrados, você clamaria noite e dia para que nenhuma catástrofe moral se abatesse sobre sua vida, tome cuidado com o pecado que conduz a esse tipo de desastre; tome cuidado com as recaídas que levam a ele; pois, se não alimentarmos a causa, os efeitos não ocorrerão como consequência. O Senhor nos preservará se, dia após dia, clamarmos a Ele para que purifique nosso caminho.[25]

---

[25] SPURGEON, *An All-Round...*, p. 137.

LIÇÕES DE LIDERANÇA DE SPURGEON

- **Líderes autênticos demonstram um padrão intransigente com um caráter moral.** Não se trata de coincidência o legado de Spurgeon como líder cristão ser resultado, em grande medida, do fato de ele demonstrar, de maneira firme, a mais alta conduta moral ao longo de toda a sua vida.

- **O desenvolvimento do caráter desde cedo é crucial para a constituição moral de um líder.** Os fundamentos do caráter de Spurgeon foram estabelecidos sob o treinamento e a tutela de avós puritanos tementes a Deus, e a semente lançada produziria, anos depois, uma colheita abundante.

- **Um líder demonstra consistência de conduta moral entre sua vida pública e privada.** Ao longo de seu extenso ministério, a vida de Spurgeon evidenciou tal consistência. James Douglas escreveu em sua biografia sobre Spurgeon: "Ele era grande como homem [...] grande em sua relação privada com Deus e grande em público, na companhia de seus companheiros".

- **A liderança moral mais eficaz se exerce pelo exemplo, não por decreto.** Spurgeon defendia que os líderes autênticos demonstrassem um padrão intransigente de caráter moral. "Que Deus nos ajude a viver de tal maneira que possamos ser exemplos seguros para nossos rebanhos."

- **O modelo de temor a Deus demonstrado por um líder cristão desafia outras pessoas a seguir a Cristo por intermédio do testemunho de vida do líder.** As pessoas são atraídas a Cristo ao verem um líder que vive o que professa. Spurgeon foi um instrumento para conduzir milhares de pessoas à fé por meio de seu ministério.

- **O grau de confiança que um líder alcança determinará seu grau de influência sobre seus seguidores.** Spurgeon escreveu: "Aspiremos pela santidade de espírito e caráter. Estou convencido de que o maior poder que podemos exercer sobre nossos companheiros é o que provém de uma vida consagrada e santa".

- **Líderes enfrentam tentações como qualquer outra pessoa, mas a diferença reside na maneira como reagem a essas tentações.** O segredo de Spurgeon para vencer as tentações pecaminosas era seu relacionamento pessoal com Cristo. Por intermédio de seu compromisso inabalável, de suas sólidas convicções e de seu estilo de vida disciplinado, o caráter de Spurgeon era declaradamente coerente com a fé que ele professava.

- **A responsabilidade da liderança exige vigilância constante no que se refere à conduta.** Spurgeon percebeu o perigoso efeito que o comportamento imoral poderia exercer nos esforços pelo Reino: "Temos a necessidade de manter uma piedade muito vigorosa, porque o perigo que corremos é muito maior do que o dos outros".

- **Líderes que sucumbem ao fracasso moral encontrarão dificuldade em voltar a liderar com eficiência.** Spurgeon se lamentava: "Infelizmente, uma vez tosquiada, a barba aberta da reputação encontra dificuldade para crescer novamente. A imoralidade aberta, na maior parte dos casos, por maior que seja o arrependimento, é um sinal fatal de que as graças ministeriais nunca estiveram presentes no caráter daquela pessoa".

- **A integridade é uma determinação fundamental para a verdadeira liderança.** Um líder íntegro faz a coisa certa da maneira certa e pela razão certa. Spurgeon disse: "Queridos irmãos, precisamos adquirir certas qualidades e certos hábitos morais, assim como deixar de lado os defeitos. Aquele que não tem integridade moral nunca fará muita coisa para Deus".

- **A autodisciplina e o autocontrole determinam a "etiqueta de preço da liderança".** Spurgeon assumiu posições que lhe custaram um preço alto, mas que refletiam seus princípios morais baseados em sua convicção de que "o mais alto caráter moral deve ser mantido diligentemente".

- **As características pessoais de um líder comportam um testemunho de sua influência duradoura.** Spurgeon declarou: "Um bom caráter é a melhor lápide. Aqueles que amaram você e a quem você ajudou se lembrarão de sua vida quando as flores sobre seu jazigo murcharem. Grave seu nome no coração das pessoas, e não no mármore".

PARTE 2

LIDERANDO AO LONGO DAS ESTAÇÕES

6

MOLDANDO A VISÃO:

OBJETIVOS E PLANEJAMENTO DE SPURGEON

> "Nenhum mortal contemplou a glória de Deus até hoje, e o Espírito Divino anseia por guiá-los, por meio do estudo e da oração, a uma visão mais clara das coisas profundas de Deus."[1]

Líderes eficientes são capazes de conceber e sustentar uma visão que envolve seus seguidores.[2] Quando Ed Young Sr. se tornou pastor da Segunda Igreja Batista em Houston (EUA), percebeu a necessidade de ter uma visão envolvente para o crescimento e o ministério de sua congregação. Deus concedeu a ele uma visão de milhares de pessoas entrando nas instalações da igreja todos os dias. Essa visão assumiu uma direção prática quando ele estabeleceu uma liga de softbol entre igrejas de todo o condado, construindo múltiplos campos esportivos para receber a liga nos terrenos da igreja. Centenas de pessoas vieram para jogar softbol na Segunda Igreja Batista, e muitas delas foram atraídas à fé em Jesus Cristo como Senhor e Salvador. Por meio de um evangelismo indireto, a igreja estabeleceu sua visão compartilhando o Evangelho nos campos esportivos de Houston.[3]

---

[1] SPURGEON, *An All-Round...*, p. 111.
[2] YOUNG SR., Ed. Citado em *Leaders on Leadership*, p. 268.
[3] TOWNS, Elmer. *An Inside Look at Ten of Today's Most Innovative Churches* [Um olhar por dentro de dez das igrejas mais inovadoras da atualidade]. Ventura: Regal Books, 1990, p. 135-147.

O filho dele, Ed Young Jr. — ele mesmo um pastor de igreja conhecido em Houston — tratou da necessidade de os líderes manterem uma "visão vertical":

> Por ter nascido e sido criado como filho de pastor, servindo na equipe de uma igreja, e depois, plantando uma igreja, vejo o ministério a partir de muitos ângulos. E tenho notado que líderes consagrados captam sua visão verticalmente, vinda de Deus. Quando eles a colocam em prática de maneira apaixonada e criativa, as pessoas são alcançadas, para a glória de Deus.[4]

Tal pai, tal filho.

Da mesma maneira, a "visão vertical" de C. H. Spurgeon era a de conduzir uma igreja decadente no coração de Londres a uma renovação em termos de crescimento e serviço em sua comunidade, alcançando milhares de pessoas com o Evangelho de Cristo. Tal como os Young em Houston, em Londres, Spurgeon descobriu maneiras práticas de transformar sua visão em realidade, lançando um empreendimento evangelístico multifacetado que capacitou sua igreja a passar de duzentos membros para mais de 5 mil durante seu ministério ali. Conforme a visão se desdobrava, os ministérios se multiplicavam e a influência da igreja se estendia para além de Londres, alcançando o restante da Inglaterra e parte considerável do mundo ocidental.

A NECESSIDADE DE UMA VISÃO

Líderes e organizações precisam ter uma visão para sobreviver e crescer no século 21. Embora concordemos que a Grande Comissão (Mateus

---

[4] YOUNG, Ed, "Increasing Your Creativity Quotient" ["Aumentando seu quociente de criatividade"], *in: Leadership Journal* 21, nº 4, outono de 2000), p. 79.

28:19-20) é a visão geral que Jesus entregou a todos nós — levar o Evangelho até os confins da terra —, ainda é imperativo que cada igreja local descubra um jeito singular de implementar essa visão por intermédio do Corpo de Cristo local.

O entendimento espiritual do livro de Provérbios continua a fornecer uma demarcação divina: "Onde não há visão profética, o povo perece" (29:18 King James Fiel). Atualmente, inúmeras igrejas e organizações estão por um fio, esforçando-se para se manter vivas. Algumas delas estão morrendo por causa de uma visão equivocada ou mesmo pela falta de uma visão. Muitas são bem-intencionadas em seus esforços, mas em algum ponto do caminho elas perderam sua vitalidade e seu dinamismo porque perderam sua visão. Talvez tenham se conformado com as coisas tal como são e procuraram apenas "manter o *status quo*" da organização, quando esse tipo de atitude não vale nem um pouco a pena. Impulsionar um grupo para frente em termos de crescimento e realização requer uma liderança baseada em visão. Helen Keller, que superou a surdez e a cegueira para desfrutar uma vida incrível, conhecia especialmente a importância da visão. Ela lamentava o fato de que "a pessoa mais patética do mundo é alguém que enxerga, mas não tem uma visão".[5]

O que é visão? Jonathan Swift afirmou: "Visão é a arte de enxergar as coisas invisíveis".[6] No contexto da liderança, o líder precisa ser capaz de ver o que o que seus seguidores não conseguem. Leroy Eims descreve isso deste modo: "Um líder é alguém que vê as coisas antes das outras pessoas".[7] Em outras palavras, o líder possui uma percepção extraordinária no que se refere ao futuro da organização. George Barna chama isso de "um claro retrato mental do futuro".[8] Spurgeon acreditava que ter uma visão clara é essencial. Ele compartilhou com

---

[5] MAXWELL, *Os quatro segredos...*
[6] Id.
[7] EIMS, Leroy, citado em *Leaders on Leadership*, p. 270.
[8] BARNA, George, *Leaders on Leadership*, p. 47.

seus alunos: "Não poder ver as coisas corretamente nada mais é do que um defeito de nossa visão".[9]

Lançando a visão

O que precisa estar presente na capacidade de um líder para lançar a visão ao mundo? Em primeiro lugar, ele deve ter uma sólida compreensão da visão que Deus lhe concedeu. Em seguida, ele precisa buscar a implementação dessa visão na organização. John Maxwell enfatiza o papel do líder na comunicação de sua visão: (1) enxergá-la claramente; (2) repeti-la continuamente e (3) apresentá-la criativamente. O líder precisa ter uma visão cristalina do futuro que a ele foi revelado. A partir daí, ele deve se empenhar em comunicar essa visão tão frequentemente quanto as oportunidades se apresentarem. Rick Warren declara que é necessário repetir a visão declarada de sua igreja diante da congregação a cada 26 dias para mantê-la viva perante os membros. O líder apresenta a visão criativamente através da proclamação, da apresentação, da propaganda, do testemunho e de meios visuais — o que for necessário para que a mensagem penetre no coração das pessoas.

Um presidente memorável

O filme *Nixon* (Oliver Stone, 1995) inclui uma cena na qual o presidente estadunidense Richard Nixon desce até a cozinha da Casa Branca tarde da noite e, nesse processo, acorda seu cozinheiro cubano. Depois de jogar conversa fora, eles passam a falar seriamente sobre questões pessoais. Nixon pergunta ao cubano se os Estados Unidos dificultaram a vida de seu povo. O *chef* responde que não foi Nixon, mas o presidente John F. Kennedy quem criara problemas para os cubanos (referindo-se às dificuldades que se sucederam à desastrosa invasão da

---

[9] SPURGEON, *Lectures...*, 3:40.

Baía dos Porcos, em 1961, e o embargo que se seguiu). Então Nixon pergunta se o cozinheiro se lembra do que estava fazendo quando Kennedy foi assassinado.

— Sim — o cubano responde.
— Você chorou? — Nixon questiona.
— Sim.
— Por quê?
— Porque Kennedy nos fez olhar para as estrelas.

Assim como retratado no filme, o cubano, como muitas pessoas daquela geração, foi inspirado pela visão de uma "nova fronteira" que o jovem presidente propôs. O desafio que ele propôs aos Estados Unidos, de colocar um homem na lua no período de uma década, colocou em ação um processo de realização de um objetivo que valia a pena e que contribuiu para seu legado:

> Acredito que esta nação deve se comprometer com o atingimento desse objetivo, antes do fim desta década, de fazer pousar um homem na lua e trazê-lo de volta à terra em segurança. Nenhum projeto desta época será mais impressionante para a humanidade, ou mais importante para a exploração do espaço a longo prazo; e nenhum será tão difícil ou caro para ser realizado."[10]

Aquele objetivo foi alcançado quando Neil Armstrong se tornou o primeiro homem a pisar o solo lunar, em julho de 1969. Esse episódio não teria ocorrido sem uma visão.

O que a visão realiza

Tendo compreendido a visão, o líder carrega a responsabilidade de fazer a organização assimilá-la. Ele encontra meios criativos de conduzir o

---

[10] John F. Kennedy em discurso na Rice University, Houston, Texas (EUA), em 12 de setembro de 1962.

grupo a desenvolver a mesma paixão pela visão que ele demonstra. Os membros do grupo são inspirados pelo desejo inato de seguir seu líder, de ir aonde eles nunca foram.

O que esse tipo de visão realiza? Primeiramente, essa visão inspira. Ela junta as pessoas em torno de um propósito comum. Tal propósito precisa ser maior do que qualquer uma delas — deve ser algo que o grupo pode alcançar *apenas* com a ajuda de Deus. Em segundo lugar, a visão instrui. Ela guia nossas decisões. Terceiro, a visão interpreta. Ela ajuda a esclarecer quais são as opções/prioridades. Como Bennis e Nanus afirmam: "A visão do líder para a organização precisa ser clara, atraente e atingível. Tendemos a confiar em líderes que criam essas visões, já que elas representam o contexto para o compartilhamento das crenças em um propósito organizacional comum".[11]

Implementando a visão

Liderança é a capacidade de traduzir a visão para a realidade. A visão significa pouco se não resulta em implementação.

C. H. Spurgeon tinha uma visão clara de seu propósito e de seu chamado para o ministério. Sua paixão pela pregação do Evangelho se tornou a chama que incendiou seu ministério tão abrangente. Desde a primeira vez que ele pregou em uma igrejinha de interior em Teversham, na região rural de Cambridgeshire, até seu último sermão no púlpito do Tabernáculo Metropolitano, em Londres, ele foi atrás do cumprimento do plano específico que Deus lhe dera: pregar o Evangelho a tantas pessoas quanto possíveis. Ele implementava sua visão a cada oportunidade que surgia. Em todas as vezes, de todas as maneiras, em quantos lugares pudesse ir, Spurgeon procurava oportunidades de proclamar a mensagem salvadora de Cristo, tão cara a seu coração. Seu lema pessoal, que se tornou o lema da Faculdade de

---

[11] BENNIS, Warren; NANUS, Burt. *Leaders* [Líderes]. San Francisco: Harper & Row, 1985, p. 154.

Pastores, era: "*Et teneo et teneor*" — "Eu sustento e sou sustentado". Spurgeon descrevia a aplicação desse lema em sua vida: "Trabalhamos para sustentar a cruz de Cristo com mãos corajosas entre os filhos dos homens, porque essa cruz nos envolve com seu poder de atração. Nosso desejo é que todas as pessoas possam sustentar a verdade e serem sustentadas por ela, especialmente a verdade do Cristo crucificado".[12]

Por intermédio do poder da mensagem da cruz, Spurgeon fazia todo o esforço que fosse necessário para levar as boas-novas a todos os ouvintes. Não era incomum para ele, especialmente nos primeiros anos em Londres, pregar sete a dez vezes por semana. Toda vez que podia e sua saúde permitia, estava sempre pronto para pregar, fosse em uma pequena capela, ao ar livre ou para sua congregação. Com tanto entusiasmo pessoal para transmitir a mensagem, ele promoveu criatividade na liderança para implementar sua visão por meio não apenas de seu ministério pastoral, mas também outras extensões além da igreja local. Embora Spurgeon soubesse que o Evangelho alcançaria o resultado desejado, ele também sabia que tinha de colocar sua confiança em Deus para alcançar os resultados de seus esforços:

> Se não virmos almas salvas hoje ou amanhã, ainda assim continuaremos trabalhando. [...] Estamos trabalhando para a eternidade, e não contamos com nossa obra para o avanço de cada dia, como os homens medem seus esforços; a obra é de Deus, e precisa ser mensurada de acordo com seus padrões. Estejam bem certos de que, quando o tempo e as coisas criadas, bem como tudo quanto se opõe à verdade do Senhor, deixar de existir, todo sermão diligentemente pregado, e toda oração oferecida com insistência, e toda forma de serviço cristão prestado com honestidade permanecerão integrados à poderosa estrutura que Deus resolveu erguer por toda a eternidade para sua própria glória.[13]

---

[12] SPURGEON, ... *Autobiography*, 1:388.
[13] Id., *An All-Round*..., p. 18-19.

As pessoas respondem à visão

Alguns líderes não enxergam a importância crucial de uma visão. Eles acreditam que a chave para o crescimento organizacional é simplesmente atender as necessidades das pessoas/clientes, e o restante se resolve por conta própria. Rick Warren, pastor da crescente Igreja Saddleback, no sul da Califórnia (EUA), oferece uma percepção muito diferente: "As pessoas respondem a uma visão apaixonada, não a uma necessidade".[14] Ao longo de muitas fases diferentes e muito tempo, Warren implementou sua visão de uma igreja com propósitos. O resultado foi a criação de uma das maiores igrejas do mundo. No entanto, da mesma maneira, a influência da visão de Warren, através dos princípios do modelo de orientação por propósitos, foi sendo recriada por todo o mundo. Trata-se de uma visão que foca no momento decisivo quando o Espírito de Deus se move por intermédio da igreja e empodera as pessoas para responder àquela visão à medida que se engajam na obra do Reino. As necessidades continuam a existir, mas a visão se torna a força motriz para levar as pessoas a manterem o foco na mudança poderosa do Evangelho em sua vida.

Às vezes, a visão precisa ser relançada. As circunstâncias podem mudar, e a rota do ministério precisa ser ajustada. Da mesma forma, mesmo a melhor visão pode se tornar obsoleta depois de um tempo, sendo necessário corrigi-la. Vivendo em um mundo pós-moderno, lidamos com mudanças e voltas constantes numa cultura cada vez mais secular. Com uma visão renovada, uma igreja ou organização pode enfrentar os desafios mais recentes. Independentemente dos obstáculos, a visão é a capacidade de enxergar as oportunidades contidas nas circunstâncias. Problemas podem surgir, mas as pessoas se conscientizam de que servem a um grande Deus capaz de realizar todas as coisas. As pessoas querem fazer parte de algo maior que elas mesmas. Quando um líder possui uma visão e propõe a um grupo algum

---

[14] WARREN, Rick. *Uma igreja com propósitos* (2ª ed.) São Paulo: Vida, 2008.

propósito nobre pelo qual vale a pena lutar, isso se torna um ponto de encontro a partir do qual essas pessoas realizarão coisas grandes juntas.

Honrando o passado

A liderança visionária inclui um esforço para honrar as melhores realizações do passado enquanto estratégias são adaptadas e objetivos são ajustados para proporcionar crescimento para o futuro. É algo que se constrói sobre a tradição e, ao mesmo tempo, pavimenta o caminho para aceitar a mudança, explorar novas ideias e alimentar a criatividade.

Spurgeon louvava a liderança valorosa de seus notáveis predecessores, e adicionou ainda mais às realizações daqueles que o antecederam. Mas ele não permitia que o passado estrangulasse sua visão própria e singular. Ele buscava colocar os membros da igreja para trabalhar de acordo com seus dons individuais enquanto os incluía na visão organizacional. A liderança visionária é, basicamente, o meio para realizar a missão da igreja em sua comunidade e além.

Otimismo quanto ao futuro

Um líder visionário tem uma abordagem positiva sobre o futuro porque Deus lhe deu uma visão sobre esse futuro. Ele é capaz de antever as possibilidades. Quando Spurgeon foi para a Igreja Batista em New Park Street, em Londres, como menciona o professor Lewis Drummond, "ele sabia intuitivamente que Deus tinha grandes coisas preparadas para a igreja, e precisava entregar a ela uma liderança forte".[15] O ministério de Spurgeon era uma extensão de sua fé visionária:

> Em nossa peregrinação cristã, geralmente é bom olhar para frente. À frente nos espera a coroa, e em frente encontramos

---

[15] DRUMMOND, Lewis. *Spurgeon: Prince of Preachers* [Spurgeon: o Príncipe dos Pregadores]. Grand Rapids: Kregel, 1992, p. 8.

nosso objetivo. Seja por esperança, por alegria, por consolação ou inspirado por nosso amor, o futuro, no fim das contas, precisa ser o maior objeto que enxergamos pelos olhos da fé.[16]

Outros compartilham a visão

Um líder espiritual precisa se cercar de pessoas tementes a Deus para compartilhar a visão. Bons líderes não apenas possuem a visão, mas também são capazes de recrutar, treinar e capacitar outras pessoas para implementar a visão. Líderes frequentemente tentam transformar sua visão em realidade sozinhos. Spurgeon não era tão tolo assim. Ele se cercou de líderes capazes de ajudar a implementar a visão para seu ministério. Enquanto ele fundava a Faculdade de Pastores e o Orfanato Stockwell, dava prosseguimento a seu ministério como escritor, embarcava em seus múltiplos empreendimentos filantrópicos e liderava o crescimento contínuo do Tabernáculo Metropolitano, sua liderança se estendia por intermédio da energia, das habilidades e das capacidades de líderes leigos bem-preparados. Eles multiplicavam a eficácia de Spurgeon ao executar os ministérios que ele antevira.

Sem dúvida, a implementação prática da visão de Spurgeon foi se adaptando à medida que seu ministério crescia exponencialmente, e foram necessários ajustes ao longo do caminho. A grande quantidade de ministérios do Tabernáculo Metropolitano guardava pouca semelhança com a congregação em New Park Street quando Spurgeon chegou a Londres.

ESTABELECENDO METAS

Um líder visionário estabelece metas que capacitam seus seguidores a realizarem grandes coisas em nome da organização. Ele estabelece metas para tornar sua visão uma realidade. Metas fornecem uma

---

[16] SPURGEON, C. H. *Manhã e noite*. Colombo, PR: Pão Diário, 2018.

direção específica para a visão. Elas surgem a partir de uma visão do que Deus está chamando a pessoa para fazer. As metas de Spurgeon estavam intimamente relacionadas com seu claro chamado para pregar o Evangelho a tantas pessoas quantas Deus lhe desse forças para alcançar. Esse é o motivo pelo qual ele manteve um ritmo tão intenso, pregando sete a dez vezes por semana nos primeiros anos de seu ministério, engajando-se em quantos desafios lhe fossem oferecidos. Ele estava determinado a levar a mensagem de Cristo para as massas.

Definindo as metas

O que é uma meta? Uma meta é um sonho com cronograma. E quanto àqueles que não têm meta alguma? Eles precisam de metas, embora não saibam disso. Ainda assim, outros líderes conduzem seus negócios, administram sua organização e pregam em suas igrejas, mas não possuem metas reais para as quais direcionam seu olhar. Eles não passam de zeladores, como o capitão de um navio que alimenta a tripulação, mas permite que o barco flutue à deriva no mar sem destino. Talvez alguns líderes sejam como Cristóvão Colombo — ele não sabia para onde estava indo, não sabia onde estava quando chegou lá, não sabia onde havia estado ao retornar e fez tudo isso com o dinheiro dos outros!

Como afirma um antigo axioma: "Quando você não mira em nada, com certeza vai acertar o alvo". Líderes podem não ter um alvo, ser indolentes, desperdiçarem tempo, se não possuírem objetivos reais. Metas são essenciais. Como declarou Geoffrey F. Abert: "A coisa mais importante sobre ter metas é ter uma meta".

Quando Spurgeon planejou construir o prédio do Tabernáculo Metropolitano, sua meta não era um objetivo de curto prazo de levantar uma edificação. Sua meta era construir uma igreja que o permitisse plantar muitas outras igrejas iguais:

> Precisamos construir esse Tabernáculo com solidez, tenho certeza, pois nossos amigos estão sempre conosco. [...] Mas nosso

desejo é que, depois que terminarmos de equipar nosso templo, nossas escolas e outras instalações, sejamos capazes de construir outras igrejas. [...] Eu não descansarei até que o tenebroso condado de Surrey esteja coberto de lugares de adoração. Eu vejo esse Tabernáculo como apenas o começo; dentro dos últimos seis meses, demos início a duas igrejas — uma em Wandsworth e outra em Greenwich —, e o Senhor as fez prosperar, o tanque de batismo está frequentemente em movimento com novos convertidos. E o que fizemos em dois lugares, estou prestes a fazer em um terceiro, e vamos fazê-lo, não pela terceira ou quarta, mas pela centésima vez, se Deus for nosso socorro. Tenho certeza de que posso fazer meu mais forte apelo a meus irmãos, porque nossa intenção não é a de construir esse Tabernáculo para nos abrigar, e depois ficarmos parados. Precisamos seguir progredindo e sermos uma igreja missionária, nunca descansando até que não apenas esta vizinhança, mas todo o nosso país, do qual se diz que algumas regiões são tão sombrias quanto a Índia, tenha sido iluminado pelo Evangelho.[17]

Spurgeon não apenas tinha uma meta de construir sua igreja, mas também um objetivo de quitar todas as despesas até o término da obra. "Agora vamos falar de *nossas perspectivas*. Estamos envolvidos na construção deste lugar, e a perspectiva que posso antecipar é a de que estará tudo pago antes de inaugurá-lo."[18] Através de muita oração e muito esforço, aquela meta foi alcançada e o Tabernáculo foi aberto para uso sem qualquer dívida remanescente depois de sua construção.

A meta do cristão

Qual é a meta dos líderes cristãos? Em última análise, é como o apóstolo Paulo escreveu à igreja de Corinto a respeito de seu apostolado:

---

[17] SPURGEON, ... *Autobiography*, 2:13–14.
[18] Id., p. 13.

"Por isso, temos o propósito de lhe agradar..." (2Coríntios 5:9). Essa meta se torna o alvo abrangente de todo líder cristão. Torna-se a meta pela qual pequenos objetivos convergem para alcançar o objetivo principal.

Leroy Eims oferece três razões importantes para estabelecermos metas:

1. **Direção.** A meta se torna o destino de quem segue a direção para realizá-la. Se minha meta é ir para Birmingham, tenho de saber se é Birmingham, cidade do Alabama, nos EUA, ou Birmingham, cidade na Inglaterra; caso contrário, as direções para chegar ao destino serão bem diferentes.
2. **Progresso.** Se ele não ocorrer, pode haver muita atividade, mas nenhum avanço. Uma meta assegura que não se trata apenas de muita atividade vibrante, mas de um movimento com propósito rumo a um objetivo.
3. **Realização.** Como você pode saber se realizou alguma coisa se não tiver uma meta realmente estabelecida? A meta oferece a você uma medida do que tem feito para alcançar o sucesso de sua empreitada.[19]

Um líder não deve estabelecer metas arbitrariamente. Metas devem ser relevantes, alcançáveis e mensuráveis.

Metas devem ser *relevantes* (sua realização importa). Elas estão relacionadas às necessidades da igreja e da comunidade.

Metas devem ser *alcançáveis* (elas podem ser realizadas). Sonhos irreais e o estabelecimento de objetivos ridículos são contraproducentes e geram muita frustração. Determinar metas ridículas pode impedir as pessoas de embarcar em novas metas.

Metas devem ser *mensuráveis* (elas precisam de prazo para sua realização). Objetivos vagos sem prazos específicos produzem pouco efeito. É necessário um sistema de prestação de contas.

---

[19] EIMS, Leroy. *Be a Motivational...*, p. 80-81.

Metas são uma medida de fé

Metas são um modo direto de medir a fé de um líder. Peter Wagner, líder em crescimento de igrejas, chama as metas de "projeções de fé". Ele escreve: "O consenso dominante entre as pessoas a quem Deus tem abençoado com igrejas grandes e em crescimento é que isso não seria possível de realizar sem a fé necessária para estabelecer metas."[20]

Spurgeon tinha uma fé que o capacitava a antecipar grandes progressos e avanços nos ministérios de sua igreja. Ele declarou, com ousadia:

> Cremos em um Deus presente, onde quer que Ele possa estar, um Deus que age e opera, realizando seus propósitos com firmeza e certeza em todas a questões, todos os lugares e todos os tempos; executando seus desígnios tanto no que tem aparência do mal quanto no que é manifestadamente bom; em todas as coisas, guiando sua carruagem eterna rumo ao objetivo em cuja infinita sabedoria escolheu, nunca reduzindo seu passo nem puxando as rédeas, mas, para sempre, de acordo com a força eterna que nele há, seguindo em frente sem parar.[21]

Metas desafiadoras e realistas representam o desafio maior em cuja direção Deus está nos movendo em nosso serviço a Ele. No processo, nossas metas práticas podem produzir motivação e entusiasmo. A satisfação surge quando alcançamos realizações que trazem glória a Deus. Realizações mundanas trazem contentamento de curto prazo, mas as coisas que ficam para a eternidade proporcionam satisfação duradoura. Realizamos algo que é maior que nós mesmos.

As pessoas estão ansiosas por fazer parte de um movimento que faça a diferença no mundo em que vivem. Se elas podem ver evidências reais de que uma igreja e sua liderança estão comprometidas em seguir

---

[20] WAGNER, *Leading Your...*, p. 186.
[21] SPURGEON, *An All-Round...*, p. 5-6.

direções novas e desafiadoras, o entusiasmo será natural e espontâneo. O estabelecimento de metas nos move adiante para o futuro. É uma forma de ajustar o foco e sonhar novamente.

PLANEJAMENTO VISIONÁRIO

Líderes visionários compreendem a importância do planejamento. Líderes que fracassam em planejar planejam para fracassar. O adágio tem se provado verdadeiro mais como regra do que como exceção: "Planejamento prévio apropriado evita desempenho lamentavelmente ruim". O tipo certo de planejamento ajuda a colocar os pés no solo da visão que foi compartilhada.

Alguns leitores que eram jovens em meados da década de 1960 devem se lembrar da letra da canção dos Beatles chamada *Nowhere Man*: "He's a real nowhere man/ Sitting in his nowhere land/ Making all his nowhere plans for nobody/ Doesn't have a point of view/ Knows not where he's going to/ Isn't he a bit like you and me?" ["Ele é mesmo um sujeito sem rumo/ Sentado em seu mundo inexistente/ Fazendo seus planos sem rumo para ninguém/ Não tem um ponto de vista/ Não sabe aonde vai/ Ele não é um pouco parecido com você e eu?" Essa música fatalista lamentava a existência sem propósitos. Embora Spurgeon e os Beatles fossem ingleses, as similaridades param por aí. A visão do grupo de rock era concentrada em ganhos pessoais e fama mundana; o plano de Spurgeon era fazer o Reino de Deus avançar.

Spurgeon colocou a questão deste modo:

> Cremos em um Deus de propósitos e planos, que não deixou o mundo ao sabor da tirania de uma fé cega, e menos ainda sem rumo, balançando para lá e para cá. Não somos fatalistas nem duvidamos da providência e da predestinação. Somos crentes em um Deus "que faz todas as coisas segundo o propósito da sua vontade".[22]

---

[22] Id., p. 5.

O plano divino

Spurgeon trabalhava sob a premissa de que Deus tem um plano para toda igreja, um desígnio para cada organização cristã e um propósito para cada grupo que busca honrá-lo. Ele estava convencido a respeito do propósito positivo de Deus, de acordo com as Escrituras. "'Porque sou eu que conheço os planos que tenho para vocês', diz o Senhor, 'planos de fazê-los prosperar e não de lhes causar dano, planos de dar-lhes esperança e um futuro'" (Jeremias 29:11). A promessa bíblica é uma bênção a ser desfrutada por qualquer grupo que deseja buscar primeiro o Reino de Deus e sua justiça. Os planos se ajustarão de acordo com esse objetivo.

Peter Wagner enumera as seis vantagens do planejamento:

1. Ele aumenta a eficiência. Os recursos divinos do tempo, da energia e do dinheiro são mais bem utilizados para um bom serviço.
2. Ele permite correções ao longo do caminho.
3. Ele une o time com um plano e uma visão singulares. Cada membro da equipe entende seu papel nessa visão.
4. Ele ajuda a mensurar a eficiência. O progresso é medido de acordo com os planos.
5. Ele torna natural a prestação de contas.
6. Ele pode se tornar um modelo para ajudar outros grupos.[23]

Spurgeon cria que o planejamento era importante, mas que o líder precisa sempre reconhecer a soberania de Deus conduzindo quaisquer planos que se possa fazer na vida. "Em seu coração o homem planeja o seu caminho, mas o Senhor determina os seus passos" (Provérbios 16:9). Uma vez conhecendo o plano de Deus para nossa vida, então somos livres para buscar colocá-lo em ação à medida que

---

[23] WAGNER, Peter. *Strategies for Church Growth* [Estratégias para o crescimento da igreja]. Glendale, Calif: Regal, 1987, p. 32-34.

procuramos realizar seu propósito. Aplicando-o na prática, seguimos o ditado: "Planeje sua realização; realize seu plano".

Spurgeon se irritava com aqueles que faziam planos elaborados, mas nunca passavam do estágio de planejamento. Ele era um homem de ação! "É inútil gastar tempo na elaboração e na alteração de planos quando não se faz nada além disso; o melhor plano para realizar a obra de Deus é realizar a obra de Deus."[24]

Administrando e liderando

Existe uma diferença entre administrar e liderar. Quem administra fornece as ferramentas, os métodos e as pessoas para realizar uma tarefa. Os líderes oferecem a visão, a estratégia e a inspiração. Spurgeon era, com certeza, mais líder que administrador. Por exemplo, embora tenha fundado uma faculdade para treinar pastores, ele não se tornou o reitor. Um líder mais adequado à função foi designado para a instituição, que prosperou. Uma vez que as ideias eram implementadas, outras pessoas entravam em cena para auxiliar na condução dos vários ministérios que Spurgeon havia imaginado.

Colocar um plano em ação é custoso. Entre as perguntas que surgem, temos:

> Você está disposto a pagar o preço?
> Você está disposto a fazer o que for necessário?
> Você está disposto a se sacrificar?

A chave para um plano dar certo é buscar crescimento da igreja de acordo com a maneira divina de fazer isso, não a nossa. Será necessário muito discernimento, muita oração, grande disciplina e paciência. No entanto, se não desistirmos no caminho, faremos a colheita no tempo devido.

---

[24] SPURGEON, *An All-Round...*, p. 186.

Os sentimentos de Spurgeon estão presentes nos versos a seguir, de sua autoria:

> Quando o mundo dilacera meu coração
> Com todo o cuidado mais potente,
> Meus pensamentos elevo aos céus
> E encontro refúgio para a mente.
>
> O brilho da fé vai me sustentar
> Até ao fim da jornada eu chegar;
> Temores e horrores podem molestar,
> Um dia, por fim, chegarei ao meu lar.[25]

---

[25] SPURGEON, *Manhã...*

LIÇÕES DE LIDERANÇA DE SPURGEON

- **Líderes e organizações precisam de uma visão para sobreviver e crescer num mundo em constante mudança.** Spurgeon reconheceu a necessidade de uma nova visão ao chegar a Londres para servir como pastor de uma igreja urbana decadente.

- **Líderes eficientes são capazes de elaborar e sustentar uma visão que envolva seus seguidores.** Spurgeon levou para sua igreja uma liderança criativa que se estendeu por seus 37 anos de ministério.

- **Uma liderança visionária inclui o esforço para honrar as maiores realizações do passado enquanto adapta suas estratégias e ajusta suas metas para garantir crescimento no futuro.** Spurgeon honrava dos grandes pastores que o precederam e construiu sobre as realizações deles.

- **Liderança é a habilidade de traduzir a visão em realidade.** C..HH. Spurgeon tinha uma visão clara de seu propósito e seu chamado para o ministério. Sua paixão em pregar o Evangelho se tornou o trampolim para seu ministério abrangente.

- **Um líder precisa se cercar de pessoas tementes a Deus que compartilhem a visão.** Spurgeon se cercou de assistentes e líderes leigos capazes de ajudá-lo a implementar a visão para seu ministério.

- **Um líder visionário é otimista sobre o porvir, porque Deus lhe dá uma visão desse futuro.** "Em nossa peregrinação cristã, geralmente é bom olhar para frente. À frente nos espera a coroa, e em frente encontramos nosso objetivo. Seja por esperança, por alegria, por consolação ou inspirado por nosso amor, o futuro, no fim das contas, precisa ser o maior objeto que enxergamos pelos olhos da fé."

- **Um líder visionário estabelece metas que capacitam seus seguidores a realizarem coisas grandes para a organização.** As metas de Spurgeon emanavam de seu claro chamado para pregar o Evangelho, um Evangelho que, acreditava, estendia o ministério à pessoa integralmente.

- **Metas são uma medida clara da fé de um líder.** A fé de Spurgeon o capacitava a antecipar grandes progressos e avanços nos ministérios de sua igreja conforme ele ia atrás de seus objetivos.
- **Um líder visionário compreende a importância do planejamento.** Spurgeon disse: "Cremos em um Deus de propósitos e planos, que não deixou o mundo ao sabor da tirania de uma fé cega, e menos ainda sem rumo, balançando para lá e para cá. [...] Somos crentes em um Deus 'que faz todas as coisas segundo o propósito da sua vontade'".

7

CORAGEM:

EM DEFESA DA JUSTIÇA, DAS ESCRITURAS E DO ENSINO SADIO

> "Aprendam sempre a fazer a distinção entre coisas diferentes; [...] Muitos correm atrás de novidades, deslumbrados com tudo que é novo; aprendam a julgar entre a verdade e suas imitações, e vocês não se desviarão."[1]

O grande desafio para muitos líderes cristãos hoje em dia é permanecerem fortes na causa da justiça. Numa era de conciliação e complacência, muitas pessoas que ocupam posição de liderança encontram dificuldade em se manter acima de conflitos por bandeiras políticas e convicções. As pressões seculares pelo politicamente correto, o desejo insaciável pelo sucesso, a preocupação aflita por segurança profissional e a falta de confiança em crenças baseada em princípios — tudo isso contribui para um padrão débil de liderança. O pesquisador George Barna escreveu: "Surpreendentemente, poucas pessoas possuem a força interior para defender o que é certo. Chamamos isso de coragem. Os líderes de Deus são sempre pessoas de grande coragem".[2]

---

[1] SPURGEON, *An All-Round...*, p. 37.
[2] BARNA, *Leaders on...*, p. 27.

FORTE NAS CONVICÇÕES

O evangelista Billy Graham afirmava que "a coragem é contagiosa. Quando um homem corajoso se levanta, as outras pessoas se aprumam".[3] As pessoas são inspiradas quando seus líderes demonstram a disposição de arriscar tudo em nome das coisas em que acreditam. John Maxwell conta a história de um pregador itinerante do século 19 chamado Peter Cartwright. Certa ocasião, enquanto Cartwright estava falando, alguém lhe disse que Andrew Jackson, presidente dos Estados Unidos, estaria na plateia, e aconselhou o pregador a tomar cuidado com suas palavras para não ofender ninguém. Ignorando tal conselho, Cartwright pregou uma mensagem ousada e concluiu: "Alguém me disse que Andrew Jackson está nesta igreja, e fui orientado a tomar cuidado com o que falaria. O que preciso dizer é que Andrew Jackson irá para o inferno se não se arrepender de seus pecados". Todos imaginaram que aquela declaração chocante ofenderia o presidente. No entanto, assim que o sermão terminou, Jackson subiu até a plataforma de onde Cartwright pregava e disse: "Senhor, se eu tivesse um regimento de homens como você, eu corrigiria o mundo".[4]

Confrontando a regeneração batismal

C. H. Spurgeon foi um líder que demonstrava coragem na defesa de suas convicções. Ele não apenas inflamava sua congregação no Tabernáculo Metropolitano, como também inspirava toda uma nação através da defesa corajosa que fazia pela causa da justiça. Ele não era do tipo de pessoa que transigia ou recuava quando se tratava de importantes questões morais. Independentemente das consequências pessoais, Spurgeon se recusava a ceder qualquer terreno. Se encontrasse algo

---

[3] *Reader's Digest*, julho de 1964.
[4] MAXWELL, John. *As 21 indispensáveis qualidades de um líder*. Rio de Janeiro: Vida Melhor, 2012.

errado, ele confrontava. Spurgeon desafiou ministros: "Não podemos permitir que o pecado fique impune. Cedam em tudo quanto for pessoal, mas permaneçam firmes no que concerne à verdade e à santidade".[5]

Em uma ocasião memorável, Spurgeon demonstrou a coragem de suas convicções ao confrontar os erros que identificou na Igreja da Inglaterra. O desafio que fez à denominação nacional resultou no que ficou conhecido como "a Controvérsia da Regeneração Batismal". Embora ele tivesse uma relação amigável com muitos de seus colegas que ocupavam cargos de liderança, Spurgeon não se furtou de dar sua opinião sobre seus irmãos evangélicos da Igreja Estabelecida. Ele acreditava que aquelas pessoas tinham dado seu aval a um livro de oração que defendia a salvação de crianças por meio do ritual do batismo. Sua série de três sermões sobre o tema deu início a um turbilhão de controvérsias à medida que muitos clérigos reagiam a esses ataques. Mas ele não seria intimidado. Spurgeon reuniu sua congregação e lançou um apelo por...

> ... um grupo de homens e mulheres que estejam preparados para serem singulares, desde que ser singular signifique estar certo, [...] homens e mulheres de coração ousado e inabalável como o de um leão, que amam Cristo em primeiro lugar, e sua verdade em seguida, e Cristo e sua verdade acima de todo o mundo.[6]

Disposto a lutar sozinho

Spurgeon era uma pessoa decidida quando se tratava de questões de espiritualidade e da conduta cristã. Por confiar em suas bases doutrinárias e permanecer firmado nas Escrituras, ele estava disposto a lutar sozinho, se necessário, no que se refiria à causa da justiça. Fazendo

---

[5] SPURGEON, *An All-Round...*, p. 277.
[6] Id. "Let Us Go Forth" ["Sigamos em frente"], *in Metropolitan Tabernacle Pulpit*, 10:372.

isso, Spurgeon exerceu uma liderança sólida e estabeleceu um padrão ousado diante de seus contemporâneos e outros líderes que viriam depois. Ele aconselhava ministros a serem ousados e corajosos:

> Que vocês também tomem posse da *grande característica moral da coragem*! Com isso, não quero dizer impertinência, atrevimento ou presunção, mas coragem de verdade para fazer e dizer a coisa certa com mansidão, e para seguir em frente, apesar de todos os riscos, embora não haja ninguém para lhes oferecer uma boa palavra. Estou admirado com o número de cristãos que estão com medo de falar a verdade a seus irmãos. Agradeço a Deus por eu poder dizer isso: não há nenhum membro de minha igreja, nenhum oficial da igreja e nenhum homem do mundo diante de cuja face eu tema dizer o que diria pelas costas. Diante de Deus, devo minha posição em minha igreja à ausência de todo tipo de política e ao hábito de sempre dizer o que penso.[7]

Um dos problemas hoje em dia é que muitos líderes estão focados mais no esforço de tentar agradar a todos à sua volta do que em defender a verdade de Deus e, consequentemente, agradar ao Senhor. Esses líderes têm medo de criar ondas que os façam perder a popularidade que conquistaram com tanto esforço, ou sua posição de status, ou ainda seu poder de influência.

Spurgeon estava preocupado, em primeiro lugar e acima de tudo, em agradar a seu Senhor. Ele escreveu sobre a obediência, alvo fundamental de todo cristão: "Não se deve conter-se só para agradar uma pessoa nem ter pressa para satisfazer a outra, ou mesmo fazer um movimento mínimo que seja para deleitar toda a comunidade. [...] Agradar nosso Senhor, embora possa parecer difícil, é uma tarefa mais fácil do que agradar as pessoas".[8]

---

[7] SPURGEON, *An All-Round...* p. 34.
[8] Id., 271-272.

Spurgeon recebeu seu quinhão de zombaria e crítica por suas posições intransigentes em várias questões. Independentemente de concordar ou não com suas posições, as pessoas eram capazes de admirar sua disposição de pagar o preço por fazer o que ele acreditava ser a coisa certa aos olhos de Deus. Ele considerava uma honra servir como ministro do Evangelho, afirmando que o cargo espiritual de pastor era o chamado mais elevado da face da terra. Para ele, engajar as pessoas por meio da pregação, do ensino, do aconselhamento e da conversação em questões relacionadas à alma ofuscava o brilho de qualquer outra vocação ou ocupação. Ele escreveu: "Nosso trabalho é o mais importante sob os céus, ou então, é pura impostura. Se você não for diligente no cumprimento das instruções de nosso Senhor, Ele entregará a vinha para outra pessoa; pois Ele não tolera aqueles que tratam a sua obra como algo banal".[9]

De fato, a obra do ministério é tão importante para o Reino que um líder precisa buscar sabedoria e discernimento da parte de Deus. Sem dúvida, esse líder enfrentará muitas questões desafiadoras ao longo do caminho e deve decidir pelas quais está disposto a lutar. Spurgeon escreveu:

> Aprendam sempre a fazer a distinção entre coisas diferentes; [...] aprendam a julgar entre a verdade e suas imitações, e vocês não se desviarão. [...] Peçam ao Espírito Santo que lhes conceda a capacidade de discernir entre o bem e o mal, de maneira que possam conduzir seus rebanhos afastados de prados venenosos e guiá-los a pastos seguros.[10]

TEOLOGIA SADIA

A confiança baseada em princípios se forma no líder que está firmado em suas crenças teológicas. O sistema de crenças de Spurgeon se

---

[9] Id., p. 273.
[10] Id., p. 38.

baseava no calvinismo evangélico, o mesmo em que cria seu reverenciado avô e os puritanos que o precederam. Alguns de seus contemporâneos, que propunham uma "nova teologia" mais liberal, acreditavam que Spurgeon representava um sistema arcaico que não se conectava com as necessidades de uma população mais sofisticada. Entretanto, Spurgeon não estava interessado em nenhuma "novidade" se isso significasse alguma crença que viesse a contradizer quaisquer verdades do pensamento reformado que o tempo tivesse consolidado. Ele cria no progresso, mas não à custa da verdade: "É possível que haja progresso? Sim, dentro das linhas da verdade revelada. Só não pode haver abandono de nenhum princípio estabelecido".[11]

Calvinismo "dinâmico"

Os críticos do outro lado do espectro perceberam que Spurgeon havia mudado suas crenças calvinistas para acomodar seu zelo evangelístico. Seus detratores não entendiam a paixão que movia Spurgeon, sua intenção de alcançar tantas almas para Cristo quanto possível. Na realidade, ele modificou seu sistema apenas até o ponto de ser capaz de ampliar seu apelo durante a pregação do Evangelho. Essa modificação foi considerada inaceitável pelos hipercalvinistas (aqueles que criam em uma predestinação fatalista) e, ao mesmo tempo, insatisfatória pelos arminianos (os que acreditavam no livre-arbítrio absoluto). A aplicação prática da teologia por parte de Spurgeon era alguma coisa entre esses dois campos, algo que o professor Lewis Drummond rotula como "calvinismo dinâmico".[12] Esse equilíbrio ficou evidente em um sermão que Spurgeon intitulou "Redenção abundante":

> Cristo redimiu a alma de todo o seu povo que, por fim, será salvo. Colocando essa afirmação de acordo com os moldes calvinistas,

---

[11] SPURGEON, *An All-Round...*, p. 300.
[12] DRUMMOND, *Spurgeon: Prince...*, p. 611.

> Cristo redimiu seus eleitos; mas, considerando que você não conhece seus eleitos até que sejam revelados, vamos alterar e dizer: Cristo redimiu todas as almas penitentes; Cristo redimiu a alma de todos os que creem; e Cristo redimiu a alma de todos aqueles que morrem ainda na infância, admitindo-se que todos os que morrem na infância têm seu nome escrito no Livro da Vida do Cordeiro e são privilegiados pela graça de Deus a ir direto para o Céu, em vez de ter de labutar neste mundo fatigado.[13]

Embora desse aval a um sistema bem definido de crenças, Spurgeon não tolerava complacência na área de conhecimento teológico. Ele demonstrava sua própria crença no aprendizado e na educação cristã com seu apetite voraz pela leitura de obras teológicas. Ele defendia a instrução de todos que buscassem se tornar líderes cristãos. A fundação da Faculdade de Pastores confirmava sua crença na necessidade de treinamento teológico. Ele queria que as pessoas fossem preparadas e competentes em sua teologia para mostrar confiança em seu sistema de crenças e para receber treinamento prático para o ministério. Ele os alertava:

> Sejam bem instruídos em teologia, e não liguem para [...] aqueles que a criticam por serem ignorantes quanto a isso. Muitos pregadores não são teólogos, daí os erros que cometem. Não faz mal algum ao mais vívido evangelista também ser um teólogo com bom conhecimento, e isso pode ser, com frequência, um meio para salvá-lo de erros grosseiros.[14]

Aberrações teológicas

Muitos líderes contemporâneos cometem o erro de correr atrás da mais recente tendência teológica e, por essa razão, comprometem suas

---

[13] CARLILE, John C. *C. H. Spurgeon: An Interpretive Biography* [C. H. Spurgeon: uma biografia interpretativa]. Londres: Religious Tract Society, 1933, p. 148-149.
[14] SPURGEON, *An All-Round...*, p. 35-36.

convicções mais básicas nesse processo. Nos últimos anos, o evangelicalismo em geral tem enfrentado os desafios das influências liberais, tais como o Fórum de Jesus, que pretendia autenticar — mas, na verdade, desacreditar — a validade das declarações de Cristo como estão registradas nos quatro Evangelhos. No lado oposto desse espectro, o cristianismo evangélico tem resistido às investidas dos excessos carismáticos, como a "bênção de Toronto". A "bênção do riso", gente latindo como cachorros e "vômito espiritual" são algumas das manifestações que caracterizaram um movimento cuja sustentação revelou uma teologia espúria. Um escritor que testemunhou a devastação teológica forjada pela importação da "bênção de Toronto" pela Inglaterra lamentou seus efeitos:

> Portanto, apelamos a todos os pregadores que se dediquem sistematicamente à pregação expositiva da Palavra de Deus. Acreditamos que expor as Escrituras, sem dúvida, estabelecerá uma boa fundação para um reavivamento espiritual na nação, mas também preservará a Igreja do erro em tempos de fortes ataques contra a verdade.[15]

Nos dias de Spurgeon, com a importação do criticismo bíblico do continente europeu, os evangélicos enfrentaram ameaças na forma de universalismo (a ideia de que todos eventualmente seriam salvos), o questionamento da doutrina da expiação substitutiva (Cristo morreu de maneira vicária por nossos pecados) e a "desvalorização" das Escrituras (negando a autoridade bíblica com o uso de ferramentas críticas questionáveis). Essas eram questões pesadas para o pastor do Tabernáculo Metropolitano, e ele as encarou de frente. Mas ele não entrava em brigas sobre questões periféricas, como as teorias que se propunham sobre os detalhes da segunda vinda de Cristo. Para Spurgeon,

---

[15] HILL, Clifford. *Blessing the Church?* [Abençoando a igreja?]. Glasgow: HarperCollins, 1995, p. 227.

a questão importante era se a pessoa acreditava no retorno literal de Cristo para a terra. Ele escreveu: "Aprendam sempre a fazer a distinção entre coisas diferentes; [...] muitos correm atrás de novidades, deslumbrados com tudo que é novo; aprendam a julgar entre a verdade e suas imitações, e vocês não se desviarão".[16]

Spurgeon era cauteloso sobre qualquer "nova teologia" que acreditava contradizer as Sagradas Escrituras:

> Há um espírito ainda mais perigoso vindo de fora, entrando nos púlpitos dos não conformistas, e visivelmente evitando o testemunho de alguns [...] daqueles que se reconhecem como homens de cultura e intelecto. [...] A teologia deles é tão frágil quanto o vento. Eles riem das referências e desprezam o ensino sólido. "Progresso" é seu lema, que ouvimos repetidamente até enjoar [...] Em geral, é um progresso que *afasta* da verdade, a qual, sendo interpretada, avança para trás.[17]

O chamado do líder cristão é para ensinar eternas verdades a seus seguidores. "Examinem as verdades fundamentais com seus ouvintes muito cuidadosamente. [...] Façam-nos conhecer os princípios básicos da fé. Isso não vai cansar seus ouvintes, isso os abençoará, e muitos deles se deleitarão. Repita os fundamentos também; com frequência, se for possível."[18]

FUNDAMENTADO NA DOUTRINA BÍBLICA

O líder cristão precisa assumir um compromisso total com a revelação redentora completa de Deus por intermédio das Sagradas Escrituras.

---

[16] SPURGEON, *An All-Round*..., p. 37.
[17] SPURGEON, C. H. The Sword and the Trowel [A Espada e a Espátula] (1877), 13:195-196.
[18] SPURGEON, *An All-Round*..., p. 308.

Spurgeon atribuía todas as suas crenças teológicas aos ensinamentos da Bíblia, de acordo com sua compreensão das verdades. Ele era um biblicista de coração, e não alimentava quaisquer especulações teológicas que não fossem coerentes com a Palavra de Deus. No livro *Letting the Lion Loose: C. H. Spurgeon and the Bible* [Deixem o leão solto: C. H. Spurgeon e a Bíblia], o autor Eric Hayden comparou Spurgeon ao eminente puritano John Bunyan: "Fure-o em qualquer parte do corpo e ele sangrará Bíblia".[19]

Spurgeon creditava grande parte de seu sucesso ao fato de ser consistente em sua interpretação das Escrituras. Em toda faceta de seu ministério, fosse ensinando, pregando, escrevendo, aconselhando ou se envolvendo em questões públicas, ele usava a Bíblia. Ele aconselhava seus alunos: "Vocês precisam pregar o Evangelho integralmente. A omissão de uma doutrina, de uma ordenança ou de um preceito pode se revelar altamente prejudicial".[20]

Autoridade bíblica

Spurgeon cria na inspiração sagrada da Bíblia. Ele escreveu em seu boletim da igreja, *The Sword and the Trowel* [A Espada e a Espátula], que "as Escrituras Sagradas foram escritas por inspiração, e são uma declaração infalível da verdade [...] uma doutrina sobre a qual nós, no mínimo, não temos qualquer dificuldade."[21] Esse texto era uma contraposição a inúmeros evangélicos que estavam flertando com outras abordagens das Escrituras. Haydeon, pastor do Tabernáculo Metropolitano no século 20, escreveu sobre Spurgeon e a Bíblia:

---

[19] HAYDEN, Eric W. *Letting the Lion Loose: C. H. Spurgeon and the Bible* [Deixem o leão solto: C. H. Spurgeon e a Bíblia]. Belfast: Ambassador Productions, 1984, citado no filme *The Calling of C. H. Spurgeon* [O chamado de C. H. Spurgeon], da British Broadcasting Company.
[20] SPURGEON, *An All-Round...*, p. 110.
[21] Id., *The Sword...*, 3:43.

Para Spurgeon [...] a Palavra de Deus era divinamente inspirada, tinha autoridade, efeito prático e era abrangente. Como os puritanos, ele acreditava que o Livro Sagrado era suficiente para tudo quanto diz respeito à fé e à conduta. A Bíblia determinava a doutrina, o culto, a ordem e o governo da igreja, e na esfera privada, afetava a vida do cristão em casa e fora dela, no trabalho e no lazer, seu modo de vestir e nos deveres cotidianos. Sua vida como um todo deveria ser considerada à luz da Palavra de Deus, a "lâmpada que ilumina os meus passos e a luz que clareia o meu caminho" (Salmos 119:105).[22]

Como descreveu apropriadamente um alto dignitário da Igreja da Inglaterra: "Charles Haddon Spurgeon fez as pessoas sentirem que a Bíblia era um livro do qual jamais poderiam suspeitar nem se envergonhar, mas um livro no qual se deveria crer, confiar e receber como a própria Palavra de Deus".[23]

Um líder cristão da atualidade que reconhece a autoridade da Bíblia encontrará grandes desafios ao longo do caminho. Em *What Americans Believe* [Em que creem os estadunidenses], Barna aponta que apenas 47% de todos os estadunidenses adultos concordam firmemente com a declaração: "A Bíblia é a Palavra escrita de Deus, e é totalmente precisa em todos os seus ensinos" (24% concordam parcialmente, 15% discordam parcialmente e 11% discordam totalmente).[24] A estrutura das convicções evangélicas é a Palavra de Deus. Ela é nossa fonte de autoridade, e precisamos valorizá-la pelo que ela é.

Spurgeon demonstrou sua lealdade eterna à revelação da Escritura Sagrada fazendo oposição aos novos desafios do darwinismo,

---

[22] HAYDEN, Eric W. *The Unforgettable Spurgeon* [Spurgeon inesquecível]. Greenville, S.C: Emerald House Group, 1997, p. 113.

[23] Citado por ALLEN, James T. *Life Story of C. H. Spurgeon* [A história de vida de C. H. Spurgeon]. Albany, Ore: Ages Digital Library, 1999, p. 17.

[24] BARNA, George. *What Americans Believe* [Em que creem os estadunidenses]. Ventura, Calif: Regal, 1991, p. 292.

popularizado depois da publicação do livro *A origem das espécies*. Numa ocasião em particular, um macaco empalhado foi levado ao Tabernáculo, sobre o qual Spurgeon fez uma palestra a respeito da teoria da evolução, destacando os erros de suas hipóteses.

A tentação de transigir em suas convicções

Líderes cristãos do século 21 estão sob uma pressão cada vez maior para comprometer suas convicções doutrinais. Há abundantes razões para tais transigências, mas entre elas está a exigência prática e as altas expectativas de igrejas por crescimento e prosperidade. Os pastores sentem uma verdadeira pressão para promover crescimento visível na audiência dos cultos, na ocupação maior dos prédios das igrejas e nos orçamentos operacionais. Essa pressão subjacente pelo sucesso pode gerar um ambiente nada saudável que leva alguns líderes a passarem dos limites no uso de métodos questionáveis para fazer suas congregações crescerem. Eles podem se tornar obcecados por buscar novos membros e se apresentar como o "pastor gente boa" para alcançar mais pessoas. Nesse processo, eles correm o risco de diluir o Evangelho num esforço para alcançar suas metas.

Pastores devem ter consciência do perigo que envolve se dedicar tanto para se conectar e identificar com seus ouvintes a ponto de comprometer a essência do Evangelho. Em seu mordaz livro *Dining with the Devil* [Jantando com o Diabo], Os Guiness alertava sobre o perigo de dissipar a integridade do Evangelho:

> Mas as Escrituras e a História são claras: sem a manutenção de uma tensão crítica, o princípio da identificação é uma receita para o comprometimento e a capitulação. Não é por acaso que a pressão por ser "tudo para todos" se tornou um sinônimo popular para a transigência. Se o processo de se tornar "tudo para todos" significa manter-se fiel a Cristo, ele deve culminar em clara persuasão e profunda conversão. Reunir-se às pessoas onde elas estão é apenas o primeiro passo do processo, não o

último. A não ser que resista a esse perigo, o movimento das megaigrejas e do crescimento das congregações se revelará um gigantesco exercício de ajuste e rendição cultural.²⁵

Líderes não podem ser orientados pelo "pragmatismo do crescimento". Os pastores não devem se distanciar dos princípios bíblicos para o crescimento. Tais princípios precisam ser apoiados pela revelação bíblica, e não ser contraditórios a ela.

É claro que, por outro lado, o perigo de uma ortodoxia morta sempre está presente. Quem deseja estar "absolutamente certo", mantendo uma vigilância severa sobre uma congregação sem vida? Os pastores devem lançar mão de uma teologia saudável aliada a uma espiritualidade apaixonada para alcançar o equilíbrio correto. Isso se baseia na convicção de que a mensagem do Evangelho nunca muda, ao passo que alguns métodos de o apresentar e de se relacionar com ele estão passíveis de mudança. Gene Mims alertou: "Colocar métodos antes do processo que Deus concedeu de crescimento da igreja colocará em risco os esforços de longo prazo da congregação para crescer".²⁶

Um equilíbrio entre a teologia bíblica e a inspiração divina assegurará ao líder cristão que busca crescimento manter-se fiel a seu chamado. Spurgeon era totalmente a favor de crescimento e progresso, desde que fosse o tipo certo de progresso: "É possível que haja progresso? Sim, dentro das linhas da verdade revelada. Só não pode haver abandono de nenhum princípio estabelecido".²⁷

LUTANDO PELA JUSTIÇA

Spurgeon acreditava que lutar pela justiça era uma validação necessária da eficácia do ministério. Ele escreveu: "Permaneçam firmes na fé de

---

²⁵ GUINNESS, Os. *Dining with the Devil* (Grand Rapids: Baker, 1993), 28.
²⁶ MIMS, Gene. *Kingdom Principles for Church Growth* [Princípios do Reino para o crescimento da igreja]. Nashville: Convention Press, 1994, p. 88.
²⁷ SPURGEON, *An All-Round...*, p. 300.

uma vez por todas concedida aos santos, e não permitam que qualquer pessoa confunda vocês por meio de filosofias e enganos vãos".[28] Spurgeon estava sempre se inspirando no exemplo de Cristo. Por Jesus ter se doado completamente e sido obediente, mesmo ao preço da morte na cruz, seu sacrifício expiatório assegurou a salvação daqueles seguidores que recebem vida eterna por intermédio dele. Spurgeon cria que o ministro, o líder cristão, precisa ser um exemplo de Cristo, assumindo posições de defesa da justiça que honrem Jesus. Ele declarou: "Quando Ele assumiu nosso lugar, *nós também assumimos o lugar dele*. [...] Por Ele assumimos o lugar no púlpito e falamos do pecado, da justiça e do juízo por vir".[29]

Encarando o verdadeiro inimigo

O pastor do Tabernáculo Metropolitano reconhecia que o verdadeiro inimigo não era outros cristãos, descrentes ou mesmo a própria pessoa. Ele estava convencido da real existência de Satanás, o "arqui-inimigo", e de sua influência no mundo. Ele conhecia a verdade de Efésios 6:12: "... pois a nossa luta não é contra pessoas, mas contra os poderes e autoridades, contra os dominadores deste mundo de trevas, contra as forças espirituais do mal nas regiões celestiais". Ele aconselhava outros ministros a persistir diante da dificuldade: "Os tempos são ruins, mas já foram ruins antes. Vocês devem lutar com Abadom, mas muitos enfrentaram esse arqui-inimigo antes. Cinjam os lombos de sua mente e mantenham-se firmes, pois o Senhor é maior do que os tempos".[30]

Os líderes de hoje também estão envolvidos em uma batalha espiritual. O governante desta era procura levar vantagem à medida que os cristãos são confrontados com questões como aborto, estilos de vida alternativos, abuso de substâncias, vício sexual e disfunções

---

[28] SPURGEON, *An All-Round...*, p. 376.
[29] Id., p. 380.
[30] Id., p. 312.

familiares, só para citar algumas. Líderes cristãos que buscam lutar por justiça enfrentarão oposição. Onde quer que Deus esteja operando, fortalezas de resistência estarão presentes. Mas as Escrituras oferecem conforto ao líder que reconhece que a batalha é do Senhor. Em 2Coríntios 10:4-5 lemos: "As armas com as quais lutamos não são humanas; pelo contrário, são poderosas em Deus para destruir fortalezas. Destruímos argumentos e toda pretensão que se levanta contra o conhecimento de Deus, e levamos cativo todo pensamento, para torná-lo obediente a Cristo".

Encarar fortalezas que se opõem à obra de Cristo requer grande força. Spurgeon acreditava que as pessoas preparadas espiritualmente e que agem a partir de convicções sólidas podem não vencer todos os dias, mas serão as vencedoras definitivas da guerra. Ele chamou ministros cujas próprias vidas estavam firmadas na verdade e na justiça: "A demanda deste tempo é por irmãos que conhecem o Evangelho por si mesmos, que passaram por uma experiência pessoal de operação de seu poder, que foram provados como a prata é provada na fornalha da terra e que valorizaram tanto isso que prefeririam entregar a vida a desistir".[31]

Os líderes cristãos de hoje podem encontrar ânimo no exemplo inspirador deixado por C. H. Spurgeon mais do que há cem anos. A causa da justiça não é menos importante agora do que era naquela época. A batalha é a mesma que ele lutou, e cada líder precisa decidir se está pronto para o desafio. Spurgeon acreditava que cristãos são diferentes, distinguem-se do mundo. O mundo está indo para uma direção, mas os crentes se dirigem para outra. Essas pessoas com a coragem da convicção permanecerão firmes no poder de Cristo.

> Vocês podem ver que as pessoas deste mundo formam uma grande multidão que segue essa trilha, todas com pressa,

---

[31] Id., p. 390-391.

correndo atrás de seus deuses. E nós, crentes, o que estamos fazendo? Traçando nosso caminho da melhor maneira que podemos, nadando contra a correnteza, seguindo em uma direção exatamente oposta ao do resto da humanidade.

Alguns de vocês não são capazes de fazer isso — continuam sendo envolvidos, e por isso são varridos pela torrente. Mas o homem de Deus precisa nadar contra a correnteza. Ele não pode ser empurrado para trás — pelo contrário, está sempre pressionando para frente, sempre buscando avançar, contendendo por cada centímetro e tomando a decisão de não voltar atrás, venha o que vier. Recuar não é seu caminho; ele deve seguir em frente sempre insistindo na direção da cidade cujos fundamentos são firmes.[32]

---

[32] SPURGEON, C. H. "The Beloved Pastor's Plea for Unity" ["O apelo do Pastor amado por unidade"], *in Metropolitan Tabernacle Pulpit,* 39:512.

LIÇÕES DE LIDERANÇA DE SPURGEON

- **O verdadeiro líder está disposto a lutar por causa da coragem de suas convicções.** Quando se tratava de questões de liderança relacionadas ao pecado e a justiça, Spurgeon não cedia nem um milímetro. Se encontrasse algum erro, ele o confrontava. "Não podemos permitir que o pecado fique impune. Cedam em tudo quanto for pessoal, mas permaneçam firmes no que concerne à verdade e à santidade."

- **As pessoas são inspiradas quando seus líderes demonstram a disposição de arriscar tudo por suas crenças.** Billy Graham dizia: "A coragem é contagiosa". A congregação do Tabernáculo Metropolitano era fortalecida pelas posições corajosas que seu pastor assumiu em sua defesa do Evangelho.

- **Um líder é alguém decidido quando se trata de questões relacionadas à espiritualidade e à conduta cristã.** Por estar confiante de suas crenças doutrinárias e bem fundamentado nas Escrituras, Spurgeon estava disposto a lutar sozinho, se necessário, quando se tratava da causa da justiça.

- **Um líder precisa buscar a sabedoria e o discernimento que procedem de Deus ao confrontar o erro.** Um líder encara muitos desafios a suas crenças ao longo do caminho, e precisa descobrir por quais deles está disposto a lutar. Spurgeon escreveu: "Aprendam sempre a fazer a distinção entre coisas diferentes; [...] aprendam a julgar entre a verdade e suas imitações, e vocês não se desviarão".

- **A confiança baseada em princípios é formada no líder que está bem fundamentado em suas crenças teológicas.** O sistema de crenças de Spurgeon se baseava no calvinismo evangélico, que ele modificou apenas ao ponto de ser capaz de fazer um apelo mais amplo na pregação do Evangelho.

- **A complacência não pode ser tolerada quando se trata do conhecimento teológico de um líder.** Spurgeon cria que muitos erros poderiam ser evitados se a pessoa se tornasse competente e preparada em sua teologia. "Sejam bem instruídos em teologia, e não liguem para [...] aqueles que a criticam por serem ignorantes quanto a isso."

- **O líder cristão precisa ser bem resoluto em seu compromisso com a completa revelação redentora de Deus por meio das Escrituras Sagradas.** "Vocês precisam pregar o Evangelho integralmente. A omissão de uma doutrina, de uma ordenança ou de um preceito pode se revelar altamente prejudicial."

- **Lutar pela justiça é uma validação necessária da eficácia do ministério.** Spurgeon escreveu: "Permaneçam firmes na fé de uma vez por todas concedida aos santos, e não permitam que qualquer pessoa confunda você por meio de filosofias e enganos vãos".

- **É preciso grande força para encarar as fortalezas que se opõem à obra de Cristo.** Spurgeon acreditava que pessoas espiritualmente preparadas e que agem a partir de convicções sólidas podem não vencer todos os dias, mas serão as vencedoras definitivas da guerra.

8

COMPROMISSO:

ENSINANDO E SERVINDO DE MODELO DE DEVOÇÃO À FAMÍLIA

"Temos de ser o tipo de esposo que todo
marido da congregação tem como modelo. Isso acontece?
Temos de ser os melhores pais.
Infelizmente, até onde sei, alguns ministros estão longe disso,
pois, no que diz respeito a suas famílias, eles estão cuidando
de vinhas alheias, mas não das próprias vinhas."[1]

Um padrão pelo qual você pode medir a qualidade de um líder é o nível de prioridade que ele concede à família. Um líder cristão entende que uma das maneiras básicas de honrar Deus é honrando a própria família.

C. H. Spurgeon testemunhava que a fidelidade que mantinha à própria família se devia ao fato de que ele fora abençoado por ter nascido dentro de uma família cristã, à qual ele se referia como uma "herança piedosa".[2] Spurgeon não apenas entendeu os benefícios da herança recebida como também considerava como responsabilidade

---

[1] SPURGEON, *Lectures*..., 3:17.
[2] Diário pessoal, junho de 1850, *in* ... *Autobiography*, 1:142.

diante de Deus transmitir aquelas bênçãos à esposa e aos filhos. A devoção que ele dedicava à família era uma característica que complementava seu serviço a Deus.

Os líderes de hoje recebem muita pressão para demonstrar que mantêm bons relacionamentos familiares. O desafio é ter a mesma dedicação à família e ao ministério/à vocação. Alguns líderes tendem a uma dedicação sem fim às suas carreiras e vocações, frequentemente negligenciando o cônjuge e a família. São incontáveis as histórias sobre líderes que servem a si mesmos, sacrificando a família no altar do sucesso ministerial.

O PREÇO DO SUCESSO

Marilee Pierce Dunker, filha do fundador da Visão Mundial, Bob Pierce, escreveu sobre como seu pai escolheu seu ministério internacional, em vez da família, no livro *Days of Glory, Seasons of Night* [Dias de glória, temporadas de noite]. De maneira carinhosa, mas sincera, ela conta como seu pai misturava seus compromissos ministeriais com suas obrigações domésticas. Foi uma escolha difícil para Pierce, que estava gozando de enorme sucesso à medida que milhares de pessoas se decidiam por Cristo por intermédio de sua pregação missionária em vários países. No período de seu ministério crescente, porém, Pierce negligenciou sua família, ausentando-se com frequência, às vezes por dez meses seguidos. Com o tempo, isso lhe custou o casamento, uma de suas três filhas se suicidou e Pierce morreu solitário. Embora algumas pessoas possam considerar seu compromisso singular com o ministério como uma dedicação heroica, as fatalidades em seus relacionamentos familiares revelavam uma falta de dedicação a seus entes queridos mais próximos, cujos cuidados estavam sob sua responsabilidade. Pierce é um exemplo do que pode acontecer quando um líder negligente se deixa absorver de tal maneira com seu chamado pessoal a ponto de fracassar em seu ministério dentro da própria família.

Compromisso: Ensinando e servindo de modelo de devoção à família

Spurgeon identificou padrões semelhantes entre a liderança ministerial de seu tempo. Ele se decepcionava com a atitude de alguns de seus pares, tão egoisticamente escravizados pelo ego:

> Para eles, suas esposas existem; para eles, seus filhos nasceram; para eles, aparentemente tudo está em seu devido lugar no universo de Deus; e eles julgam todas as coisas de acordo com uma só regra: "De que maneira serei beneficiado com isso?". Esse é o começo e o fim de seu grande sistema, e eles esperam a revolução diária, senão de todos os corpos celestiais, certamente de todos os corpos terrenos que os cercam.
>
> O Sol, a Lua e as onze estrelas devem lhes prestar reverência. Bem, irmãos, trata-se de uma teoria surgida há tanto tempo quanto a terra existe, e não há nenhuma verdade nessa noção no que se refere a nós. Podemos acalentar a ideia errada, mas o público em geral não fará isso, e quanto antes a graça de Deus expulsar essa ideia, melhor para nós, de maneira que possamos assumir nossa posição apropriada em um sistema bem mais elevado que qualquer outro em que possamos, em algum momento, ser o centro.[3]

Spurgeon sabia que sempre há certos grupos de líderes que acreditam ser eles mesmos o centro do universo. Em seu sistema de autoexaltação, todas as demais coisas, inclusive a família, existem apenas para agradá-los. Suas esposas e seus filhos são colocados dentro de casa para satisfazer os caprichos deles e por pura conveniência. Tudo gira em torno do autocentrismo de tais líderes. Infelizmente, essa característica é predominante hoje em dia entre alguns líderes cristãos, assim como entre líderes não cristãos. Não é raro ver um líder famoso cair por causa de interesses pessoais que comprometem seu ministério. Vez por

---

[3] SPURGEON, *Lectures...*, 2:182–83.

outra, dada a arrogância e a presunção de alguns desses líderes cristãos autoproclamados, as pessoas se perguntam de quem é o reino que estão tentando construir.

A FAMÍLIA COMO PRIORIDADE

A primeira prioridade de um líder cristão não é ele mesmo; seu compromisso primário é com Cristo. Ele precisa derramar-se no altar diante de Deus e negar a si mesmo para seguir Jesus. A prioridade seguinte é com as pessoas que Deus colocou sob seus cuidados e seu teto. Ele tem um papel singular de proporcionar uma liderança temente a Deus às pessoas mais próximas dele — sua própria família. Sim, muitas demandas de fora do lar se apresentam na vida de um líder, mas ele tem de fazer uma escolha. A opção correta é priorizar seu compromisso com sua família. Deus o colocou como cabeça de seu lar, e ele tem de assumir essa responsabilidade espiritual e as funções práticas decorrentes dela.

Em seu livro *Rediscovering the Soul of Leadership* [Redescobrindo a alma da liderança], Eugene Habecker prescreve os seguintes antídotos para os líderes que estão preocupados com o relacionamento com a esposa e a família: tire férias regularmente, faça alguma coisa especial, renove espiritualmente seu casamento como uma jornada contínua, compartilhe seu mundo e forneça à sua família informações sobre a vida financeira.[4] Embora esses antídotos não forneçam um panorama total daquilo em que consiste uma família saudável, eles oferecem uma direção positiva para qualquer líder que busca orientação no que diz respeito a prioridades familiares. Mais do que qualquer outra coisa, os membros da família querem ter a certeza de que constituem uma prioridade especial na vida de seu cônjuge, ou pai/mãe.

Infelizmente, muitos livros atuais sobre liderança cristã oferecem poucos conselhos a respeito de formas específicas como um líder deve

---

[4] HABECKER, Eugene B. *Rediscovering the Soul of Leadership* [Redescobrindo a alma da liderança]. Wheaton, Ill: Victor, 1996, p. 48-53.

se relacionar com sua família. O que parece ser omitido ou desprezado é o papel essencial que um líder exerce em seu lar. A maneira como uma pessoa lidera em seu lar tem implicações diretas sobre como liderará em seu trabalho. Se esse líder for bem-sucedido primeiramente em casa, esse sucesso se seguirá em seu trabalho ou seu ofício. Se ele fracassar com sua família, definitivamente falhará em seu papel de liderança como um todo. Nem todo o sucesso do mundo consegue substituir o que um líder perde quando fracassa em sua responsabilidade fundamental de liderar sua família.

RECEBENDO UMA HERANÇA PIEDOSA

Uma herança piedosa é um grande ganho para o líder cristão. Aquele que se beneficiou da influência de uma criação cristã no lar possui uma grande vantagem no que diz respeito ao exercício do tipo certo de liderança sobre a própria família.

Os pais e avós de Spurgeon instilaram nele virtudes cristãs e um amor pelas coisas de Deus. Ele nasceu em 1834, primogênito de John e Eliza Spurgeon. Tanto seu pai quanto seu avô foram pastores congregacionais. Ainda jovem, Spurgeon passou por circunstâncias muito duras e dificuldades econômicas que criaram nele a necessidade de viver por muitos anos na casa de seus avós em Stambourne, algo que se provou providencial para ele.

O jovem Spurgeon morou com os avós durante a maior parte de seus primeiros cinco anos, e depois passou muitos verões com eles pelo restante de sua infância. Lá, sob a tutela do avô puritano, James Spurgeon, o jovem Charles foi iniciado nos ensinamentos dos puritanos. Começou com uma apresentação ao livro *O peregrino*, de John Bunyan, e continuou com outras grandes obras. Seus avós o adoravam, por isso o disciplinaram, amaram e orientaram nos caminhos de Deus. Ainda tinha pouca idade quando lhe foi permitido ler as Escrituras nos cultos domésticos, e frequentemente parava para fazer perguntas ao avô sobre passagens bíblicas difíceis. Spurgeon relatou o horror que sentiu quando seu avô compartilhou sua interpretação do "abismo sem fundo":

> Há um abismo profundo, e a alma está caindo nele — oh! Como é rápida a queda! Lá se foi! O último raio de luz no alto do abismo desapareceu, e continua caindo... caindo... caindo... e continua caindo... caindo... caindo... caindo por mil anos. [...] A alma nunca mais para de cair, cada vez mais fundo [...] dentro do abismo que não tem fim. É uma angústia sem fim, sem esperança de um dia terminar!⁵

A representação vívida do inferno criada pelo avô deixou uma marca indelével na mente receptiva do jovem Spurgeon, mostrando o horror do pecado e suas consequências eternas.

Uma sucessão de ministérios familiares

A herança espiritual que recebeu foi de grande importância para a vida do jovem Charles. Ele se orgulhava do fato de fazer parte de uma longa linhagem de ministros, alguns dos quais haviam sofrido dificuldades e perseguição por causa de sua fé. Ele se gabava: "Com certeza, eu preferiria ser descendente de alguém que tivesse sofrido em nome da fé do que ter o sangue de todos os imperadores correndo em minhas veias".⁶ Embora haja algumas evidências de que ele tenha descendido de alguns dos heroicos nórdicos, Spurgeon se orgulhava mais do fato de que sua ancestralidade incluía os protestantes que tinham fugido da perseguição católica na Europa durante o século 17 e buscado refúgio na Inglaterra. Entre eles havia um tal de Job Spurgeon, que foi preso inúmeras vezes por causa de suas convicções não conformistas. Spurgeon se identificava com seu ancestral:

---

⁵ SPURGEON, ... *Autobiography*, 1:20.
⁶ Id., p. 11.

> Em minhas temporadas de sofrimento, frequentemente imaginei ser esse Job moderno no cárcere de Chelmsford, e agradeci a Deus por carregar o mesmo nome desse Spurgeon perseguido de duzentos anos atrás. [...] Às vezes, sinto a sombra da orla larga de sua veste cobrindo meu espírito. A graça não está vinculada aos laços familiares, mas, ainda assim, o Senhor se deleita em abençoar por mil gerações. Há um doce proveito na passagem de uma lealdade santa de um avô ao pai, e do pai ao filho.[7]

O futuro do jovem Charles e de sua grande influência como ministro do evangelho foi profetizado quando um pregador famoso chamado Richard Knill visitou Stambourne certa ocasião. Ele passou uma boa parte do tempo com Charles e anunciou que aquele garoto cresceria para pregar o Evangelho às maiores congregações do mundo. Sua profecia foi cumprida mais tarde, quando Spurgeon seguiu o chamado que o levou a se tornar um ministro renomado do evangelho. Como alguns pastores de hoje, que levam a vantagem de possuir uma herança piedosa, Spurgeon foi afortunado por receber um fundamento sólido nos caminhos do Senhor que o serviu bem pelo resto da vida.

O LÍDER COMO MODELO FAMILIAR

Spurgeon cria que uma das razões pelas quais muitos operários não seguiam a liderança de seu pastor na igreja era porque eles não acreditavam que seus líderes eram "homens de verdade". Spurgeon incentivou os pastores a serem homens capazes de demonstrar sua humanidade de uma maneira autêntica:

> Estou convencido de que uma das razões pelas quais nossos trabalhadores, de maneira geral, procuram se manter longe dos ministros é porque eles abominam o jeito artificial e fingido

---

[7] Id., p. 11-12.

> como os pastores se comportam. Se nos vissem, no púlpito ou fora dele, agindo como homens de verdade e falando naturalmente, como homens honestos, eles se aproximariam de nós. [...] Precisamos demonstrar humanidade ao lado de nossa divindade se queremos ganhar as massas. Todo mundo consegue perceber nossas afetações, e as pessoas provavelmente não serão convencidas por elas.[8]

Spurgeon estava tratando da imagem excessivamente delicada pela qual muitos ministros se apresentavam ao trabalhador comum. Do alto do púlpito, os sacerdotes estavam oferecendo frivolidades travestidas de piedade em uma linguagem melosa que não se conectava com o homem das ruas. Eles raramente falavam com honestidade sobre as questões reais que a classe trabalhadora e suas famílias estavam vivendo. Ao mesmo tempo, Spurgeon acreditava que os membros da igreja estavam procurando por um exemplo masculino de temor a Deus tanto no púlpito quanto em casa. Aquele líder precisa ser, no lar, a mesma pessoa que é quando está na presença do público. É muito frequente ver a imagem pública e a da vida privada tão diferentes a ponto de parecer duas pessoas diferentes. Spurgeon alertava aqueles que achavam que poderiam negligenciar a conduta privada no ambiente do lar: "Não nos é suficiente mantermos nossa reputação pública entre as criaturas com quem convivemos, pois nosso Deus pode ver além das paredes; Ele nota nossa frieza em nossas relações mais próximas e percebe nossos erros e fracassos com a família".[9]

C. H. Spurgeon era um modelo consistente de cristão diante de sua família, assim como era diante da igreja e das outras pessoas que apoiavam seus ministérios. Mas ele nunca considerou isso como uma tarefa fácil:

---

[8] SPURGEON, *Lectures...*, 1:185.
[9] Id., 2:72.

Compromisso: Ensinando e servindo de modelo de devoção à família

> Vocês acham fácil, meus irmãos, sermos santos — desse tipo que outras pessoas podem olhar para vocês e dizer que são exemplos de santidade? Temos de ser o tipo de esposo que todo marido da congregação tem como modelo. Isso acontece? Temos de ser os melhores pais. Infelizmente, até onde sei, alguns ministros estão longe disso, pois, no que diz respeito a suas famílias, eles estão cuidando de vinhas alheias, mas não das próprias vinhas. Seus filhos são negligenciados e não crescem como uma semente divina. É assim também com os seus? Em nossas conversas com nossos companheiros, somos puros e inofensivos, os filhos de Deus irrepreensíveis? É assim que devemos ser.[10]

Modelo de devoção e oração

O líder precisa estabelecer o exemplo de devoção e oração no lar. Um amigo bem chegado comentou sobre a vida de oração de Spurgeon:

> Suas orações em público eram uma inspiração, mas suas orações com a família eram para mim ainda mais maravilhosas. Quando se curvava diante de Deus em oração familiar, o senhor Spurgeon parecia um homem ainda maior do que aquele que deixava milhares de pessoas fascinadas com sua oratória.[11]

A senhora Spurgeon relembrou:

> À mesa do chá, as conversas eram brilhantes, inteligentes e sempre interessantes; e depois de servida a refeição, parava-se tudo para o estudo e o louvor familiar, e era nesses momentos que as orações de meu amado eram memoráveis por sua

---

[10] Id., 3:17.
[11] DALLIMORE, Arnold. *C. H. Spurgeon*. Chicago: Moody, 1984, p. 121.

> ternura como a de uma criança, por seu poder de nos mobilizar espiritualmente e por sua devoção intensa. Ele parecia se aproximar tanto de Deus quanto uma criancinha se aproxima de um pai amoroso, e éramos frequentemente levados às lágrimas quando ele falava assim, face a face com seu Senhor.[12]

Spurgeon dizia aos pastores como eles deveriam servir de exemplo: "Ele ora como um marido e um pai; ele se esforça para fazer com que devocionais familiares sejam como modelo para seu rebanho".[13] Muitos líderes hoje em dia abandonaram cultos devocionais familiares, mas o tempo de qualidade com a família em volta da Palavra de Deus é essencial para a pessoa que busca liderar sua família no que se refere a questões espirituais.

Um líder cristão deve procurar orientar seus filhos na fé em Cristo. Spurgeon lamentava a negligência dos pais na condução de seus filhos na questão mais importante da vida. Ele compartilhou o caso a seguir, que mostra as terríveis consequências de um pai que não levou a sério seu papel:

> Ouvi falar de algumas pessoas que tinham objeções no que se refere a trabalhar pela conversão de seus filhos, baseadas no argumento de que Deus mesmo se encarregaria de salvá-los sem qualquer esforço de nossa parte. Lembro-me de fazer um homem que sustentava essa visão estremecer quando lhe falei de um pai que nunca ensinava o filho a orar, e sequer o instruía sobre o significado da oração. Ele achava que isso era errado, e que esse tipo de trabalho deveria ser deixado com o Espírito Santo. O garoto caiu e quebrou a perna, que teve de ser amputada; e durante o tempo todo que durou a cirurgia, o menino ficava xingando e amaldiçoando tudo da maneira mais terrível.

---

[12] SPURGEON, ... *Autobiography*, 4:66.
[13] Ibid.

Compromisso: Ensinando e servindo de modelo de devoção à família

> O bom cirurgião falou ao pai do jovem: "Veja bem, você não quis ensinar seu filho a orar, mas o Diabo evidentemente não viu problema em ensiná-lo a praguejar". Aí está o prejuízo disso: se não fizermos o melhor possível para levar nossos filhos a Cristo, há outro que vai dar o pior de si para arrastá-los para o inferno.[14]

Por outro lado, Spurgeon se alegrava em ver o fruto de suas obras espirituais entre seus próprios filhos. Ele relatou como foi a conversão de seus gêmeos:

> Como pais, nosso coração não transborda quando descobrimos que nossos filhos buscam o Senhor? Aquela foi uma noite feliz, um tempo a ser lembrado, quando fomos chamados por eles para ouvir sua história triste e oferecer-lhes uma palavra de conforto. Quando eles vieram a este mundo nós ficamos felizes, mas quando nasceram de novo para Jesus, ficamos duplamente felizes. Desde então, não ficamos frequentemente alegres ao vê-los úteis no serviço ao Salvador? Foi um prazer extraordinário ouvi-los falar pela primeira vez no nome do Redentor; e tem sido um prazer ainda maior saber que Deus tem usado o ministério deles na conversão de almas. Nem todos os pais gozam dessa forma particular de alegria; mas eu a tenho sentido em alto nível, e por isso eu louvo o Nome do Senhor. Todos vocês têm sentido grande deleite na conversão de seus filhos, quando seu filho resistiu à tentação ou sua filha se manteve fiel quando precisou enfrentar calúnias. Ninguém pode descrever a alegria compartilhada entre os vários membros de uma família de crentes; eles se alegram um com o outro e, consequentemente, eles se alegram em Deus. Quão louvável é para vocês, pais, reviver em seus filhos e marchar mais uma vez na guerra santa

---

[14] Id., *Lectures...*, 2:57.

com o zelo vigoroso de alguém a quem ainda podem chamar "meu filho" ou "minha filha"! Ah, meus amigos, eu sinto, neste momento, por experiência própria, que minha alegria chega às bordas da taça de minha vida. Perdoem-me se paro aqui para enaltecer o Senhor. Por poucas vezes na vida passei uma longa temporada sem sofrimento, mas ninguém que já tenha nascido poderia ter sido mais grandemente favorecido em termos de alegria doméstica quanto eu tenho sido.[15]

Nada proporcionou ao aclamado pastor mais alegria do que ver os próprios filhos seguindo seus passos por causa de sua fé em Cristo.

ORIENTANDO OS FILHOS NA FÉ

Um líder cristão busca ser o mentor de seus filhos nos assuntos da fé. Spurgeon procurava fazer apenas isso com seus dois filhos, Thomas e Charles. Spurgeon era extremamente apaixonado pelos filhos e desenvolveu um relacionamento amoroso com eles. Cultos devocionais familiares eram realizados regularmente, como pode ser visto nos comentários registrados por Thomas: "O culto familiar era um item muito agradável das obrigações de cada dia".[16] Spurgeon normalmente conduzia os cultos devocionais, e Thomas destacava que "seus comentários espontâneos e suas maravilhosas orações eram, de fato, uma inspiração".[17]

Spurgeon costumava levar os meninos a passeio quando o tempo e sua saúde permitiam. Eles se aventuravam nos lindos vales ingleses, fazendo longas caminhadas e compartilhando a refeição que levávamos numa cesta. Thomas relembrava: "Almoçamos sob as árvores, ouvindo os pássaros cantando para nós. Não é de se estranhar, portanto, que o

---

[15] SPURGEON, ... *Autobiography*, 3:251-352.
[16] Id., 4:4.
[17] Ibid.

fogo da poesia se acendesse e C.H.S. desse espaço para se deleitar em versos improvisados".¹⁸

Vez por outra, os garotos acompanhavam Spurgeon ao continente europeu, onde eles, às vezes, o assistiam em ciceronear outras pessoas que os acompanhavam nessas viagens. Ele adorava as conversas e as interações em que seu pai se envolvia com os hóspedes nos hotéis, e aprenderam muito com a capacidade que o pai possuía de discursar com tantos diferentes tipos de pessoa.

Tanto Thomas quanto Charles receberam o chamado para o ministério vocacional e se tornaram pastores. Charles permaneceu em Londres por todo o tempo de seu ministério. Thomas, porém, veio a ser o mais notável dos dois filhos. A partir do reconhecimento de seus dons pastorais, ele recebeu um chamado para ir para bem longe de casa, à Austrália e à Nova Zelândia, onde ministrou com eficácia por muitos anos. Thomas retornou a Londres em 1894, logo após a morte de seu pai, para sucedê-lo como pastor do Tabernáculo Metropolitano. Como acontece com os filhos de muitos pastores famosos, foi difícil para Thomas seguir os passos do pai e corresponder às altas expectativas que foram colocadas sobre ele. Seu ministério foi digno, mas nunca chegou a se equiparar com o de seu pai.

Influência positiva em relação a Deus

Quando se trata dos filhos, líderes têm uma grande responsabilidade. Eugene Habecker incentiva líderes a seguirem estas recomendações no que se refere aos filhos: ser flexível, encontrar interesses em comum, separar família e trabalho, enfatizar os aspectos positivos da liderança e planejar para longo prazo.¹⁹ A perspectiva de Spurgeon incluía a paciência: "Pais de verdade são pacientes. Eles não esperam encontrar cabeças velhas sobre ombros jovens. Eles possuem a

---

¹⁸ Id., 4:6.
¹⁹ HABECKER, *Rediscovering...*, p. 53-57.

habilidade de esperar até amanhã, pois o tempo traz consigo muitos ensinamentos".[20]

Em *An All-Round Ministry* [Um ministério abrangente], Spurgeon alertava líderes cristãos sobre a responsabilidade que acompanha o papel de pai. "A relação parental é algo que requer muito de nós." Ele prosseguia, aconselhando os líderes a anunciarem o papel paterno em seus ministérios:

> Um pai deve ser um homem estável e estabelecido; o pai espiritual é cheio de carinho; um pai de família geralmente considera sua autoridade como algo que sugere mais uma autonegação superior do que uma autoafirmação; um pai precisa ter sabedoria; ele tem de conhecer a pesada responsabilidade da paternidade em relação a seus filhos.[21]

Spurgeon demonstrou o tipo de amor que tinha por seus filhos em uma carta que escreveu a "Charlie" quando seu filho estava prestes a deixar a escola e começar uma carreira:

> ... Tenho muita esperança em relação a você; e se sinto alguma ansiedade, é porque amo tanto você que desejo que obtenha um sucesso maior do que qualquer outro jovem. Acredito que você ame o Senhor, e isso é o principal; o passo seguinte é: mantenha-se firmado *nisso*.
>
> Deixe as coisas de criança de uma vez por todas e se empenhe no trabalho. Não será agradável, e talvez possa até se tornar uma coisa penosa, mas quanto mais arduamente você trabalhar, a princípio, menos você terá de fazer ao fim da vida. Os tempos andam tão exigentes que você precisa dispender todas as suas energias; e acima de tudo, precisa tomar cuidado e ser

---

[20] SPURGEON, *An All-Round...*, p. 240.
[21] Id., p. 239-246.

muito perseverante; e então, com a bênção de Deus, logo você ocupará uma posição que dará orgulho a seu pai e sua mãe.[22]

Ele incentivou os filhos a seguir seu chamado ministerial e elogiou seus esforços, como visto no bilhete a seguir, enviado a Charles:

> Meu filho querido,
> Receber seu bilhete foi um momento de muita alegria para mim. Que bom companheiro você é! Minha vida fica ainda melhor ao vê-lo tão firme na fé dos eleitos de Deus. Não me admiro pelo fato de as galinhas se reunirem em volta daquele que os oferece milho de verdade, e não apenas palha. Que o Senhor o mantenha cada dia mais fiel à verdade, e você verá a mão dele estendida sobre sua vida mais e mais! Suas pequenas resenhas de livros são excelentes; curtas e vigorosas, melhores do que meia página de textos vazios e prolixos. Você deve fazer tantas quanto desejar, pois ninguém consegue fazer isso tão bem ou melhor.[23]

Tanto Thomas quanto Charles adoravam o pai e procuravam agradá-lo através do ministério. É grande a alegria de um líder que vive para ver seus filhos seguindo seus passos. Não existe prazer maior do que ver que a vida e o ministério de um pastor deixaram esse tipo de marca e impacto sobre seus filhos. É, certamente, uma das maiores bênçãos da terra.

COMPARTILHANDO O MINISTÉRIO COM A FAMÍLIA

Um líder que compartilha as responsabilidades inerentes à sua liderança com os membros da família pode receber uma enorme bênção.

---

[22] SPURGEON, ... *Autobiography*, 3:247.
[23] Id., 257.

O irmão de Spurgeon, James, se tornou parte integral de seu ministério como pastor associado, aliviando o irmão de muitos dos fardos pastorais que poderiam ser confiados a ele sem receio.

James Archer Spurgeon passou a ser pastor associado de Charles no Tabernáculo Metropolitano em 1868, e permaneceu naquele cargo até a morte do irmão, em 1892. James serviu naquela congregação ao mesmo tempo em que trabalhou como pastor em outra igreja em Londres. Ele se tornou um recurso de valor incalculável para seu irmão mais famoso, e o relacionamento dos dois era de forte afeto e lealdade.

De fato, James assumiu a administração de muitos dos ministérios pastorais que o irmão lhe havia delegado. Charles dirigia, mas James fornecia a lealdade e a consistência ministerial que permitia ao irmão viajar, pregar e se ausentar por longos períodos para se recuperar durante e depois de alguma doença. Ao oferecer o cargo a James, os anciãos escreveram a ele:

> Pedimos sua ajuda principalmente no trabalho pastoral, visitando os doentes, atendendo os interessados, participando de todas as reuniões da igreja e com outras atividades desse tipo, que normalmente recaem em abundância sobre o pastor. Seu irmão tem muitas grandes obras em suas mãos, e o senhor já o tem ajudado de maneira tão eficiente em nossa faculdade e no orfanato que temos certeza de que fará o mesmo em todas as outras coisas, garantindo a ele essa assistência fraterna que ele pode vir a requerer de tempos em tempos. Nossa oração sincera é de que o senhor possa ser uma grande bênção sobre nós, liderando toda a igreja tanto por seu exemplo quanto por seus valores, na trilha do trabalho diligente para o Senhor, que nos redimiu por intermédio de seu sangue tão precioso.[24]

---

[24] SPURGEON, ... *Autobiography*, 36.

Compromisso: Ensinando e servindo de modelo de devoção à família

Durante um dos períodos de ausência de Spurgeon devido a alguma doença, os oficiais da igreja escreveram a ele, assegurando-o quanto à contribuição do ministério de seu irmão: "Nosso co-pastor, seu irmão amado, está trabalhando entre nós durante sua ausência com zelo incansável e sucesso cada vez maior. Ele cresce a cada dia em nossa afeição e nossa estima; e louvamos a Deus por lhe conceder um ajudador tão fiel na obra que o Senhor lhe confiou".[25]

Durante a chamada "Controvérsia do Declínio", James coincidentemente era membro do Conselho da União Batista, com quem Spurgeon estava enfrentando um desentendimento. James parecia incapaz de ver os desdobramentos de algumas das iniciativas oficiais tomadas pela União Batista com relação a seu irmão. Quando a controvérsia atingiu seu clímax, durante a assembleia anual da organização, James endossou uma moção contra o irmão e o conflito que se instalara. Infelizmente, Charles interpretou o voto positivo quase unânime como uma censura pessoal. No entanto, não guardou qualquer rancor quanto a James por seu envolvimento naquele infeliz rumo dos acontecimentos, e o relacionamento dos dois permaneceu sólido ao longo daqueles tempos turbulentos.

Depois da morte de Charles, James se tornou pastor interino do Tabernáculo Metropolitano e permaneceu no cargo até seu sobrinho ser chamado para ser o pastor presidente, dois anos depois. Spurgeon corroborou o ministério e o ensino do irmão em um de seus discursos anuais na Faculdade de Pastores:

> Eu amo a bondade de Deus, que me enviou um companheiro e ajudador tão querido e eficiente quanto meu irmão na carne e no Senhor, J. A. Spurgeon. Seu trabalho me aliviou grandemente da ansiedade, e suas qualificações acadêmicas excepcionais trataram de elevar o tom das instruções dadas.[26]

---

[25] Id., 208.
[26] Id., 112-113.

Abençoado é o líder capaz de dividir as responsabilidades ministeriais com familiares tão capazes e dignos de confiança.

PARCERIA ENTRE MINISTÉRIO E VIDA CONJUGAL

Líderes cristãos que vivem uma parceria com seus cônjuges podem alcançar realização mútua por meio de colaborações no ministério. Embora tivesse a saúde comprometida por boa parte de sua vida adulta, Susannah, esposa de Spurgeon, iniciou ministérios que não apenas lhe deram um grande senso de realização pessoal, como também complementaram o ministério pastoral do marido. Isso é algo que se espera quando entendemos que Susannah Spurgeon foi o amor da vida inteira de Charles. Ele escrevia com frequência a respeito de seu amor por ela:

> Pense no amor que concedeu a mim aquela dama tão querida como esposa e que fez dela uma esposa tão maravilhosa; para mim, a mulher ideal, e acredito, sem exagero ou floreios, da forma precisa pela qual Deus poderia ter criado uma mulher para um homem como eu, se Ele a designou para ser a maior de todas as bênçãos terrenas para o homem.[27]

Eles se conheceram durante o primeiro ano de seu ministério em Londres. Susannah se converteu a partir da pregação de Charles, que a batizou. Pouco depois, eles se casaram. Assim teve início uma vida de doce devoção e fidelidade marital que se estendeu por toda a vida deles. Spurgeon refletiu sobre a bênção que era a qualidade do relacionamento entre os dois:

> O matrimônio surgiu no Paraíso, e é para ele que nos conduz. Antes de me casar, eu não tinha a metade da felicidade que o

---

[27] SPURGEON, ... *Autobiography*, 2:21.

casamento me proporcionou e tenho agora. Quando você se casa, a felicidade começa. Permite que o marido ame sua esposa como ama a si mesmo, e ainda um pouco melhor, pois ela é a melhor metade. Ele deve se sentir assim: "*Se* há pelo menos uma boa esposa no mundo inteiro, é a minha".[28]

Esposas de pastores têm uma árdua tarefa, e era muito mais difícil para a esposa do pastor do Tabernáculo Metropolitano. Spurgeon descreveu as dificuldades e os privilégios da esposa de um pastor na ocasião do casamento de seu filho:

> Se eu fosse uma jovem mulher e estivesse pensando em me casar, eu não faria isso com um ministro, porque o cargo de esposa de pastor é muito difícil para qualquer pessoa ocupar. As igrejas não dobram o salário de um pastor casado — um para ele, outro para a mulher dele; mas, em muitos casos, solicitam os serviços da esposa, pagando ou não um salário a ela. Espera-se que a esposa do pastor saiba tudo sobre a igreja e, ao mesmo tempo, não deve saber nada a respeito dela; ela é igualmente responsabilizada por algumas pessoas, seja por saber tudo ou não saber nada. Os deveres dela consistem em estar *sempre em casa* para atender o marido e sua família, e *sempre fora*, visitando outras pessoas e fazendo toda sorte de coisas para a igreja toda! Bem, é claro que isso é impossível; ela não pode estar disponível para as demandas de todos nem pode esperar agradar todo mundo. [...] As dificuldades surgem o tempo inteiro nas mais bem administradas igrejas; e a posição de esposa de ministro é sempre muito desafiadora. Ainda assim, penso eu, se eu fosse uma jovem cristã, eu me casaria com um ministro cristão, se pudesse, porque se abre uma oportunidade de fazer

---

[28] Id., 187.

tantas coisas boas ao ajudá-lo no serviço de Cristo. É de grande ajuda à causa de Deus manter o próprio pastor em boas condições para seu trabalho. É dever da mulher do ministro garantir que ele não esteja desconfortável em casa, pois, se tudo no lar é alegria e livre de preocupações, ele pode concentrar todos os seus esforços na preparação para ocupar o púlpito; e a mulher de Deus, que, ao agir assim, ajuda o marido a pregar melhor, é ela mesmo uma pregadora, ainda que nunca fale em público, e alcança o mais alto grau de utilidade para aquela parte da Igreja de Cristo que está sob a responsabilidade de seu marido.[29]

A parceria de Susannah Spurgeon

Susannah Spurgeon ofereceu grande apoio emocional ao marido ao longo do casamento. De várias maneiras, foi a esposa ideal de um pastor. Ela dedicou muito de seu tempo para o ministério do esposo. Ela guardava todos os novos recortes de notícias e artigos de Spurgeon em cadernos que compunham um relato completo das muitas atividades a que ele se dedicou durante seu ministério ilustre.

Spurgeon viajava muito, o que significava estar frequentemente longe de sua jovem esposa. Ela ficava andando de um lado para outro durante a noite, orando para que ele retornasse em segurança, e ficava sempre aliviada e feliz ao ouvir o barulho da porta anunciando que o marido estava em casa. Certa ocasião, ela desabou em lágrimas por causa de um compromisso distante que Spurgeon tinha de cumprir. O jovem pastor a relembrou do episódio dos israelitas oferecendo seus cordeiros a Deus no altar, e que aqueles sacrifícios eram oportunidades de júbilo, não de tristeza. Ele fez uma pergunta a ela: "Você está me oferecendo a Deus ao me deixar ir pregar o Evangelho aos pobres pecadores, e acha que Ele gosta de vê-la chorar por causa desse sacrifício?".

---

[29] SPURGEON, ... *Autobiography*, 276-277.

Susie, como ele a chamava afetuosamente, ponderou as palavras dele e, mais tarde, declarou: "Eu mergulhei fundo em meu coração, buscando conforto; e dali em diante, quando me separava dele, as lágrimas raramente se permitiam ver".[30] Se uma gota de lágrima furtiva surgisse, Spurgeon dizia: "O quê? Chorando por seu cordeiro, esposinha?". E esse lembrete rapidamente secava seu rosto e colocava um sorriso em seu lugar.

Problemas de saúde desafiadores

A esposa de Spurgeon padeceu de várias doenças ao longo de sua vida e ficava constantemente confinada à sua casa, sofrendo. No entanto, independentemente de suas restrições de ordem física, ela continuava a trabalhar em seus cadernos e mantinha sua vida de oração ativa pelo ministério da igreja. Embora Spurgeon se ausentasse muitas vezes, ele se mantinha ao lado dela tanto quanto fosse possível.

> Meu marido amado, sempre tão completamente engajado nas coisas de seu Mestre, ainda assim tratou de assegurar muitos momentos preciosos ao meu lado. Quando ele me contava sobre como a obra do Senhor estava prosperando por intermédio de suas mãos, e de como estava angariando solidariedade, ele me confortava em meu sofrimento, e eu o alegrava em seu trabalho.[31]

Muitas vezes, quando Spurgeon ia a Mentone para se recuperar das longas crises de gota, Susannah tinha de permanecer em Londres. Eles escreviam um ao outro o tempo todo e mantinham sua comunicação ativa durante aqueles períodos de separação.

---

[30] RAY, Charles. *Mrs. C. H. Spurgeon* [Senhora C. H. Spurgeon]. Londres: Passmore & Alabaster, 1903, p. 123.
[31] SPURGEON, ... *Autobiography*, 3:156.

Susannah podia não ter um coração muito forte quando se tratava da saúde pessoal, mas ela se recusava a permitir que isso prevalecesse sobre sua vida. Ela orava por algum papel vital que pudesse cumprir no ministério abrangente do marido. Ela sentiu a orientação do Senhor para estabelecer um ministério chamado Fundo do Livro, que abençoou muitos pastores e leigos. Começou com um desafio, a partir da publicação de *Lectures to my Students* [Palestras a meus alunos], de Spurgeon, em 1875, de colocar aquela obra nas mãos de todos os pastores na Inglaterra. Usando todo o dinheiro que ela havia economizado para uma ideia tão especial, ela estabeleceu o Fundo do Livro. Através de doações e contribuições adicionais, o fundo cresceu e, como resultado, foram fornecidos livros cristãos a muitos ministros pobres, que aumentaram a eficiência de seus ministérios. Da mesma forma, ela deu início à Associação de Colportores, que distribuía livros e outros recursos para o ministério nas áreas rurais do país.

Como todos os demais casais, os Spurgeons, sem dúvida, tiveram momentos de discordância dentro do lar. No entanto, era tão grande seu amor e seu compromisso um com o outro que eles forneceram um exemplo brilhante para outros casais de sua igreja e da comunidade.

UM PAI PARA OS ÓRFÃOS

Spurgeon era uma figura paterna para muitos dos membros do Tabernáculo Metropolitano. Pelo fato de muitos deles terem sido atraídos à fé por intermédio de seu ministério, ele considerava seu papel ser uma espécie de pai espiritual daquelas pessoas.

O nível de afinidade que Spurgeon sentia pela família ficava evidente em seu desejo de ser um "pai para os órfãos". Como Londres e as áreas em volta da cidade tinham muitas crianças órfãs, era muito grande a necessidade de um lar para elas. Spurgeon havia se inspirado no trabalho de George Müller com os órfãos em Bristol e estabeleceu o mesmo desafio para seu povo no Tabernáculo Metropolitano. Através da oferta inicial de uma grande soma de dinheiro por parte de uma senhora de sua igreja, a idealização de um orfanato se tornou realidade. Como Spurgeon estava convencido de que as crianças precisavam de famílias, ele construiu o prédio de tal maneira que as crianças não eram colocadas em grandes dormitórios juntas; em vez disso, cada uma delas era colocada em uma unidade familiar com uma "mãe" cristã incumbida de cuidar delas.

> Crianças precisam de algo além de um teto e quatro paredes para abrigá-las; elas desejam um lar onde as virtudes de um caráter cristão possam ser cultivadas e desenvolvidas. Quando uma instituição é adaptada tanto quanto possível para compensar a perda da influência e do controle parental, um elemento essencial de sucesso é garantido.[32]

Natal no orfanato

O Orfanato Stockwell se transformou na instituição em que Spurgeon se tornaria um pai substituto para muitas crianças sem lar. Todo Natal, com raras exceções, ele passava o dia no orfanato, onde a alegria de sua família estendida produzia grande bênção para sua vida e para a das crianças. A influência de Spurgeon sobre crianças sem lar continua até o dia de hoje, pois milhares de órfãos passaram por aquela instituição para se transformarem em cristãos e cidadãos produtivos.

Spurgeon também estendeu sua paternidade aos alunos da Faculdade de Pastores. No prefácio de um de seus livros, o editor escreveu o seguinte sobre a conferência anual, na qual Spurgeon sempre fazia o discurso presidencial:

> O senhor Spurgeon sempre considerou a semana da conferência como uma das mais importantes de todo o ano, e dedicava

---

[32] CUNNINGHAM, Burley A. *Spurgeon and His Friendships* [Spurgeon e suas amizades]. Londres: Epworth, 1933, p. 106.

muito tempo, e muita consideração, e muito cuidado e muita oração à preparação de seu discurso para as centenas de ministros e alunos que, então, reuniam-se vindos de todas as partes do reino e também de terras distantes. Cercado pelos filhos na fé, muitos dos quais eram seus filhos espirituais, e todos felizes por chamá-lo de presidente, líder, irmão, amigo, ele falou com uma liberdade e uma simplicidade impossíveis de superar, ou mesmo difícil de igualar, em qualquer outra assembleia. E os discursos por si forneciam evidências abundantes da responsabilidade solene que ele sentia ao falar para aquela audiência, e da fidelidade com a qual ele se desincumbiu de tal tarefa.[33]

C. H. Spurgeon via o papel do líder familiar como algo que começava em casa e, em seguida, se estendia a outras áreas do ministério. Ele realizou tantas coisas porque amava os membros de sua igreja, seus alunos e seus órfãos como se fossem sua própria família querida. Ele aconselhou outros pastores: "Sejam para seu povo como um pai entre seus filhos, ou como um irmão mais velho entre seus irmãos, de tal maneira que vocês possam ser um veículo de bênçãos sobre a vida deles e, ao mesmo tempo, combater o mal da desintegração".[34]

Em um tempo no qual vemos tanta desintegração nas famílias, não apenas na dimensão secular, mas também na igreja, os líderes precisam renovar seu compromisso com as próprias famílias. À medida que eles se dedicarem aos próprios entes queridos, Deus os capacitará a estender sua família ministerial para além das quatro paredes de suas casas. Através do exemplo, do compromisso, da disciplina e de um amor duradouro, um líder pode ampliar sua influência para incluir muitos aos quais ministra como um pastor no Corpo de Cristo.

---

[33] SPURGEON, *An All-Round Ministry*, preâmbulo nº 1.
[34] Id., p. 108.

LIÇÕES DE LIDERANÇA DE SPURGEON

- **O líder que prioriza o compromisso com sua família honra o Deus a quem serve.** Spurgeon dirigiu grande atenção e dedicação a sua família, como fica evidente nos testemunhos registrados em sua autobiografia. Sua esposa e seus filhos cresceram no amor e no serviço ao Senhor graças a sua influência.

- **Uma herança piedosa é uma grande vantagem para o líder cristão.** Spurgeon foi abençoado por ter nascido e sido criado em uma família que instilou nele as virtudes cristãs e o amor pelas coisas de Deus.

- **Um líder que compartilha sua liderança com a família pode receber uma enorme bênção.** James, irmão de Spurgeon, tornou-se parte integral de seu ministério como pastor associado, aliviando-o de muitos dos fardos pastorais que poderiam ser facilmente confiados a ele.

- **Pastores cristão que fazem parceria com suas esposas podem aproveitar as oportunidades ministeriais juntos.** Embora tenha sido uma pessoa doente por parte considerável de sua vida adulta, Susannah, esposa de Spurgeon, iniciou ministérios que proporcionaram a ela uma realização pessoal e complementaram o ministério pastoral do marido.

- **Um líder cristão procura orientar seus filhos na fé.** Spurgeon aproveitou todas as oportunidades que lhe foram oferecidas para influenciar positivamente seus filhos, como fica evidente em um trecho de uma carta a Charles: "... Tenho muita esperança em relação a você. [...] Acredito que você ame o Senhor, e isso é o principal; o passo seguinte é: mantenha-se firmado *nisto*. [...] Os tempos andam tão exigentes que você precisa dispender todas as suas energias; e acima de tudo, precisa tomar cuidado e ser muito perseverante; e então com a bênção de Deus, logo você ocupará uma posição que dará orgulho a seu pai e sua mãe."

- **Um líder precisa ser a mesma pessoa em casa que é na vida pública.** "Não nos é suficiente mantermos nossa reputação pública entre as criaturas com quem convivemos, pois nosso Deus [...] nota nossa frieza em nossas relações mais próximas e percebe nossos erros e fracassos com a família."
- **O líder precisa estabelecer o exemplo de dedicação e oração em casa.** "Ele ora como um marido e um pai; ele se esforça para fazer com que devocionais familiares sejam como modelo para seu rebanho."
- **Líderes cristãos devem procurar conduzir seus filhos à fé em Cristo.** "... Se não fizermos o melhor possível para levar nossos filhos a Cristo, há outro que vai dar o pior de si para arrastá-los para o inferno."
- **A influência paterna de um líder se estende para além de sua casa, para alcançar aqueles que estão sob sua liderança.** "Sejam para seu povo como um pai entre seus filhos, [...] de tal maneira que vocês possam ser um veículo de bênçãos sobre a vida deles e, ao mesmo tempo, combater o mal da desintegração."

9

CRIATIVIDADE:

PREGAÇÃO, MÉTODOS E INOVAÇÕES MINISTERIAIS

> "Não tenho muitos escrúpulos em relação aos meios de que me valho para fazer o bem. [...] Eu pregaria de cabeça para baixo, se achasse que poderia converter mais almas."[1]

Um Deus criativo convoca líderes criativos para se engajar no empreendimento criativo de propagar a obra de seu Reino. O Deus que criou o vasto universo em que vivemos, como todos os detalhes intrincados e as variações de sua Criação, é o mesmo que dota os líderes de dons espirituais e capacidades criativas para exercer liderança a cada geração que se sucede. Nós, seres humanos, possuímos capacidade criativa porque fomos feitos à imagem de nosso Criador. Criatividade é trabalhar *com* — e não *contra* — o Criador. Se não somos cuidadosos na igreja, podemos estar negando nosso potencial criativo e nos tornando previsíveis, chatos, monótonos e letárgicos em nosso ministério. Essa perspectiva é um tapa na cara de nosso incrível, infinito e sempre surpreendente Criador, cujos caminhos estão além de nossa compreensão infinita e que está sempre nos guiando para frente para reivindicar a promessa: "Eis que faço novas todas as coisas".

---

[1] Citado por Carlile, *C. H. Spurgeon: An Interpretive...*, p. 111.

Spurgeon acreditava que a fé ousada e criativa é a diferença que define se fazemos coisas grandes para Deus:

> Nossa fé nos faz abundantes em boas obras. Permita que eu lhes diga, se vocês estão fazendo todo o possível para Cristo, conseguem se empenhar ainda mais? Creio que um homem cristão está geralmente certo quando está fazendo mais do que pode; e quando ele vai ainda mais além daquele ponto, ele estará ainda mais certo. Há poucos limites para as possibilidades de servirmos. Muitas pessoas que agora estão fazendo pouco podem, com o mesmo esforço, fazer duas vezes mais a partir de um arranjo inteligente e de um empreendedorismo corajoso. [...] Precisamos, tal como os apóstolos, lançar nossas redes bem longe e até o fundo, caso contrário, jamais pegaremos uma quantidade tão grande de peixes. Se não tivéssemos nada além da coragem para sair de nossos esconderijos e encarar o inimigo, logo alcançaríamos um sucesso imenso. Precisamos de muito mais fé no Espírito Santo. Ele nos abençoará se nos prostrarmos completamente diante de sua presença.[2]

Ele defendia que aquele que se aperfeiçoa mais é o líder que declara: "Eu sei em quem tenho crido, eu sei pelo que passei".[3] Essa é a pessoa que pode dar conta das coisas que o Senhor a incumbe de fazer.

Em uma época na qual os recursos são muitos e as oportunidades de aprimoramento e treinamento, abundantes, não temos desculpa para deixar de ser criativos. Fracassar no esforço de fazer algo muito bem pode até ser um pecado. Muitos líderes cristãos não percebem seu potencial para a criatividade. Eles aceitaram a rotina, o *status quo*, a apatia que acabaram cavando para si. Eles presumem que não são capazes de fazer nada original, por isso imploram, emprestam e roubam

---

[2] SPURGEON, *An All-Round...*, p. 17.
[3] Ibid.

de outras pessoas, acreditando na mentira de que a obra dos outros é melhor do que a deles. No entanto, para essas tantas pessoas, seus esforços não servem para nada. Elas parecem ser desprovidas de criatividade, chatas, sem paixão, desmotivadas e minimamente interessadas na mais importante missão do universo: comunicar o Evangelho de Jesus Cristo para um mundo sem salvação!

A mensagem do Evangelho não muda, mas a maneira de apresentá-la pode ser adaptada de acordo com a situação. Embora um líder cristão precise ser cuidadoso para não comprometer a mensagem imutável da salvação por intermédio apenas de Cristo, os meios de comunicar essa mensagem são tão variados quanto as pessoas que buscamos alcançar.

DISTINÇÕES PESSOAIS

C. H. Spurgeon não tinha qualquer familiaridade com a ideia de não ser criativo no cumprimento de seu chamado ministerial — na verdade, ele era justamente o oposto. Usava todas as energias criativas à sua disposição para comunicar o Evangelho a milhares de pessoas que acorriam para ouvi-lo pregar. Na época de sua chegada a Londres, aos 19 anos, as pessoas notaram imediatamente que ele não era como os pregadores típicos daqueles tempos. Ele não se parecia com eles, não falava como eles, não usava os mesmos maneirismos e não seguia o mesmo decoro. Os ministros da Igreja da Inglaterra, denominação predominante na cidade, vestiam túnicas clericais ornamentadas. Sendo batista, Spurgeon preferia vestir um terno escuro básico. Os clérigos anglicanos geralmente falavam num tom silencioso e "reverente". Spurgeon falava alto, era dramático e espalhafatoso em seus sermões. O clérigo típico agia de maneira empolada, com maneirismos previsíveis; a maioria dos pregadores lia discursos completos de forma monótona. Spurgeon apenas fazia algumas anotações que levava ao púlpito e pregava de maneira muito inesperada e espontânea.

Hoje em dia, inúmeros pastores usam abordagens criativas em seu esforço de proclamar o Evangelho. Eles podem incorporar dramaticidade, mostrar breves vídeos ou usar apresentações montadas em PowerPoint. Uma tendência popular entre algumas igrejas é substituir o sólido púlpito de madeira por um pedestal de acrílico transparente. Elas acreditam que o púlpito de madeira é uma barreira para a comunicação, um objeto que se coloca entre o orador e os ouvintes. Elas acham que o púlpito transparente, por sua vez, passa a mensagem de abertura para os ouvintes. Se essa visão é verdadeira, talvez Spurgeon estivesse bem à frente de seu tempo. Ele não usava nenhum tipo de púlpito. No Tabernáculo Metropolitano, ele pregava a partir do segundo nível de uma plataforma com uma tribuna curvada que se projetava à frente da primeira galeria. Havia um corrimão aberto, uma mesa e uma poltrona para o pastor, por trás da qual situava-se uma fila de cadeiras para os diáconos. Spurgeon usava apenas a mesa ao seu lado, sobre a qual ele colocava sua Bíblia. Esse ambiente lhe proporcionava liberdade completa para se mover pela plataforma e usar todo seu espaço.

Fugindo da tradição

Além de abandonar o púlpito tradicional, Spurgeon procurava evitar outras tradições pastorais de seu tempo. Ele se recusava a ser ordenado ao ministério do Evangelho porque achava que a ordenação realizada por homens não determina o chamado de uma pessoa. Spurgeon acreditava que a única ordenação necessária era a de Deus. Ele dizia em tom jocoso que a maioria das ordenações era meramente "imposição de mãos vazias sobre cabeças vazias".[4] Ele não via precedente para tal cerimônia nas Escrituras, e não tinha qualquer inclinação a endossar uma prática que procurava transferir autoridade de um homem a outro. Ele detestava o "dogma da sucessão apostólica" que os anglicanos praticavam, e a ordenação era uma parte importante dessa política.

---

[4] SPURGEON, ... *Autobiography*, 1:355.

Ele manteve essa posição ao longo de todo o seu ministério. É interessante saber que o evangelista D.L. Moody, um admirador ardente de Spurgeon, seguiu seu exemplo e recusou a ordenação.

Spurgeon também recusou o título de "reverendo" porque não se achava digno dele. Ele preferia ser tratado como "senhor Spurgeon" ou "pastor Spurgeon", e dizia: "*Reverendo* e *pecador* formam uma combinação curiosa; e por saber que sou a segunda coisa, repudio a primeira".[5] A falta do título, porém, nunca pareceu impedi-lo de alguma coisa; na verdade, fez com que sua reputação como pastor das pessoas comuns alcançasse maiores distâncias. Quão diferente sua atitude em comparação com os líderes ambiciosos de hoje que buscam reconhecimento profissional e procuram obter doutorados fajutos para aumentar seu status.

Spurgeon se recusava a usar instrumentos musicais na igreja, acreditando que eles nada adicionavam ao cântico congregacional. Apenas um diapasão de sopro era utilizado para sinalizar o começo de cada hino. Spurgeon era tão inflexível a respeito desse assunto que sequer permitia que o grande líder de música Ira Sankey, que acompanhou D.L. Moody em campanhas evangelísticas, cantasse com acompanhamento de algum instrumento no Tabernáculo Metropolitano. Tempos depois, Sankey contaria com acompanhamento de instrumentos, embora Spurgeon não tenha se envolvido na decisão, quando o cantor estadunidense tocou e cantou durante o funeral de Spurgeon no Tabernáculo.

Spurgeon era definitivamente um não conformista no mais puro sentido da expressão. Ele rejeitava muitas das convenções gerais de sua época. Por causa disso, ele recebia uma quantidade considerável de críticas, porque algumas pessoas pensavam que ele resistia à ideia de se conformar apenas por teimosia. Outros achavam que aquilo era uma incrível demonstração de arrogância. A resposta de Spurgeon era

---

[5] SPURGEON, C. H. *Only a Prayer Meeting* [Apenas uma reunião de oração]. Londres: Passmore & Alabaster, 1901, p. 351.

simples: ele pensava que as convenções, ao se colocar no caminho do progresso do Reino, constituíam um pecado.[6]

COMUNICAÇÃO CRIATIVA

Em sua pregação, Spurgeon empregou todos os meios possíveis para atrair e manter a atenção de seus ouvintes. Por que ele era diferente? Parte da explicação era por causa de um reflexo de seu histórico cultural, suas raízes puritanas e o fato de ser um rapaz interiorano de Essex. No entanto, mais que isso, Spurgeon tinha uma fé vibrante e dinâmica que deu forma à toda a sua vida e seu ser. Ele era diferente do pregador típico no sentido de que ele estava convencido da importância de uma comunicação direta e dinâmica. Para alcançar essa finalidade, ele era capar de fazer qualquer coisa para falar do Evangelho a seus ouvintes. Há registros de que ele teria dito: "Não tenho muitos escrúpulos em relação aos meios de que me valho para fazer o bem. [...] Eu pregaria de cabeça para baixo, se achasse que poderia converter mais almas".[7]

Grandes multidões e críticos famosos não demoraram a perceber seus dons de oratória. O famoso ator Sheridan Knowles disse sobre Spurgeon:

> Ele é apenas um garoto, mas é o mais maravilhoso pregador do mundo. Ele é absolutamente perfeito na oratória, e, além disso, um mestre na arte da atuação. Ele nada tem a aprender comigo ou com qualquer pessoa. Ele é simplesmente perfeito. Sabe tudo. Pode fazer qualquer coisa. [...] Porque, rapazes, ele pode fazer qualquer coisa que quiser com sua plateia! Ele pode fazê-la gargalhar e chorar e gargalhar novamente em cinco minutos. Seu poder é inigualável.[8]

---

[6] DRUMMOND, *Spurgeon: Prince...*, p. 211.

[7] RAY, Charles. *The Life of Charles Haddon Spurgeon* [A vida de Charles Haddon Spurgeon]. Londres: Passmore & Alabaster, 1903, p. 195.

[8] FULLERTON, W.Y. *Charles H. Spurgeon, London's Most Popular Preacher* [Charles H. Spurgeon, o pregador mais popular de Londres]. Chicago: Moody, 1966, p. 62.

Simples, mas eloquente

Grandes multidões responderam à mensagem do Evangelho que Spurgeon proclamava com simplicidade, mas também com eloquência. Um biógrafo definiu sua pregação desta maneira: "Simplicidade e clareza eram características de todos os seus discursos. Era seu objetivo pregar de tal maneira que a pessoa menos instruída de sua congregação poderia assimilar o significado e se lembrar do que ele dizia".[9]

A designação de Spurgeon como "Príncipe dos Pregadores" não foi por acaso. Spurgeon, tanto no que diz respeito às suas capacidades naturais quanto a sua determinação de levar pessoas para Cristo, combinou todos os seus recursos criativos para se transformar talvez no melhor comunicador de sua época. De tempos em tempos, durante sua juventude, Spurgeon recebia muitos elogios quando seus admiradores notavam sua voz poderosa, sua excelente forma de expressar seus pensamentos, seu estilo arrebatador, sua linguagem pictórica, seus gestos dramáticos e, mais que tudo, toda a profunda verdade de sua pregação.

Amplo apelo

A evidência do amplo apelo de Spurgeon estava nos muitos e diferentes tipos de pessoas que compareciam para ouvi-lo. Por causa da popularidade que ele alcançou, a congregação que semanalmente se reunia consistia em pessoas realmente comprometidas com a igreja, curiosos, céticos e os que buscavam alguma coisa, independentemente do lugar de onde vinham ou de sua formação cultural. Um de seus primeiros biógrafos defendia que "o principal objetivo [de Spurgeon] era atrair grandes multidões e prender a atenção delas aos apelos da

---

[9] ANÔNIMO. *Charles Haddon Spurgeon: A Biographical Sketch and Appreciation by One Who Knew Him Well* [Charles Haddon Spurgeon: um esboço biográfico e apreço de alguém que o conheceu bem]. Londres: Andrew Melrose, 1903, p. 101.

religião. Com essa finalidade, ele tornou seus sermões tão atraentes e surpreendentes quanto possível".[10]

Ele alcançou pessoas de vários níveis intelectuais e diferentes classes sociais por meio de sua pregação: as classes trabalhadoras, compostas por artesãos e comerciantes, assim como a classe média e os acadêmicos. Na verdade, certa vez Spurgeon escreveu a um amigo contando a ele sobre "uma prostituta do tipo mais excêntrico" que havia se convertido. Ela escreveu a ele para falar de sua salvação. Spurgeon respondeu: "Não é glorioso? Esse é o tipo de coisa pela qual eu gosto de viver".[11] Esse simples exemplo é indicativo da capacidade que Spurgeon tinha de alcançar pessoas dos mais diversos estilos e estágios da vida. Como um autor de panfletos destacou, Spurgeon era, acima de tudo, "o pregador do povo".[12]

Qual era a essência da pregação de Spurgeon? Tratava-se de uma exposição sólida da verdade bíblica. Ele pregava para as pessoas a partir da situação que elas viviam e tinha muita confiança no discernimento espiritual de seus ouvintes "comuns". Um artigo de um jornal da época dizia: "O senhor Spurgeon fala com um estilo impressionante e cheio de vida. Suas raízes saxônicas são cheias de energia e vigor. Ele nos faz crer que ninguém deixa de entender o que ele diz, e muito raramente se encontra um ouvinte sonolento entre seus ouvintes".[13] Ele representou a transição histórica do estilo de oratória ornada e latinizada que estava na moda na época para um estilo de comunicação anglo-saxônica simples e natural.[14]

Modos e métodos

Spurgeon se valia de ilustrações vivas, relevantes e práticas. Ele usava experiências pessoais com frequência, e costumava ser criticado por

---

[10] ANÔNIMO. *Charles Haddon Spurgeon*, p. 104.
[11] ANÔNIMO. *Pulpit Photography, C. H. Spurgeon* [Retrato do púlpito: C. H. Spurgeon]. Londres: Richard D. Dickinson, 1876, p. 577.
[12] *Spurgeon Pamphlets* [Panfletos de Spurgeon], vol. 6, nº 12.
[13] *The Freeman*, 12 de dezembro de 1878.
[14] DRUMMOND, *Spurgeon: Prince...*, p. 195.

fazer isso. Foi acusado de ser egoísta. Por exemplo, um de seus detratores disse que sua pregação e seus textos eram...

> ... dominados pela própria experiência pessoal, por seus conselhos, seu testemunho e seu caráter. Quando não cita a própria experiência, então o leitor tem de aguentar o testemunho de sua esposa, de seus filhos, de seu avô. [...] Ele não perde uma oportunidade sequer de promover sua família ou ele mesmo.[15]

O modelo de Spurgeon, porém, era o apóstolo Paulo, que frequentemente usava a si mesmo como exemplo ao escrever às igrejas. Assim, Spurgeon justificava suas experiências pessoais e sua peregrinação cristã como um elemento sempre presente em sua pregação.

Spurgeon enfatizou para seus alunos a necessidade de serem naturais e interessantes. Ele afirmou o seguinte sobre pregadores enfadonhos: "Eles servem muito bem para mártires. São tão secos que queimam rápido".[16] Seu interesse ávido pela leitura e seu conhecimento de atualidades contribuíram para a desenvoltura de suas mensagens e sua aplicação às necessidades básicas de sua congregação. Para seus sermões, ele usava títulos de forte apelo: "Mude ou queime", "O monstro arrastado à luz", "Doce conforto para santos débeis", "Como os santos podem ajudar o Diabo", "Crianças levadas a Cristo, não à pia batismal", "Cristopatia" e *Noli me tangere* ("Não me toque" em latim), um sermão sobre Maria, mãe de Jesus. Spurgeon não tinha medo de "passar dos limites" quando se tratava de trazer mais vida à sua pregação e estimular o interesse de sua congregação.

---

[15] *British Standard*, 9 de janeiro de 1857.
[16] WEATHERSPOON, J.B. "Charles Haddon Spurgeon", in *The Review and Expositor* 31 (1934): 411.

Spurgeon era conhecido por seus gestos dramáticos. Nos seus primeiros anos de ministério, os críticos públicos os rotularam como "excentricidades", "pregações baratas", "palhaçadas de púlpito", "tira-gostos espirituais" e "orações blasfemas", e usaram adjetivos do tipo "arrogante", "pretensioso", "grosso", "ignorante", "teatral" e "sem-vergonha". Ele foi até chamado de "o Barnum do púlpito".[17] Spurgeon se divertia com tantas caracterizações que faziam dele, e até reuniu recortes em um caderno intitulado "Fatos, ficção e humor", que mostrava aos visitantes que recebia.

Uma das muitas charges publicadas à época era intitulada "Brimstone & Treacle" ["Enxofre & Melaço"]. Treacle caracterizava o pastor médio daquele tempo, descrito como um clérigo de óculos e fala mansa, lendo seu sermão a partir de um roteiro completo. Brimstone era Spurgeon com seus braços estendidos, a imagem da vivacidade em seu rosto, tipificando ousadia e objetividade. Nem todas as pessoas avaliavam positivamente o estilo criativo de Spurgeon. A autora George Eliot, por exemplo, certa vez visitou o Tabernáculo Metropolitano e classificou a pregação de Spurgeon como "uma visão muito superficial e mambembe do cristianismo calvinista".[18]

Entretanto, considerando tudo, o estilo de comunicação de Spurgeon era criativo e eletrizante para as multidões que o ouviam. Ele rapidamente conquistava a atenção das pessoas e, de uma maneira vívida, comunicava a mensagem que Deus lhe dava para cada ocasião.

METODOLOGIAS EVANGELÍSTICAS

Spurgeon falava no Tabernáculo Metropolitano na comemoração do centésimo aniversário de nascimento de William Carey. Ele se referiu a Carey, que deu origem ao movimento missionário moderno, como

---

[17] RAY, *The Life...*, p. 196. [Nota do tradutor: uma referência a Phineas Taylor Barnum (1810-1891), empresário estadunidense do ramo circense.]
[18] FULLERTON, W.Y. *C. H. Spurgeon: An Interpretive...*, p. 71.

um "chefe entre os descobridores e inovadores dignos de honra".[19] Ele desafiou seus ouvintes:

> Quando um homem tinha um bom pensamento, não precisava ter medo daquilo porque ninguém mais tivera aquele pensamento. Ele deveria fazer o que pensou com ousadia, desafiando os costumes se estes o tentassem impedir, rasgando-os em pedaços se estivessem no caminho do que é certo. Todos os verdadeiros servos de Deus eram inovadores. Aqueles que mudaram o mundo de cabeça para baixo eram os próprios descendentes do Senhor Jesus Cristo.[20]

Não há dúvida de que Spurgeon tinha Carey em mente quando utilizou metodologias do novo evangelismo e buscou novas ideias para o ministério. Assim como Carey foi um pioneiro no trabalho missionário na Índia, Spurgeon foi precursor de uma nova era do evangelismo.

Propaganda

Spurgeon acreditava no uso da publicidade, algo que era considerado nada ortodoxo naquele tempo. Logo no início de seu ministério em Londres, ele começou a usar folhetos e cartazes para anunciar seus sermões e encontros. A população considerava aqueles anúncios mundanos, muito parecidos com as propagandas usadas por circos e teatros. Spurgeon nem sequer considerava a acusação de que estaria fazendo aquilo com o propósito de causar sensacionalismo. Seus métodos serviam para seus propósitos, e as pessoas formavam multidões para ouvi-lo, habilitando-o, assim, a comunicar o Evangelho para muita gente. Por raríssimas vezes Spurgeon desprezou uma chance de pregar, fosse

---

[19] PIKE, G. Holden. *The Life and Work of Charles Haddon Spurgeon* [A vida e a obra de Charles Haddon Spurgeon]. Londres: Cassell & Co., s.d., p. 380-381.
[20] Id., p. 380.

ao ar livre, na rua, num prédio público ou qualquer outro lugar em que ele pudesse atrair ouvintes.

Usando salões públicos

Outra inovação creditada a Spurgeon foi o aluguel de salões públicos para abrigar cultos de adoração. Durante o tempo em que sua igreja em New Park Street ficou fechada para obras de ampliação e renovação, era necessário que a comunidade assegurasse um prédio como alternativa para adoração e pregação. O Salão Exeter, em que cabiam 5 mil pessoas sentadas, transformou-se na sede da igreja por muitos meses. Desde o primeiro culto, o local esteve sempre lotado até seu limite. O Salão Real de Música de Surrey Gardens foi outro endereço secular que a igreja usou para cultos de adoração especial com o objetivo de acomodar as multidões, pois tinha capacidade para mais de 10 mil pessoas.

À medida que a fama de Spurgeon se espalhou entre os círculos londrinos, milhares de pessoas acorriam para ouvi-lo pregar. Spurgeon não se importava com as críticas de que estava usando "a casa do Diabo" para os cultos. Uma publicação o criticou desta maneira:

> Essa história de alugar locais de entretenimento público para as pregações dominicais é uma novidade, e difícil de aceitar. É como se a religião estivesse em seus estertores. Está mais para uma confissão de fraqueza do que para um sinal de força. Não se trata de lutar contra Satanás em seus redutos — para usar a velha linguagem austera dos puritanos —, mas de entrar em uma trégua covarde e uma aliança com o mundo.[21]

Ao contrário, Spurgeon ficava empolgado com a oportunidade de proclamar o Evangelho em um local que, de outra forma, seria usado para

---
[21] SPURGEON, ... *Autobiography*, 2:224.

propósitos mundanos. O ponto culminante de sua pregação em locais seculares foi o convite para falar a uma audiência de 23.654 pessoas durante o Dia Nacional de Oração no suntuoso Palácio de Cristal, em Londres.

Reuniões com interessados

Spurgeon abriu disponibilidade em sua agenda nas tardes de terça-feira para receber "curiosos" no Tabernáculo Metropolitano. "Toda vez que eu conseguia reservar um tempo para conversar com convertidos e interessados, raramente acontecia, quase nunca mesmo, de ficar à toa esperando, e eram tantos os que vinham a ponto de eu ficar bem sobrecarregado de gratidão e ações de graças a Deus."[22] Ele relatou este incidente que ocorreu com duas irmãs:

> Duas interessadas vieram falar comigo em meu gabinete. Elas vinham ouvindo o Evangelho que eu pregava por pouco tempo, mas tinham ficado profundamente impressionadas com a mensagem. Elas expressaram sua tristeza por estarem prestes a mudar-se para longe, mas disseram ser gratas por terem a oportunidade de me ouvir. Fiquei lisonjeado pela gentil gratidão que elas demonstraram, mas fiquei inquieto e senti que era necessário fazer um trabalho mais efetivo com elas, então perguntei: "Vocês creem *mesmo* no Senhor Jesus Cristo? Vocês são salvas?". Uma delas respondeu: "*Eu* tenho tentado muito crer". Aquela era uma declaração que eu ouvia com frequência, mas jamais deixaria passar sem desafiá-la. "*Não*", eu disse, "*isso* não serve. Você alguma vez falou a seu pai que estava tentando acreditar nele?". Depois de permanecer um tempo falando sobre o assunto, elas admitiram que falar algo assim seria encarado

---

[22] DRUMMOND, *Spurgeon: Prince...*, p. 307.

como um insulto pelo pai. Foi então que falei do evangelho de maneira muito clara a elas, usando a linguagem mais simples que eu podia, e implorei que passassem a crer em Jesus, que é mais digno de fé do que o melhor entre os pais. Uma delas respondeu: "*Eu* não consigo ter essa noção; não consigo ter a noção de que sou salva". Então prossegui e disse: "Deus dá testemunho de seu Filho, que todo aquele que confia em seu Filho é salvo. Você vai fazê-lo de mentiroso agora ou vai crer em sua Palavra?". Enquanto eu falava assim, uma delas começou a ficar admirada, e nos assustou quando clamou: "Ó, Senhor, eu vejo tudo! Eu sou salva! Oh, louvado seja Jesus por minha vida; Ele me mostrou o caminho e me salvou! Eu vejo tudo". A querida irmã que havia trazido aquelas duas jovens amigas a mim dobrou seus joelhos com elas enquanto, com todo nosso coração, louvamos e engrandecemos o Senhor por mais uma alma trazida à luz.[23]

A maioria das igrejas britânicas, diferentemente das estadunidenses, não faziam um convite para as pessoas irem à frente ao fim do culto para dar demonstração pública de sua decisão de fé depois de ouvir a mensagem do Evangelho. Spurgeon, porém, orientou sua igreja a realizar "reuniões de interessados" ocasionalmente. Tais reuniões eram organizadas com o propósito de aconselhar aqueles que estavam inquietos em relação à sua condição espiritual. Da mesma forma, ele ministrou aulas de orientação para crentes recém-convertidos. Os anciãos eram, então, enviados como "mensageiros" para entrevistar os novos membros da igreja, então os candidatos eram apresentados à congregação durante uma reunião administrativa regular.

Por meio de uma pregação dinâmica, de um evangelismo inovador e pelo poder do Espírito Santo, a igreja de Spurgeon cresceu em

---

[23] SPURGEON, C. H. *Around the Wicket Gate* [Perto do postigo do portão]. Albany, Ore: Ages Digital Library, 1999, p. 18.

proporções gigantescas durante aquele período. Na realidade o Tabernáculo Metropolitano de Spurgeon se tornou a primeira megaigreja da era moderna. Naquela época, era a maior igreja evangélica do mundo, chegando a ter 5.284 membros em 1871, apenas dezoito anos depois de Spurgeon dar início a seu ministério em Londres.

NUANCES ADMINISTRATIVAS

Entre tantas outras novas práticas para sua época, Spurgeon também se valeu de eventos para levantamento de fundos, como bazares, que permitiram a ele inaugurar o recém-construído Tabernáculo Metropolitano completamente livre de dívidas. Aqueles eventos também foram usados para construir novas congregações em Londres e nas redondezas.

Bem poucas igrejas na Era Vitoriana mantinham registros estatísticos de seu crescimento e de público. Spurgeon, porém, mantinha registros detalhados da membresia e dos batismos para acompanhar o crescimento fenomenal da igreja. Ele também deu início à prática inovadora de plantar igrejas, enviando alunos para áreas no entorno de Londres e outras partes do país para estabelecer novas congregações.

Spurgeon passou a publicar uma revista mensal chamada *A Espada e a Espátula* no Tabernáculo Metropolitano. Ele deu esse título em seu esforço de fazer "um registro do combate contra o pecado e do trabalho pelo Senhor".[24] Spurgeon não achava os hinários de sua época completos, por isso ele compilou o *Nosso hinário*, que continha tanto os hinos de outros livros quanto alguns que o próprio pastor havia composto.

Os batistas observam duas ordenanças: o batismo por imersão e Ceia do Senhor. Diferentemente de muitas igrejas batistas de seu tempo, a igreja de Spurgeon praticava a comunhão aberta, permitindo que todos os crentes presentes participassem. Certa vez, alguém o desafiou

---

[24] DALLIMORE, *C. H. Spurgeon*, p. 114.

em relação a sua restrição para se tornar membro da igreja, que exigia o batismo por imersão. Spurgeon falou a essa pessoa sobre sua política de comunhão aberta.

Aquele homem respondeu: "Então, essas pessoas são boas o suficiente para Deus, mas não são boas o suficiente para você". Naquele momento, Spurgeon não soube o que responder. No entanto, sua abertura em termos de participação na Ceia desafiava outras igrejas em sua prática da ordenança.

EMPREITADAS EDUCACIONAIS

O espírito empreendedor de Spurgeon o levou a fundar a Faculdade de Pastores com o objetivo primário de equipar ministros com habilidades práticas para o pastorado. Em suas palavras:

> Quando estava começando, eu não tinha a mais remota ideia de até que ponto aquilo cresceria. Havia gente brotando ao meu redor como meus filhos espirituais, muitos jovens diligentes que sentiram um impulso irresistível de pregar o Evangelho; ainda assim, mesmo com metade da visão era possível ver que o desejo deles por educação poderia ser um triste obstáculo. Não passava pelo meu coração a ideia de propor que cessassem sua pregação; e se eu tivesse feito isso, é totalmente provável que eles ignorassem minha recomendação. Como parecia que eles pregariam, embora seus conhecimentos ainda fossem muito limitados, não havia abertura para nenhum outro caminho além de oferecer-lhes uma oportunidade de se educarem para a obra.[25]

Na apresentação do livro *Lectures do my Students* [Palestras para meus alunos], Spurgeon compartilhou o motivo pelo qual ele achava

---

[25] SPURGEON, ... *Autobiography*, 3:109-110.

necessário ensinar seus alunos sobre pregação a partir do cerne de sua própria experiência:

> Aquela época se tornou intensamente pragmática, e era necessário um ministério não apenas ortodoxo e espiritual, mas também natural em termos de expressão e astuto em termos práticos. [...] O trabalho solene ao qual o ministério cristão por si concerne exige tudo do homem e o melhor desse tudo. [...] Portanto, tenho tentado falar do mais profundo de minha alma na esperança de que não produza ou alimente enfado nas outras pessoas.[26]

Muitos de seus discursos a seus alunos tratavam do chamado para pregar e desenvolver a capacidade de comunicar a Palavra de Deus de maneira eficaz. Spurgeon abordou muitos tópicos, abrangendo tudo desde a essência dos sermões e a escolha de um texto até a espiritualidade; desenvolvimento da voz; manutenção da atenção; pregar para levar uma pessoa a se decidir; postura, ação e gestos; e uso de ilustrações, histórias e outros recursos na pregação. Ele até abordou os aspectos físicos de um pregador, intitulando uma palestra "Para obreiros com pouco porte físico". Embora as palestras pudessem ser datadas no que diz respeito às suas aplicações, seu cerne abordava questões importantes para todos os pregadores, independentemente da época.

Spurgeon se preocupava com o desenvolvimento das habilidades de oratória dos pregadores. Ele não recomendava "discursos de improviso" como regra geral. Aconselhava os ministros a se dedicar à preparação e a um "ministério instrutivo"; caso contrário, poderia haver um "vácuo na igreja".[27] Por outro lado, ele alertava para que não houvesse excesso de preparação nem que sacrificassem o "zelo verdadeiro" em prol de fazer parte de uma "composição estudada". Ele

---

[26] SPURGEON, *Lectures...*, 1:vi.
[27] Id., p. 151.

perguntava: "Vocês não acham que muitos sermões são 'preparados' até espremer o bagaço, e que pode não restar zelo verdadeiro numa casca ressecada?".[28]

Spurgeon defendia que cada pregador se "preparasse para o melhor", mas que evitasse a "fadiga nociva" que o levaria a ressecar até a morte! Ele acreditava que o Senhor estivesse mais preocupado com a verdade dinâmica do que com a "composição clássica". Para ele, o Espírito estava mais apto a falar por intermédio de uma mensagem vívida e carregada de experiência do que por outra marcada por uma retórica apropriada. Ele escreveu: "Se há fogo, vida e verdade no sermão, então o Espírito rapidamente trabalhará por meio disso, e por nada mais. Falem com diligência e não terão necessidade de falar com elegância".[29]

OUTRAS INOVAÇÕES

Spurgeon misturava evangelismo e consciência social com perfeição. Na verdade, a maior parte dos movimentos filantrópicos do século 19 teve origem entre os evangélicos. Spurgeon via a sociedade como um todo orgânico. Ele construiu abrigos para os pobres (só existia um quando ele chegou a Londres). Ergueu dezessete lares para os idosos e uma escola para quatrocentas crianças. Edificou o Orfanato Stockwell para órfãos. Deu início ao Ministério Colportagem para fornecer livros para pastores pobres da área rural. Ele instituiu a Sociedade de Ajuda ao Pastor com o objetivo de auxiliar os pobres. Também fundou os Lares para Senhoras, o Ministério do Fundo do Livro, uma sociedade para oferecimento de empréstimos, a Sociedade Maternal de Senhoras, a Sociedade para Vestir os Ministros Pobres do Tabernáculo Metropolitano, a Missão das Flores, a Missão Batista do Campo, a Missão para Mães da Senhora Thomas, a Sociedade

---

[28] SPURGEON, *An All-Round*, p. 346.
[29] Id., p. 348.

Operária do Lar e Missões Estrangeiras da Senhora Evan, a Sociedade da Moderação do Evangelho, a Sociedade dos Folhetos, as escolas para pobres, a Missão Pioneira e outros ministérios. Todos eles estavam de acordo com sua abordagem, segundo a qual o Evangelho integral deveria impactar as pessoas de maneira integral em todas as áreas da vida.

OS RISCOS DA CRIATIVIDADE

Ser criativo pode ser arriscado para alguns líderes insuspeitos. Muitos pastores viajam para participar de conferências e seminários de liderança, recebem inspiração, voltam às suas igrejas e procuram implementar as novas ideias que descobriram apenas para resultar em frustração e rejeição. Isso me faz lembrar de Keating, professor inglês vivido por Robin Williams no filme *Sociedade dos Poetas Mortos* (Peter Weir, 1989). Ele diz aos seus alunos, de maneira dramática: "*Carpe diem* — Aproveitem o dia! Todos vocês vão morrer". Fala, em tom de alerta: "E a pergunta crítica é: vocês vão esperar muito para fazer o que deveriam em sua vida? Façam de suas vidas uma coisa extraordinária!". Os alunos de Keating reagiram com entusiasmo a seu desafio criativo. O clímax do filme é a morte por suicídio de Neil, um dos alunos mais brilhantes de Keating, que é levado ao desespero por um pai que insiste para que ele brilhe na vida acadêmica para poder estudar na Universidade de Harvard. No processo, porém, o rapaz precisa desistir de seu sonho de fazer carreira no teatro. Em uma cena tocante, cheia de simbolismo cristão, Neil morre. É claro que Keating é demitido. Sua paixão criativa no ensino foi sua ruína.

Talvez nem todos que estão sob sua liderança reagirão às suas abordagens criativas. É preciso avançar cautelosamente em determinadas situações. Spurgeon era feliz por atingir uma grande massa de seguidores em um período de tempo relativamente curto, e o apoio popular o habilitava a fornecer uma liderança ousada e criativa em seu ministério. O líder cristão se sente incentivado a exercer seus dons espirituais e a buscar sua criatividade, mas precisa sempre ter em mente que pode ter de passar por alguns obstáculos na estrada que guia sua jornada rumo à liderança criativa.

Um alerta adicional no diz respeito à criatividade e à inovação é que problemas sérios podem ocorrer dentro da igreja quando alguém resolve se desvincular das práticas, dos padrões e dos princípios bíblicos ao introduzir ou permitir métodos mundanos que prejudicam a revelação de Deus. Criatividade e inovação podem constituir uma força muito positiva para melhorar, mas, no esforço de atrair mais pessoas, o líder cristão precisa sempre estar alerta ao que se desvia do Evangelho de Cristo.

Desenvolvendo a criatividade

O que mais desperta sua criatividade? Alguns líderes são naturalmente mais criativos que outros, mas qualquer líder pode aprender a se tornar mais criativo. O que você pode fazer para facilitar que a criatividade flua? Considere as seguintes possibilidades:

1. *Desenvolva um senso quase infantil de deslumbramento.* Desenvolva um interesse singular em coisas que parecem normais. Observa uma criança e permita que a criança dentro de você repare na maneira como o senso de encantamento da criança de verdade é despertado pela natureza, pelos insetos, pelos objetos e pelas pessoas.
2. *Vá atrás de sua curiosidade.* Pesquise e descubra; estude e imagine novas formas de abordar os velhos problemas.
3. *Dê asas à sua imaginação.* Medite de mente aberta sobre passagens bíblicas familiares e permita que o Senhor o desafie com coisas novas.
4. *Esteja disposto a correr riscos.* Saia de sua zona de conforto e tente fazer alguma coisa fora do comum (desde que não comprometa os princípios bíblicos).
5. *Aproxime-se de pessoas criativas.* A criatividade é contagiosa! Você a receberá de outras pessoas que inspiram você por intermédio de energias e processos criativos de cada uma.

6. *Encontre um lugar fora de seu local de trabalho onde possa pensar criativamente.* Sua mente com frequência será estimulada a gerar novas ideias se estiver em um ambiente diferente.
7. *Ore e creia que Deus ajudará você a se tornar mais criativo em seu ministério.* Um Deus muito criativo deseja energizar o potencial criativo em sua vida.

LIÇÕES DE LIDERANÇA DE SPURGEON

- **Um Deus criativo chama líderes criativos para exercer a criatividade em seu trabalho por seu Reino.** C. H. Spurgeon acreditava totalmente nas possibilidades infinitas e usava toda a sua energia criativa para comunicar o Evangelho.

- **A mensagem do Evangelho não muda, mas a maneira de apresentá-la pode ser adaptada de acordo com a situação.** Spurgeon afirmou: "Não tenho muitos escrúpulos em relação aos meios de que me valho para fazer o bem. [...] Eu pregaria de cabeça para baixo, se achasse que poderia converter mais almas".

- **Um líder não é obrigado a seguir convenções simplesmente por uma questão de conformidade.** Elas devem ser assimiladas apenas se for por uma causa justa. Spurgeon pensava que, se as convenções fossem um obstáculo para o avanço do Reino de Deus, seriam um pecado.

- **As distinções pessoais de um líder devem ser determinadas por seu alinhamento com as metas da organização.** Spurgeon buscava muitos métodos inovadores porque ele os considerava essenciais na propagação do Evangelho.

- **Um líder pode ser tão criativo quanto possível, desde que isso não comprometa a mensagem do Evangelho.** Spurgeon faria qualquer coisa para comunicar o Evangelho a seus ouvintes, fosse jogar panfletos pela janela de um trem ou anunciar os cultos em veículos de mídia seculares.

- **Um líder precisa conferir sua motivação no que se refere ao efeito que busca gerar por meio de seu estilo particular de ministério.** A meta de Spurgeon era promover a glória de Deus, e não atrair as pessoas para si.

- **A criatividade de um líder deve ser um reflexo de seus próprios dons e suas capacidades.** Com suas iniciativas inovadoras, o ministério de Spurgeon era a realização da aplicação fiel e criativa de seus dons espirituais.

- **Ser criativo pode ser arriscado para certos líderes insuspeitos.** Spurgeon era bastante experiente, por isso empregava inovações que contavam com a anuência do povo que o apoiava.
- **Líderes que têm espírito de descoberta e inovação são dignos de honra.** Ao falar sobre o missionário pioneiro William Carey, Spurgeon declarou: "Todos os verdadeiros servos de Deus eram inovadores. Aqueles que mudaram o mundo de cabeça para baixo eram os próprios descendentes do Senhor Jesus Cristo".

10

COMPAIXÃO:

FIRMEZA PESSOAL E TERNURA PASTORAL

"Com toda sua maturidade e firmeza, o pai espiritual é cheio de ternura, e manifesta um amor intenso pela alma das pessoas. Sua divindade doutrinária não esgota sua humanidade. Ele nasceu com o propósito de cuidar das pessoas, e seu coração não descansará até que esteja repleto de tal cuidado."[1]

Um líder forte e comprometido em exercer a melhor liderança cristã possível vai demonstrar um equilíbrio entre firmeza pessoal e ternura pastoral. Ele é capaz de demonstrar compaixão sensível por seus seguidores. A compaixão pode parecer um traço de fraqueza na liderança para os críticos seculares que acham que não existe alternativa para uma liderança firme quando a pessoa deseja ser eficiente. A visão desses críticos inclui a noção tradicional de que líderes autoritários machistas personificam a sobrevivência nesse mundo dos mais fortes, de "ganhar acima de tudo" e "cobra engolindo cobra". Neste sentido, Spurgeon não se encaixa em tal modelo.

Na verdade, o pastor do Tabernáculo Metropolitano era, em grande medida, autoritário. Ele se tornou conhecido como "o chefe", e

---

[1] SPURGEON, *An All-Round...*, p. 240.

dizia: "Só pode haver um capitão em um navio".[2] Ele detinha uma certa medida de poder, e podia exercê-lo, se necessário, mas nunca agiu como um déspota sobre sua equipe, sua congregação ou mesmo seus alunos da Faculdade de Pastores. A liderança de Spurgeon era temperada com amor. Ele era capaz de equilibrar a força de suas convicções com o complemento de um espírito amoroso. Embora ele tivesse uma reputação e uma imagem pública de ter convicções fortes, também era considerado um homem de coração compassivo. Ele desenvolveu firmeza pessoal em questões relativas à espiritualidade, auxiliado pelas críticas e pelos conflitos que ele enfrentou no início de seu ministério em Londres. Mas ele também mostrou ternura pastoral quando se deparou com os erros de santos pecadores ao longo de seu ministério.

Ele estabeleceu altos padrões morais para si e para outros líderes, mas, ao mesmo tempo, compreendeu as complexidades envolvidas na manutenção de tais padrões. Embora fosse uma pessoa decidida no que se referia à disciplina pessoal, Spurgeon era extremamente sensível quando se tratava de exercer o papel de disciplinador em seus relacionamentos pastorais. É aí que podemos identificar seu verdadeiro senso de compaixão. Ele escreveu: "Se queremos ver nossos ouvintes salvos da fúria vindoura, precisamos entender que eles são nossos irmãos. É necessário demonstrarmos empatia com eles e ansiedade sobre a vida deles; em outras palavras, paixão e compaixão. Que Deus nos garanta essas duas coisas".[3]

LIDERANÇA SERVIDORA

O conceito de liderança servidora é bem conhecido entre os cristãos. Jesus nos deu o melhor exemplo como aquele que não veio para ser servido, mas para servir e entregar sua vida "em resgate de muitos". Quando seus discípulos discutiram entre si sobre quem seria o maior

---

[2] DRUMMOND, *Spurgeon: Prince*, p. 208.
[3] SPURGEON, *An All-Round*, p. 197.

no Reino de Deus, Jesus os lembrou de que o maior entre eles teria de ser servo de todos. Uma pessoa pode ser poderosa e humilde? Um líder e um servo? Jesus não fez as duas coisas? Sim, ele era *poderoso* — acalmou a tempestade no mar. Ele também era *humilde* — submeteu-se à morte em uma cruz. Sim, era um *líder* — ele disse: "Tomem sua cruz e me sigam". Mas também era um *servo* — lavou os pés de seus discípulos.

Spurgeon cria que os líderes precisavam, antes de tudo, ser servos. Quando se tornavam servos, isso os colocava em uma posição a partir da qual poderiam liderar. Ele escreveu:

> Lembremo-nos que somos os servos na casa do Senhor. "... E quem quiser ser o primeiro deverá ser escravo..." Que estejamos dispostos a ser capachos na entrada do salão de nosso Mestre. Que não busquemos honra para nós mesmos, mas que procuremos colocar a honra sobre os vasos mais fracos por meio de nosso cuidado com eles. [...] Na Igreja de nosso Senhor, permitamos que o pobre, o fraco, o aflito ocupem o lugar de honra, e que nós, que somos fortes, tratemos de suas enfermidades. Aquele que é o mais elevado se faça o mais baixo; aquele que é o maior se faça menor que os menores.[4]

Responsabilidades ou direitos?

O que, portanto, deve fazer o líder cristão que deseja exercer influência entre seus seguidores? Em primeiro lugar, ele precisa se dar conta de que há um preço a ser pago. Trata-se de se doar. Leighton Ford escreveu: "Jesus conhecia o preço da liderança — Ele estava disposto a se doar".[5] O conceito de liderança servidora está certamente bem claro aqui. Implica sermos mais conscientes de nossas *responsabilidades* do

---

[4] SPURGEON, *An All-Round*, p. 165.
[5] FORD, Leighton. *Transforming Leadership* [Liderança transformadora]. Downers Grove, Ill: InterVarsity, 1991, p. 139.

que de nossos *direitos*. Muitos pastores e líderes estão mais preocupados hoje em dia com seus direitos e suas realizações pessoais do que com as responsabilidades que têm diante do Senhor em relação ao povo a quem servem. Eles estão mais interessados naquilo que podem ganhar do que naquilo que podem oferecer.

Um líder que serve, por outro lado, fará todo o possível para exercer a liderança que promove a glória de Deus e edificar mais seu povo do que a si mesmo. Spurgeon disse:

> Somos *ministros*. Essa palavra possui um som muito respeitável. Ser um ministro é a aspiração de muitos jovens. Talvez, se a palavra tivesse menos força, tal ambição provavelmente esfriaria. Ministros são servos. Eles não são convidados, mas garçons; não são senhores, mas operários.[6]

Uma pessoa assim no mundo secular foi Robert K. Greenleaf, que adaptou o conceito de liderança servidora quando foi diretor de pesquisa gerencial para a empresa de comunicação estadunidense AT&T. Para Greenleaf, liderança é um estado do ser no qual o valor mais fundamental é a escolha por servir, e o compromisso com um propósito maior se torna a fonte de relacionamentos ricos em recursos e produtivos entre líderes e seguidores.[7] Greenleaf acreditava que o papel do líder organizacional era cumprido ao servir os outros — empregados, clientes e a comunidade — para estabelecer um senso de comunidade e compartilhar a tomada de decisões enquanto, ao mesmo tempo, estabelece altos padrões para si e lidera pelo exemplo.

---

[6] SPURGEON, *An All-Round...*, p. 165.
[7] Saiba mais sobre a teoria de Robert Greenleaf de liderança servidora em *Reflections on Leadership: How Robert K. Greenleaf's Theory of Servant-Leadership Influenced Today's Top Management Thinkers* [Reflexões sobre a liderança: como a teoria de liderança servidora de Robert K. Greenleaf influenciou os maiores pensadores da administração da atualidade] (ed. Larry C. Spears). Nova York: J. Wiley, 1995.

CUIDADO PASTORAL

O líder cristão que ministra com eficiência a seus seguidores compreende que o cuidado pastoral precisa ser uma prioridade. Trata-se realmente de nutrir relacionamentos. Se um pastor/líder é um cuidador de ovelhas, ele precisa entender a condição de seu rebanho. Provérbios 27:23 diz: "Esforce-se para saber bem como suas ovelhas estão, dê cuidadosa atenção aos seus rebanhos...". Faz parte de seu trabalho saber como as ovelhas estão. Jesus é o Pastor Supremo, e o pastor local serve como um "subpastor" para seu rebanho, a igreja local.

O papel primordial de Spurgeon como líder era ser um pastor de suas ovelhas no Tabernáculo Metropolitano. Ele manteve esse papel pastoral funcional acima de tudo o mais em seu serviço ao Senhor. Ele se dedicou a conhecer seu povo e se preocupava em atender as necessidades de sua congregação. Ele escreveu: "Cuidem de manter um relacionamento o mais familiar possível com aqueles cujas almas estão confiadas a seus cuidados. Fiquem no córrego e pesquem. Muitos pregadores são totalmente ignorantes no que se refere a como a massa de pessoas está vivendo; eles ficam em casa entre livros, mas pouco no mar, entre o povo".[8]

Cultivando relacionamentos que nutrem

É importante que seja mantido um período de tempo adequado à preparação e à oração durante o estudo da Palavra, mas o pastor precisa fazer de sua presença uma prioridade entre as pessoas a quem Deus o chamou para servir. É muito frequente ver pastores adotando uma postura profissional segundo a qual acreditam que sua prioridade maior é preparar sermões e estudos bíblicos. Estão propensos a delegar aos outros boa parte — ou mesmo tudo — do que se refere a orar por enfermos em hospitais, visitar os membros da igreja e aconselhamento,

---

[8] SPURGEON, *Lectures...*, 2:160

crendo que estão servindo melhor à sua congregação quando estão estudando a Bíblia. Eles precisam tomar cuidado para não deixar de cultivar relacionamentos com as pessoas para quem ministram.

Nossa responsabilidade como líderes é nutrir o povo de Deus. Fazemos isso oferecendo incentivo e aconselhamento espiritual. Fornecemos ministração para crises quando se torna necessária em situações de morte, divórcio, doença e tragédias. Garantimos estar lá, apoiando nossos seguidores durante aquelas passagens importantes da vida — nascimento, casamento e morte. Estamos presentes para compartilhar as tristezas, bem como as alegrias da vida.

Spurgeon adorava sua gente e se certificava de que as pessoas soubessem quanto ele as amava e se importava com elas. Ao instruir outros ministros, ele escreveu:

> Irmãos, que possamos amar com todo o nosso coração todos aqueles a quem Jesus ama. Zelem pelos que enfrentam provações e sofrimentos. Visitem os órfãos e as viúvas. Cuidem dos fracos e dos fatigados. Amparem os tristes e desanimados. Estejam atentos a todas as partes do lar, e então serão bons pastores."[9]

Transparência e vulnerabilidade

Ministrar a partir da fraqueza é uma maneira singular de um líder demonstrar preocupação com seus seguidores. Com muita frequência, líderes se sentem inclinados a exteriorizar uma imagem que não podem acompanhar na vida real. Querem que seus liderados achem que seu líder é forte, saudável e tem tudo sob controle.

Desde os 24 anos, Spurgeon sofria de gota e frequentemente precisava se afastar do público e das pessoas para se recuperar. Certa vez, ele declarou que temia que sua congregação pudesse não mais querer um

---

[9] Id., *An All-Round...*, p. 267.

pobre pastor aleijado. Um de seus diáconos respondeu: "Por que, meu querido senhor? Preferiríamos tê-lo um mês por ano do que qualquer outra pessoa no mundo pelos doze meses".[10]

Spurgeon era uma pessoa transparente e vulnerável diante de seu povo, e estava disposto a falar abertamente a respeito de suas lutas pessoais. Sua igreja se identificava com as fraquezas de seu líder e era capaz de oferecer solidariedade recíproca a seu pastor de saúde frágil.

As maiores realizações de Spurgeon como pastor são um tributo à maneira pela qual ele se identificava com os membros da igreja. Por cerca de 38 anos de ministério, ele conquistou a confiança e a devoção deles. Spurgeon os honrou por intermédio de sua liderança e incumbiu muitos deles com responsabilidades ministeriais que os equipou para servir ao Senhor. Ele sentia que era uma obrigação sua ser como um pai espiritual para aquelas pessoas, encorajando-as com uma atenção digna da devoção paterna. Ele escreveu: "Com toda a sua maturidade e sua firmeza, o pai espiritual é cheio de ternura. [...] Ele nasceu com o propósito de cuidar de outras pessoas, e seu coração não pode descansar enquanto não os encher de tal cuidado".[11]

A importância fundamental do relacionamento de um líder com seus seguidores é conhecida há muito tempo. O filósofo chinês Dao Teh Ching escreveu 500 anos antes de Cristo:

> Um líder é melhor quando as pessoas mal sabem que ele existe, não tão bom quando as pessoas o obedecem e aclamam, pior quando é desprezado por elas. Se deixar de honrar as pessoas, elas deixarão de honrá-lo; mas de um bom líder, que fala pouco quando termina seu trabalho e tem o objetivo atingido, todos dirão: "Fomos nós mesmos que fizemos isso".[12]

---

[10] DRUMMOND, *Spurgeon: Prince...*, p. 356.
[11] SPURGEON, *An All-Round...*, p. 240.
[12] GANGEL, *Feeding and...*, p. 56.

Quando um pastor equipa seu povo com as ferramentas ministeriais certas e, em seguida, as libera para o ministério, essas pessoas realizarão mais na servidão a Cristo.

PREOCUPAÇÃO REDENTORA

Um líder cristão precisa ter uma preocupação redentora em relação a seus liderados. Spurgeon demonstrou esse tipo de preocupação com seu povo ao longo de seu ministério abrangente. É claro que sua maior preocupação era com a salvação da alma daquelas pessoas. Ele escreveu: "Se estamos trabalhando para Cristo, não seremos agressivos, mas convenceremos com ternura. Devemos nutrir uma empatia verdadeira, e assim apelar aos pecadores com lágrimas, como se a ruína deles fosse nossa inimiga, e a salvação deles, nossa bênção".[13]

Spurgeon tinha uma paixão permanente por ver as pessoas se aproximarem da fé em Cristo, e se entristecia ao vê-las se destruindo em seu estilo de vida pecaminoso. Assim, ele usou todos os meios disponíveis para comunicar a necessidade urgente que essas pessoas tinham de responder quando fossem convencidas de seu pecado pelo Espírito Santo.

Amor incondicional

Um líder redentor se caracteriza por um "amor incondicional". O amor incondicional diz: "Você não fez nada nem pode fazer nada para impedir que eu o ame". Isso não significa que você vai tolerar as atitudes de uma pessoa ou fechar os olhos para os pecados dela. Se uma falha moral ocorre, você tem de tratar a questão. Se um relacionamento fracassa, você precisa confrontar a situação. Se alguém deixa de cumprir sua responsabilidade, você deve corrigir a pessoa. Spurgeon escreveu:

---

[13] SPURGEON, *An All-Round...*, p. 381.

Bem melhor será para nós encontrarmos falhas nossas do que nas pessoas quando houver algo errado com elas. Ainda assim, os membros de nossa igreja são seres humanos, e o melhor dos homens ainda assim é, no melhor dos casos, apenas um homem; orientar, instruir, consolar e ajudar tantas mentalidades diferentes não é uma tarefa fácil.[14]

Em uma palestra a seus alunos da faculdade, Spurgeon falou a respeito de um incidente envolvendo um dilema sobre um irmão de ministério que estava em pecado:

> Eu me ajoelho até o pó quando descubro que algum irmão está pecando contra a doutrina, caindo da graça ou se comportando de maneira imprópria. [...] Agora mesmo, um irmão, por causa de seus hábitos permissivos em geral, perdeu o respeito do seu povo e precisa mudar de congregação. Não quero lançar uma maldição sobre outra congregação e não quero mandá-lo embora. Entre essas duas opções tão ruins, sinto-me perplexo. Orem por mim, por ele, por todos os irmãos e por vocês.[15]

Certa ocasião, Spurgeon sentiu a necessidade de repreender um de seus diáconos. Ele relatou desta maneira:

> Certo dia, falei asperamente com um deles, e acho que ele merecia a repreensão que lhe dei, mas ele me disse: "Bem, pode ser que esteja certo. Mas vou lhe dizer uma coisa, senhor, eu morreria pelo senhor sem pestanejar". "Oh", respondi. "Abençoado seja, sinto muito por ter sido tão áspero. Ainda assim, você mereceu, não foi?" Ele sorriu e disse que pensava que sim, e o assunto se encerrou ali.[16]

---

[14] Id., p. 257-258.
[15] SPURGEON, ... *Autobiography*, 3:126-127.
[16] FULLERTON, *C. H. Spurgeon: An Interpretive*..., p. 238.

A capacidade de perdoar

Em todas as questões relacionadas à liderança, tem de haver espaço para o perdão. O líder precisa oferecer o perdão, especialmente se considerarmos o perdão que ele recebeu de Cristo. Como saber que você perdoou alguém? Eugene Habecker escreveu: "(1) não ficar remoendo a questão; (2) não falar com outras pessoas sobre o problema; (3) não insistir no assunto; deixe para trás e siga em frente".[17]

Perdão acompanhado de misericórdia é meio caminho andado para que alguém se torne um líder redentor. Romanos 12:8, ao se referir aos dons, diz: "... Se é exercer liderança, que a exerça com zelo; se é mostrar misericórdia, que o faça com alegria". O contexto poderia nos conduzir à interpretação da liderança como sendo vinculada ao dom de "mostrar misericórdia". Lembre-se: *justiça* é receber o que merecemos; *graça* é receber o que não merecemos; e *misericórdia* é não receber o que merecemos. Um líder que demonstra preocupação redentora agirá com misericórdia em seu ministério.

Ao mesmo tempo, líderes arrogantes e que demonstram pouca misericórdia em relação aos outros precisa tomar cuidado para não cair. O apóstolo Paulo alertou os líderes entre os gálatas: "Cuide-se, porém, cada um para que também não seja tentado" (Gálatas 6:1b). Líderes que manifestam pouco cuidado e compaixão quando outra pessoa cai não conseguem ver a própria suscetibilidade e o risco que correm de serem levados a cair no mesmo pecado. Aqueles que pensam que estão acima desses tipos de tentações provavelmente são mais vulneráveis ainda. Nesses casos, o perigo consiste em perder as qualidades espirituais que o credenciam à liderança.[18] Spurgeon escreveu:

> A sabedoria de um ministro reside na busca por ser sábio diante dos outros, e não esperto para si mesmo. [...] Conheço um

---

[17] HABECKER, *Rediscovering...*, p. 55-57.
[18] GANGEL, *Feeding and...*, p. 45.

irmão [...] quando ele acha que um membro da igreja, especialmente um diácono, cometeu um erro, ele expõe e destrói essa pessoa, e chama isso de fidelidade. Isso não é agir com [...] sabedoria. [...] Se temos sabedoria, devemos manter a paz e buscar restaurar as coisas com gentileza.[19]

RESPEITO POR TODAS AS PESSOAS

Líderes cristãos mantêm e promovem diligentemente a dignidade e o valor de cada indivíduo. Isso quer dizer que tratamos todos eles de maneira justa, que estamos dispostos a nos identificar com "o menor deles" e que estamos igualmente acessíveis a qualquer pessoa. Spurgeon se importava com todas as pessoas que estavam sob sua responsabilidade. Ele demonstrou respeito em seus relacionamentos, fosse a pessoa um açougueiro ou um membro do parlamento britânico. Ele se sentiu compelido a amar os outros porque sabia que Cristo os amava. "Precisamos amar os pecadores em nome de Cristo", escreveu. "Os caídos, os frívolos, os ardilosos, os indiferentes e até os maliciosos devem receber nosso amor. Devemos amá-los por Jesus."[20]

Talvez o melhor líder seja o que tem o menor ego. Na verdade, um líder está fazendo o melhor que pode quando agrega valor à vida de outras pessoas. Muitos líderes têm certa dificuldade com seu ego. Eles estão preocupados com seu território, com alguém que queira roubar o crédito por seus feitos, temem que outros tentem usurpar sua posição. Muita coisa pode ser realizada se não nos importamos com quem vai receber o crédito. Spurgeon escreveu: "Se temos um grande amor por Jesus e uma grande compaixão pelas pessoas que morrem, não devemos nos gabar por ter alcançado grande sucesso, mas chorar e soluçar pelos milhares que não se converteram".[21]

---

[19] SPURGEON, *An All-Round...*, p. 243-244.
[20] Id., p. 382.
[21] Id., p. 227.

Respeitando os líderes que servem com você

Spurgeon se cercou de gente competente capaz de ocupar muitas das funções de seus ministérios. Então, ele os deixava trabalhar sem interferir com frequência. Um líder eficaz precisa não apenas começar e terminar do jeito certo, mas também manter tudo nos conformes. A compaixão sensível é essencial para manter a eficiência da liderança. Um líder presta atenção às necessidades de seus companheiros de liderança tanto quanto aos que são liderados. Ele dispõe de tempo de qualidade com eles, equipa-os para os ministérios que exercem, oferece aconselhamento e orientação quando necessário e dá o respeito que eles merecem.

O líder que demonstra compaixão sensível liderará de acordo com o modelo de serviço de Jesus, ou seja, aquele que deseja ser o maior entre os homens deve ser o servo de todos. Ele ministrará eficientemente àqueles em necessidade por meio da assistência pastoral. Ele procurará alcançar os perdidos por causa da urgência que advém da preocupação redentora. Ele não discriminará ninguém, mas respeitará todo indivíduo por quem Cristo morreu. Embora um líder deva ser o mais durão possível quando se trata de força espiritual, que seja o mais agradável possível quando se trata de compartilhar a compaixão de Cristo.

LIÇÕES DE LIDERANÇA DE SPURGEON

- **Líderes eficazes equilibram "fortes convicções" com um espírito amoroso.** Embora fosse rigoroso em termos de disciplina pessoal, Spurgeon era sensível quando se tratava de seu papel pastoral com as pessoas. Ele escreveu: "Com toda sua maturidade e firmeza, o pai espiritual é cheio de ternura, e manifesta um amor intenso pela alma das pessoas."

- **Um líder que é comprometido em oferecer uma liderança que incluirá as melhores virtudes do cristianismo demonstrará compaixão sensível no processo.** Spurgeon exortou: "Se queremos ver nossos ouvintes salvos da fúria vindoura, precisamos entender que eles são nossos irmãos. É necessário demonstrarmos empatia com eles e ansiedade sobre eles; em outras palavras, paixão e compaixão. Que Deus nos garanta essas duas coisas".

- **O líder cristão que ministra com eficiência a seus seguidores compreende que o cuidado pastoral precisa ser uma prioridade.** Spurgeon desafiou os ministros: "Cuidem de manter um relacionamento o mais familiar possível com aqueles cujas almas estão confiadas a seus cuidados. Fiquem no córrego e pesquem. Muitos pregadores são totalmente ignorantes no que se refere a como a massa de pessoas está vivendo; eles ficam em casa entre livros, mas pouco no mar, entre o povo".

- **Spurgeon acreditava que os líderes devem, antes de tudo, servir.** Ao se tornarem servos, isso os colocaria em uma posição a partir da qual poderiam liderar. "Lembremo-nos que somos os servos na casa do Senhor. '... E quem quiser ser o primeiro deverá ser escravo...' Que estejamos dispostos a ser capachos na entrada do salão de nosso Mestre. Que não busquemos honra para nós mesmos, mas que procuremos colocar a honra sobre os vasos mais fracos por meio de nosso cuidado com eles."

- **Um líder cristão precisa ter uma preocupação redentora por seus liderados.** Spurgeon escreveu: "Se estamos trabalhando para

Cristo, não seremos agressivos, mas convenceremos com ternura. Devemos nutrir uma empatia verdadeira, e assim apelar aos pecadores com lágrimas, como se a ruína deles fosse nossa inimiga, e a salvação deles, nossa bênção".

- **Um líder redentor se caracteriza por um "amor incondicional".** Spurgeon adorava sua gente, e se certificava de que as pessoas soubessem quanto ele as amava e se importava com elas. Ao instruir outros ministros, ele escreveu: "Irmãos, que amemos a todos a quem Jesus também ama de todo o nosso coração".
- **Um líder demonstra compaixão verdadeira ao oferecer cuidado e consolo a seus seguidores.** Spurgeon aconselhava os ministros: "Irmãos, que possamos amar com todo o nosso coração todos aqueles a quem Jesus ama. Zelem pelos que enfrentam provações e sofrimentos. Visitem os órfãos e as viúvas. Cuidem dos fracos e dos fatigados. Amparem os tristes e desanimados. Estejam atentos a todas as partes do lar, e então serão bons pastores".
- **Líderes cristãos mantêm e promovem diligentemente a dignidade e o valor de cada indivíduo.** "Precisamos amar os pecadores em nome de Cristo", escreveu. "Os caídos, os frívolos, os ardilosos, os indiferentes e até os maliciosos devem receber nosso amor. Devemos amá-los por Jesus."
- **O maior ato de compaixão que um cristão pode realizar é a sua paixão por levar pessoas a Cristo.** Para Spurgeon, esse era o maior objetivo: "Se temos um grande amor por Jesus e uma grande compaixão pelas pessoas que morrem, não devemos nos gabar por ter alcançado grande sucesso, mas chorar e soluçar pelos milhares que não se converteram".

11

OBSTINAÇÃO:

LIDERANDO APESAR DE CRÍTICAS E CONFLITOS

> "A controvérsia nunca é um elemento muito feliz para o filho de Deus. [...] Mas o soldado de Cristo não conhece outra opção quando Deus dá uma ordem. [...] O servo de Cristo precisa lutar para manter toda a verdade que seu Mestre lhe revelou porque, como soldado cristão, isso faz parte de seu dever."[1]

Qualquer líder fiel a seu chamado, mais cedo ou mais tarde, se verá envolvido em algum tipo de conflito ou controvérsia. Ao contrário das noções idealistas sobre liderança, mesmo no contexto cristão, líderes frequentemente são surpreendidos por resistências e reações que nunca previram quando aceitaram o chamado de Deus. Eles não tardam em descobrir que as declarações a seguir são a pura verdade:

1. Um líder que quer implementar uma agenda agressiva de mudanças terá de administrar um conflito organizacional inevitável entre seus liderados.
2. Um líder que tem paixão por agregar pessoas em torno de um propósito comum terá de lidar com pessoas que tentarão frustrar suas intenções.

---

[1] SPURGEON, ... *Autobiography*, 2:468.

3. Um líder que defende a causa da justiça sem dúvida vai gerar uma reação pública que pode resultar em um escrutínio pessoal e numa crítica injusta.

O líder que tem a expectativa de fazer a diferença deve estar preparado para enfrentar controvérsia no caminho da realização dos objetivos que estabeleceu para a organização. A controvérsia pode não se tornar propriamente uma amiga, mas será uma daquelas conhecidas que aparecem nos momentos mais inoportunos.

SPURGEON, TEMA DE CONTROVÉRSIA

A controvérsia não era uma novidade para C. H. Spurgeon. Ao longo da maior parte de sua vida, ele atraiu uma quantidade significativa de críticos e se envolveu em inúmeras controvérsias em torno de suas crenças e da prática da fé cristã. De fato, no início de seu ministério em Londres, quando ele só tinha 19 anos, uma publicação panfletária escreveu: "Até os dias atuais [...] nenhum pregador vivo deu margem a tanta discussão, e podemos adicionar, a tanta controvérsia quanto o reverendo C. H. Spurgeon".[2] Do início ao fim de seu ministério, Spurgeon reconhecia que a controvérsia era uma consequência inevitável para um soldado de Cristo batalhando pela causa da justiça.

Às vezes, os ministros de hoje são culpados de fazer tudo que podem para evitar a controvérsia, assumindo a estratégia de oferecer tão pouca resistência quanto possível. No entanto, líderes cristãos autênticos não fugirão de todos os conflitos e todas as controvérsias se buscarem ser fiéis a seu chamado. Jesus aconselhou seus discípulos dizendo que, pelo fato de o mundo odiá-lo, eles também seriam odiados. Por que os líderes piedosos de hoje deveriam esperar merecer um tratamento melhor

---

[2] ANÔNIMO. "Mr. Spurgeon's Critics Criticised" ["Os críticos do senhor Spurgeon o criticaram]. Londres: W.H. Collingridge, 1857, 3. *Spurgeon's Pamphlets* [Panfletos de Spurgeon] 1, nº 24.

do que aquele dado ao Filho de Deus, santo e perfeito em tudo? Jesus foi executado como um criminoso comum, embora não tivesse feito qualquer coisa errada. Podemos perfeitamente sofrer vários tipos de perseguição ao longo de nosso ministério. Porém, é algo que podemos esperar, e não sermos pegos de surpresa, quando buscamos liderar de maneira eficiente para o Reino de Cristo.

CONTROVÉRSIA DENTRO DA IGREJA

Quando eu estava na faculdade, meu pai servia como pastor de uma igrejinha de uma cidade rural. Ao longo de seu ministério, ele descobriu que um de seus diáconos estava envolvido em um relacionamento amoroso ilícito. Ele confrontou o diácono, que imediatamente lhe virou as costas sem demonstrar qualquer sinal de remorso ou arrependimento. Esse diácono e vários de seus amigos iniciaram uma campanha de disseminação de rumores falsos e calúnias contra meu pai, o que acabou resultando em sua demissão por uma maioria de um voto durante uma assembleia da igreja. Embora meu pai tenha confrontado a injustiça em sua igreja, que tinha uma boa reputação na comunidade local, seu ato resultou em sua demissão prematura. Ele foi fiel a seu chamado, mas isso teve um alto custo.

Um resultado muito frequente dos conflitos em igrejas hoje em dia é o afastamento forçado de pastores e suas equipes ministeriais. A dispensa dos ministros é muito mais predominante entre igrejas hoje do que era poucas décadas atrás. Uma das razões é que o nível de expectativa sobre a liderança cristã foi subindo ao longo dos anos. Enquanto os ministros mais antigos costumavam ser afastados por causa de heresias, falhas morais ou malfeitos financeiros, hoje isso pode acontecer por motivos muito menos ofensivos. Alguns pastores têm sido dispensados porque a igreja não estava crescendo tão rápido quanto se esperava ou por causa de diferenças de personalidades. Outros foram demitidos porque forçaram a abordagem de questões raciais, ministraram para "aquela turma diferenciada", foram negligentes com alguns de seus deveres pastorais regulares, foram considerados pouco amigáveis ou promoveram mudanças no culto ou na adoração musical que a congregação achou inaceitáveis.

Embora a controvérsia possa surgir por meio do serviço fiel de um líder a Cristo, alguns conflitos acontecem pelos erros e fracassos do próprio pastor. Às vezes, um líder pode ser uma pessoa sem tato, descuidada, insensível, pouco comunicativa, cabeça-dura, autoritária ou arrogante — e, como resultado, incita o conflito. No Sermão do Monte, Jesus declarou que somos abençoados se sofremos em nome da justiça, mas não há qualquer promessa de bênção para o líder tolo que se torna o pior inimigo dele mesmo. A controvérsia carnal, provocada sem motivos externos, também não é admirada nem desejável. Ela só cria bloqueios na jornada rumo a realizações de valor, um risco que poderia ser evitado por meio de escolhas sábias na liderança sob a orientação do Espírito Santo.

Para o ministro do Evangelho, o desafio da controvérsia é manter sua integridade e assumir a devida responsabilidade pela liderança com o objetivo não apenas de sobreviver, mas também de crescer em uma era de expectativas sem precedentes.

CONTROVÉRSIA PÚBLICA

Spurgeon se envolveu em inúmeras controvérsias durante sua vida. Seu primeiro envolvimento em uma controvérsia pública começou quando ele se tornou o objeto de discussão da "Controvérsia da Imprensa", durante os primeiros anos de seu ministério em Londres (1853-1856), seguida de muitas outras: a "Controvérsia do Hinário" (1856),[3] a

---

[3] Essa controvérsia surgiu quando um ministro congregacional, T. T. Lynch, compilou um hinário intitulado *The Rivulet, or Hymns for the Heart and Voice* [O ribeiro, ou Hinos para o coração e a voz]. Embora algumas resenhas favoráveis tenham sido escritas em relação ao hinário, Spurgeon se uniu a outras pessoas que criticaram a publicação por causa de seu conteúdo teológico. "No hinário há doutrinas que

"Controvérsia da Vida Divina no Homem" (1860),⁴ a "Controvérsia da Questão da Escravidão"⁵ (1860) e a controvérsia com a Sociedade Missionária Batista (1863-1866).⁶ Embora cada um desses incidentes

---

nenhum homem pode tolerar nem por um momento, as quais o crente na livre graça deve ignorar como sendo nada além de superficialidades que não podemos alimentar" (Spurgeon, ... *Autobiography*, 1:477). O panteísmo e o culto à natureza contidos nos hinos resultaram em sua rejeição pela maioria dos cristãos evangélicos.

⁴ Essa controvérsia girava em torno da publicação do livro *The Divine Life in Man* [A vida divina no homem] por outro ministro congregacional, reverendo J. Baldwin Brown. Foi criticada principalmente por suas visões liberais do sacrifício expiatório de Cristo. Spurgeon escreveu: "Não gostamos de controvérsias na igreja [...], mas se alguns ministros defendem erros que subvertem o Evangelho, é dever dos demais pastores confrontá-los" (Spurgeon, ... *Autobiography*, 1:484). Spurgeon temia que a heterodoxia que surgira na obra de Deus se tornasse aceitável entre os evangélicos ou mesmo dentro da própria denominação batista.

⁵ Os sermões de Spurgeon se tornaram tão populares que passaram a ser publicados nos Estados Unidos e em outros países. Spurgeon percebeu que seus pontos de vista poderiam afetar as vendas de seus sermões entre os colonialistas, mas, ainda assim, continuou falando contra a questão da escravidão: "A escravidão é pior mácula que já manchou o brasão nacional, e deve ser lavada com sangue. Os Estados Unidos são, em muitos aspectos, um país glorioso, mas pode se tornar necessário ensinar a ele algumas lições saudáveis, [...] muito melhor seria, no que se refere a essa questão, que o Norte e o Sul se separassem, e os Estados da União se dividissem em mil fragmentos, do que tivessem de sofrer com a continuidade da escravidão" (The Christian Cabinet, 14 de dezembro de 1859). O resultado da posição de Spurgeon foi um boicote de seus sermões no Sul dos Estados Unidos; muitas cartas contundentes com ameaças de violência foram enviadas a ele; imagens suas foram queimadas em praça pública e seus livros se tornaram combustível para muitas fogueiras naquela região. Embora a perda fosse considerável, Spurgeon não mudou sua atitude nem suas opiniões, para dizer o mínimo.

⁶ Por três anos, um debate recorrente ocorreu entre Spurgeon e a Sociedade Missionária Batista (BMS, na sigla em inglês). Tratava-se de um conflito que, de certa forma, prenunciava sua posição na "Controvérsia do Declínio", dois anos depois. A questão principal dizia respeito aos métodos de levantamento de recursos, o que resultou num declínio do fervor missionário. Spurgeon apresentou à BMS quatro razões para justificar sua posição contrária: (1) a adesão ao princípio a fé como o meio primário de levantamento de recursos, opondo-se à ideia de assinatura voluntária da Sociedade; (2) sua crença de que as igrejas, mais do que a instituição, deveriam ser diretamente responsáveis pelo envio de missionários; (3) sua convicção de que a falta de unidade dentro da liderança da BMS estava obstruindo seu trabalho e (4) sua

provocasse conflito e causasse consternação entre diferentes grupos cristãos, não houve grandes rupturas entre Spurgeon e outros líderes cristãos na Inglaterra por conta dessas controvérsias.

Benefícios da controvérsia

Em alguns casos, líderes que recebem críticas públicas por suas posições controversas também são beneficiados pela unidade que elas criam quando seus seguidores se tornam uma "barreira protetora" ao lado de seu líder. Recentemente, é possível comparar o relacionamento entre Jerry Falível (um pastor polêmico que se tornou alvo do setor público em várias ocasiões) e sua congregação, a Igreja Batista de Thomas Road em Lynchburg, no Estado da Virgínia (EUA), com o de Spurgeon com sua igreja em Londres. Ao longo do ministério de Falwell, sua igreja permaneceu firme e unida com ele em seu apoio às causas que ele abraçou. Nas batalhas que ele enfrentou, desde sua oposição ao aborto até as demandas por promoção de estilos de vida sexual alternativos, Falwell e sua igreja revelaram estar unidos na linha de frente.

Da mesma forma, a igreja de Spurgeon o apoiou quando ele foi atacado pela imprensa. Escrevendo a respeito da "Controvérsia da Imprensa", nos primeiros anos de ministério, ele declarou: "O vínculo que me uniu aos membros de New Park Street foi provavelmente

---

crítica à base de agregação de membros da BMS, que era puramente financeira e não mantinha qualquer critério relacionado à vitalidade de seus membros. Spurgeon fez o seguinte apelo à Sociedade: "Se vocês pudessem ver meu coração, nada veriam dentro dele senão o mais puro amor a esta Sociedade, mesmo quando falo tantas coisas sobre suas falhas. Isso é porque eu amo tanto a Sociedade que desejo ver um avivamento mais completo do senso de responsabilidade individual. A quem Cristo comissionou? Não uma sociedade, mas as pessoas" (Citado por Pike, *The Life and...*, 3:84). Apenas uma das contendas levantadas por Spurgeon resultou em algum tipo de ação direta, mas o espaço que se abriu para discussão foi, no mínimo, importante para o pastor do Tabernáculo Metropolitano porque, em 1867, Spurgeon concordou em se tornar membro do Comitê Geral da BMS.

bem mais forte por causa da oposição e da calúnia que, pelo menos por algum tempo, tiveram de sofrer junto comigo".[7]

As duas grandes controvérsias

Entre as várias controvérsias públicas de Spurgeon, duas foram mais marcantes: a "Controvérsia da Regeneração Batismal", em 1864, e a "Controvérsia do Declínio", que ocorreu em 1888, perto do fim de seu ministério. Já lançamos alguma luz sobre a "Controvérsia da Regeneração Batismal" em um capítulo anterior, na qual Spurgeon confrontou a Igreja da Inglaterra sobre seu aval a um livro de orações que, para ele, defendia claramente a salvação de crianças a partir do ato do batismo. Tal conflito resultou no afastamento de Spurgeon da Aliança Evangélica e criou tensões entre ele e os anglicanos durante algum tempo. No entanto, isso não prejudicou sua filiação com a denominação da qual fazia parte; pelo contrário, os laços se fortaleceram, além de estimular sua própria congregação a realizar grandes coisas.

Não foi o caso, porém, da controvérsia final de sua vida, a "Controvérsia do Declínio". Aqui faz sentido entrar em mais detalhes a respeito desse conflito público que abalou os vínculos de Spurgeon com a União Batista.

A CONTROVÉRSIA DO DECLÍNIO

Spurgeon ministrou em união ao lado de seus colegas batistas por mais de 40 anos. Ainda na adolescência, por causa de suas convicções bíblicas, ele rompeu com a teologia de sua família, formada por crentes congregacionais, e se uniu a uma irmandade batista local. Ele mergulhou com alegria no convívio com aquele grupo, envolveu-se no espírito batista e continuou sendo um participante fiel por muitos anos. Ainda assim, nos últimos anos de seu ministério, e por um período

---

[7] SPURGEON, ... *Autobiography*, 1:331.

de tempo relativamente curto, o grande pregador saiu de uma posição de otimismo e expectativa para outra de desilusão e afastamento da irmandade da União Batista. Uma ruptura se deu entre o pastor e a denominação que jamais seria reparada até sua morte, em 1892.

Artigos em *A Espada e a Espátula*

A "Controvérsia do Declínio" emprestou seu nome de uma série de artigos que sugeriam que a ortodoxia do cristianismo estava "em declínio". Em 1887, três artigos sem autoria foram publicados no informativo da igreja de Spurgeon, *A Espada e a Espátula*, e tratavam de vários aspectos do declínio do cristianismo evangélico. O principal objetivo dos artigos era mostrar os perigos da apostasia sobre a verdade evangélica, uma maldição descrita por um historiador batista como "a que conduziria ao racionalismo e ao desastre".[8] Logo depois da publicação dos artigos, Spurgeon publicou outro de sua lavra, descrevendo o declínio da doutrina evangélica entre os dissidentes em geral. Ele declarou:

> A expiação é desdenhada, zomba-se da inspiração das Escrituras, o Espírito Santo é rebaixado a uma mera influência, transforma-se a punição do pecado em ficção e a ressureição em mito e, ainda assim, esses inimigos de nossa fé esperam que os chamemos de irmãos e mantenhamos laços com eles.[9]

O uso de frases diretas e incisivas por parte de Spurgeon tinha por objetivo atrair a atenção de seus leitores. Ele reagiu invocando

---

[8] PAYNE, Ernest. "Downgrade Postscript" ["Postscriptum do declínio", in The Baptist Union: A Short History [União Batista: uma breve história]. Londres: Kingsgate, 1959, p. 153.
[9] SPURGEON, "Another Word Concerning the Down-Grade" ["Outra palavra a respeito do declínio"], *in* The Sword... (1887), 23:397.

certo tipo de declaração confessional entre os batistas, como a declaração de fé adotada pela Aliança Evangélica. Ele tinha a esperança de que tal declaração poderia auxiliar na contenção da maré de transigências doutrinárias que ele acreditava estar se tornando mais proeminente.

O afastamento da União Batista

Embora a denominação batista tenha oficialmente dedicado alguma atenção às preocupações iniciais de Spurgeon, o encontro anual em Sheffield, em 1887, não fez qualquer menção a essa questão nas sessões regulares. Spurgeon ficou desanimado ao constatar que muitos dos jovens ministros trataram seus apelos por reforma como se fossem uma piada de um velho senil. Por fim, em outubro de 1887, depois de seguir uma estratégia que teve pouco resultado, Spurgeon achou que aquela era a hora de sair da irmandade da União Batista: "Com profunda tristeza nós nos abstemos de participar da mesma assembleia daqueles a quem amamos com carinho e respeito sincero, considerando que isso envolveria manter ligações com aqueles com quem não temos qualquer comunhão no Senhor".[10]

O afastamento pessoal de Spurgeon da União Batista foi o ponto de partida oficial da "Controvérsia do Declínio". O Tabernáculo Metropolitano votou por aceitar a petição logo depois. Sua renúncia causou uma comoção não apenas entre os batistas, mas também naquele que parecia ser todo o mundo religioso da época. A imprensa deu destaque à matéria, com manchetes anunciando a ruptura do cristianismo não conformista. Somando-se à reação da imprensa, reuniões públicas foram realizadas em vários lugares para discutir o rompimento entre Spurgeon e a União Batista. No entanto, a controvérsia ganhou força.

---

[10] SPURGEON, "The Case Proved" ["O caso provado"], *in* The Sword... (1887), 23:515.

Efeitos da controvérsia

Uma grande agitação ocorreu dentro da denominação no sentido de encontrar uma maneira pela qual Spurgeon pudesse ser levado de volta ao aprisco. Uma reunião especial foi organizada entre Spurgeon e os representantes da União Batista, mas não houve reconciliação. Spurgeon se recusava a desistir de sua renúncia, e os representantes da União não aceitaram o pedido que ele fizera para que se recomendasse a adoção uma declaração doutrinária similar às de outros grupos evangélicos da época. Todas aquelas movimentações culminaram na assembleia anual, na qual foi elaborada uma moção relativa a uma declaração de fé. Votou-se por uma declaração alterada, a qual recebera emendas para satisfazer os membros mais liberais da União Batista. A moção foi aprovada com maioria esmagadora, mas Spurgeon interpretou aquela decisão como uma censura pessoal. Daquele momento em diante, ele não participou mais das atividades oficiais da União Batista.

A "Controvérsia do Declínio" provocou algumas sérias divisões no ministério evangelístico de C. H. Spurgeon. Apesar de a maioria de seu ministério no Tabernáculo Metropolitano ter produzido muitos frutos em termos evangelísticos, a controvérsia que obscureceu os cinco últimos anos de sua vida foi definitivamente um fator de decadência. Spurgeon foi ficando cada vez mais doente; era evidente que sua energia vital tinha se esgotado por causa de suas preocupações concernentes à controvérsia. Isso, sem dúvida, influenciou no declínio das estatísticas de batismos e adesão de novos membros no Tabernáculo Metropolitano nos anos finais da vida de Spurgeon.

CRÍTICA PESSOAL

Líderes que estão na ponta de quem recebe críticas pessoais frequentemente encontram dificuldade em lidar com isso. Seja um ataque contra seu estilo de liderança ou questões relacionadas à personalidade, ainda assim é doloroso. Independentemente de quão madura na fé a pessoa seja, a crítica incomoda. É preciso ser uma pessoa muito determinada para evitar as inseguranças e dúvidas que assolam quando alguém é pessoalmente atacado ou quando suas motivações são contestadas e sua credibilidade, questionada. Stuart Biscoe escreveu:

> Há uma linha tênue entre a suscetibilidade emocional e a insensibilidade. [...] Para ser um pastor bem-sucedido, a pessoa precisa ter a mentalidade de um acadêmico, o coração de uma criança e o couro de um rinoceronte. [...] Também temos de ser fortes, caso contrário, seremos destruídos.[11]

Spurgeon demonstrava ter todas essas qualidades em graus diversos.

O senso de humor

Desde que era um pregador jovem em Waterbeach, Spurgeon aprendera como administrar conflitos. Um de seus métodos era usar o bom-humor para desarmar seus críticos. Logo no início, ele foi alertado sobre certa mulher briguenta que, segundo lhe disseram, tinha a intenção de agredi-lo verbalmente. "Tudo bem", ele respondeu, "mas esse é um jogo que os dois podem participar." Não muito tempo depois, ela o encontrou e o atacou com uma enxurrada de ofensas. Ele sorriu e disse: "Sim, estou bem, obrigado. Espero que a senhora também esteja".[12]

> Então veio outro ataque de vitupérios, lançados em um tom de voz ainda mais alterado, ao qual respondi, ainda sorrindo: "Sim, está parecendo mesmo que vai chover; acho melhor eu seguir em frente". Ela vociferou: "Como é que pode? O homem é surdo como um poste; por que vou perder tempo reclamando

---

[11] BRISCOE, Stuart. "Being a Tough But Tender Leader" ["Como ser um líder durão, mas amoroso"), *in Leaders on...*, p. 112.
[12] SPURGEON, ... *Autobiography*, 1:255.

com ele?". Então eu disse a ela: "Bom dia", e não tenho certeza se ela chegou a visitar a congregação para ouvir o pregador "surdo" que sabia ser perda de tempo dedicar qualquer atenção àqueles surtos de raiva.[13]

Entretanto, bom-humor nem sempre resolve a questão quando se trata de lidar com ataques pessoais. Spurgeon foi vítima de difamação por parte daqueles que se opunham violentamente a ele e à sua popularidade assim que chegou a Londres. Ele sofreu nas mãos tanto da imprensa secular quanto da religiosa, que criticavam sua teologia.

Spurgeon era um calvinista, mas diferia dos hipercalvinistas, que criam que o Evangelho não deveria ser anunciando a um público generalizado de salvos e não salvos. James Wells, pastor do famoso Tabernáculo de Surrey, em Londres, representava a síntese da crítica que adveio sobre Spurgeon por seus métodos evangelísticos abertos. Sob o pseudônimo de "Jó", Wells atacava com frequência Spurgeon por intermédio das páginas de uma publicação religiosa chamada *The Earthen Vessel* [O Vaso Terreno]. Ele considerava o ministério de Spurgeon uma enganação, e seu mais violento ataque foi quando questionou se Spurgeon era, de fato, salvo. O jovem pastor não entrou em um confronto público com Wells, mas escreveu de maneira privada a sua noiva, Susannah: "Acho que a carta desse tal de 'Jó' provocou muita agitação, e muitos desconhecidos se levantaram a meu favor. Parece mesmo que o rei James vai mobilizar seu pequeno trono levantando sua mão contra um dos pequeninos do Senhor".[14]

A imprensa reduz a pressão sobre Spurgeon

Spurgeon lamentava o tratamento que estava recebendo por parte da imprensa, mas, à medida que o tempo passou, as coisas começaram

---

[13] Ibid.
[14] Id., p. 292.

a mudar. Os ataques ferozes foram diminuindo. Spurgeon se viu em uma posição singular de precisar se adaptar aos elogios que começava a receber. Ele escreveu:

> Há um ano, eu era atacado por todos — mencionar meu nome era falar do mais abominável palhaço que já existiu, [...] mas então, Deus me deu centenas de almas que foram sendo adicionadas à minha igreja, e em um ano, constatei com alegria que não menos de mil pessoas haviam se convertido. Eu não esperava por isso agora. De alguma forma, meu nome agora é estimado, e os maiorais da terra não acham mais ser uma desonra sentar-se aos meus pés; mas isso me faz temer que meu Deus me abandone, agora que o mundo me tem apreço. Eu preferiria ser desprezado e difamado a acontecer algo assim.[15]

Os temores que Spurgeon nutria de ser abandonado por Deus não tinham fundamento porque, nos anos que se seguiram, seu ministério continuou a crescer, e sua influência se tornou ainda maior na capital e nos arredores.

A reação aos ataques pessoais

O pastor do Tabernáculo Metropolitano raramente se defendia quando estava na ponta que recebia as críticas pessoais, fossem elas da imprensa secular ou vindas do púlpito de alguns de seus contemporâneos. Porém, ele não hesitava em repreender qualquer pessoa que criticasse o pastor do Tabernáculo Metropolitano. Spurgeon enxergava uma distinção entre as duas coisas — a reputação pessoal e o ofício público — porque seu cargo refletia a reputação do servo de Deus, cujo ofício representava um chamado maior.

---

[15] *Who and What Is Spurgeon?* [Quem ou o que é Spurgeon?] (panfleto sem autoria). Londres, 1860, p. 24.

Quando Joseph Parker escreveu sua carta aberta (que foi publicada em um jornal de Londres) para Spurgeon depois de sua contenda, em 1890, muitas pessoas esperavam que Spurgeon respondesse da mesma maneira. Na noite seguinte, durante a reunião de meio de semana no Tabernáculo, o recinto estava transbordando de gente curiosa. Spurgeon subiu resoluto ao púlpito e, em vez de fazer comentários sobre a carta de Parker, apenas declarou: "Graças a Deus que ainda há uns *poucos* fiéis que esperam pelo ensino do Velho Livro". Embora a carta tenha mobilizado muitas pessoas na igreja de Spurgeon e provocado muita discussão pública, ele nunca respondeu a Parker. A questão se encerrou ali.

CONFLITO ORGANIZACIONAL

O líder cristão de hoje, sem dúvida, terá de se envolver na gestão de conflitos dentro de sua organização. O pastor local deve se envolver na tentativa de resolução de conflitos entre membros, conflitos sobre diferenças na adoração, conflitos sobre a orientação do ministério, conflitos sobre personalidades na liderança etc.

Sem dúvida, Spurgeon enfrentou conflitos na administração de suas instituições, encontrou diferenças entre suas organizações e lidou com distrações no seio de sua igreja. Infelizmente, a maior parte do tratamento histórico a essas questões é se omitir ou minimizar. O estilo de liderança particular de Spurgeon manteve a gestão e o controle da maior parte dos típicos conflitos organizacionais.

O sucesso de Spurgeon na superação de problemas organizacionais

Muitas razões podem ser apontadas para a ausência de registros de conflitos dentro da igreja de Spurgeon e das outras organizações que ele capitaneou. Para começar, Spurgeon era um líder forte e bem-sucedido, cuja influência e reputação lendária continuaram a crescer durante os 38 anos de seu ministério na mesma igreja. Ele conquistou o direito de se tornar o líder incontestável de seu rebanho e recebeu um tratamento diferenciado na maioria das questões ao longo do tempo. Seu povo se referia a ele de maneira carinhosa como "o chefe", um título que sugeria mais do que apenas uma forma de tratamento carinhosa. Ele era uma figura central e singular e a autoridade absoluta no Tabernáculo e em todos os seus ministérios amplos.

Além de sua própria igreja, ele se tornou um ícone do mundo religioso. Por volta dos 25 anos, ele já era uma celebridade, a ponto de pequenos bonecos de cerâmica dele serem vendidos nas lojas de Londres. Quando chegou aos 30, seus sermões já haviam sido impressos em muitos dos principais idiomas do mundo. Esses são apenas dois exemplos de como a popularidade de Spurgeon alcançou proporções de superestrela. A influência incomparável de Spurgeon poderia ser perigosa para um homem de ética e convicções menos sólidas, mas ele manteve um bom equilíbrio em sua liderança e não usou seu prestígio para manipular os membros da igreja de uma maneira inadequada.

Em segundo lugar, Spurgeon se cercou de pessoas capazes que administravam a faculdade, o orfanato, os asilos e a igreja de uma forma que demonstrava lealdade incondicional a seu líder.

Como Spurgeon lidava com encrenqueiros

Spurgeon tinha a habilidade de colocar os encrenqueiros em potencial para trabalhar de maneira produtiva a fim de beneficiar tanto eles mesmos quanto a igreja. Em seu 25º aniversário no Tabernáculo Metropolitano, Spurgeon declarou à sua congregação:

> Amamos uns aos outros em nome de Cristo e em nome da verdade. [...] Agradeço a Deus por isso porque sei que há maldade mais que suficiente entre nós para causar dissensões em nosso meio. [...] Somos o bando mais imperfeito de pessoas que se pode encontrar, mas somos um em Cristo. Cada um de nós

precisa se entender com o outro, e aturar e tolerar; e me parece maravilhoso que tantas pessoas imperfeitas tenham conseguido seguir em frente tão bem e por tanto tempo. Pela fé, consigo ler por cima da porta do Tabernáculo este texto: "Quando o Senhor provê a calma, quem pode criar agitação?". [...] Às vezes, tenho sido alertado por colegas de ministério que tiveram de lidar com um membro de sua igreja que se revelou problemático para a congregação e que manifestou desejo de vir para nosso meio. Alguém me contou que devo prestar muita atenção nessa pessoa, pois ele certamente seria causa de perturbação para mim, mas eu respondi: "Ninguém jamais me perturba; eu não permito". Muitas dessas pessoas, supostamente tão perigosas, querem apenas encontrar alguma coisa para fazer; elas têm muita energia para ficarem desocupadas. Eu as coloco para trabalhar e elas deixam de ser encrenqueiras. Se isso não as curar, eu arranjo ainda mais trabalho para elas fazerem.[16]

A filosofia de Spurgeon era a de pegar as pessoas com tendência a causar divisão e colocá-las para trabalhar. Quanto mais elas se engajassem no ministério, menos tempo teriam para causar conflitos na congregação.

Elas têm vigor demais que lugares pequenos não comportam, e precisam estar onde suas potencialidades podem ganhar um escopo amplo, pois assim sobra a elas menos tempo para notar coisas com as quais não concordam totalmente. Possivelmente, meus irmãos, muitos de vocês não valorizam o suficiente a paz que reina em nossa igreja. Ah, vocês valorizariam, caso a perdessem. Oh, como vocês a apreciariam se o conflito e a contenda viessem a se abater em nosso meio! Vocês olhariam para trás para ver os dias felizes que tivemos juntos com intenso remorso, e orariam: "Senhor, restaura a nossa união; envia-nos

---

[16] SPURGEON, ... *Autobiography*, 3:222.

o amor uns pelos outros mais uma vez" porque, em uma igreja, o amor é o elemento essencial da felicidade.¹⁷

SPURGEON COMO POLEMISTA

Spurgeon não era considerado o maior polemista por alguns de seus biógrafos. Fullerton afirmou:

> O senhor Spurgeon era muito sério, muito objetivo sobre o significado eterno das coisas, muito seguro de sua própria posição para ser um bom polemista. Seu instinto o conduziu a conclusões a que outros só chegaram pela lógica, portanto não estava apto a ser muito paciente com aqueles que contestavam a cada passo do caminho, deixando, na opinião dele, de ver a madeira por causa das árvores, e a cidade por causa das casas.¹⁸

Os biógrafos basearam seu julgamento sobre as habilidades de Spurgeon diante das controvérsias mais por uma questão de estilo do que de substância. Tal análise ocorreu porque eles viam o verdadeiro Spurgeon como uma pessoa cujo ministério não fora caracterizado pela controvérsia. De fato, Spurgeon certamente não via as controvérsias como um foco prioritário de seu ministério. Como Fullerton declarou, "ele era uma testemunha, não um debatedor".¹⁹

Seu objetivo principal era sempre o evangelismo. Em 1861, ao falar a respeito de seu ministério, Spurgeon afirmou:

> A controvérsia nunca é um elemento muito feliz para o filho de Deus: ele preferiria muito mais estar em comunhão com

---
¹⁷ SPURGEON, ... *Autobiography*, p. 223.
¹⁸ FULLERTON, *C. H. Spurgeon: An Interpretive*..., p. 237, 243-244; Pike, *The Life and*..., 2:265.
¹⁹ Id., 248.

seu Senhor do que envolvido na defesa da fé ou no combate ao erro. Mas o soldado de Cristo não conhece outra opção quando Deus dá uma ordem. [...] O servo de Cristo precisa lutar para manter toda a verdade que seu Mestre lhe revelou porque, como soldado cristão, isso faz parte de seu dever.[20]

Durante a maior parte de seu ministério, Spurgeon preferiu não discutir nem contender a respeito de disputas teológicas. Em vez disso, sua abordagem era apresentar a mensagem do evangelho de maneira simples e direta, e deixar que ela se consolidasse por si só. Ele disse a seus leitores:

> Eu preferiria caminhar 15 quilômetros para fugir de uma disputa do que metade disso para entrar em uma contenda. Sou frequentemente instado a ser ousado, e enfrento as dificuldades de frente, mas, como prefiro acreditar que a diversão é mais prazerosa que proveitosa, prefiro deixar o conflito para aqueles que já estão acostumados a ponto de uma pequena cutucada de um chifre não causar nenhum estrago a seus ossos.[21]

No entanto, apesar de suas reivindicações para que as disputas fossem evitadas, Spurgeon parecia incapaz de se manter longe de controvérsias. Por causa de suas visões dogmáticas, de sua confiança em sua teologia e sua prática do cristianismo, Spurgeon tinha propensão a atrair controvérsia. De certa forma, isso se revelou verdadeiro desde o dia que ele chegou a Londres até sua morte em Mentone.

Até certo ponto, é possível aceitar que Spurgeon não era um bom polemista em termos de debate público, apresentação de argumentos

---

[20] SPURGEON, ... *Autobiography*, 2:468.
[21] Id. *John Ploughman's Talk: or Plain Advice for Plain People* [Conversa de John Ploughman: ou Conselhos simples para pessoas simples]. Nova York: Sheldon and Co., p. 69.

e estratégia. Como Carlile afirmou: "Ele nada sabia das artes e dos ofícios da elaboração e da transigência. Ele dizia aquilo que estava em seu coração, e o fazia com uma clareza cristalina".[22]

Mas a preocupação de Spurgeon não era a de ser bom em controvérsias. Era de defender a verdade. Historicamente, sua disposição de fazer essa defesa em questões que considerava cruciais para a fé evangélica inspirou e incentivou as gerações seguintes a se posicionar e marcar presença na defesa de causas que acreditavam ser legítimas. A luta de Spurgeon se tornou um símbolo da luta pelo evangelho que toda geração precisa enfrentar. É uma determinação de permanecer fiel a convicções sólidas, independentemente do resultado imediato, crendo que, no fim, a justiça prevalecerá.

---

[22] CARLILE, *C. H. Spurgeon: An Interpretive...*, p. 237.

LIÇÕES DE LIDERANÇA DE SPURGEON

- **A controvérsia é inevitável para a pessoa que busca ser fiel ao chamado do Senhor.** Spurgeon escreveu: "A controvérsia nunca é um elemento muito feliz para o filho de Deus. [...] Mas o soldado de Cristo não conhece outra opção quando Deus dá uma ordem". Jesus aconselhou seus discípulos dizendo que, pelo fato de o mundo odiá-lo, o mundo também os odiaria. Mesmo o líder mais eficiente vai se deparar com a controvérsia durante sua jornada.

- **Um líder não deve buscar a controvérsia em seu próprio nome.** Spurgeon expressou seu distanciamento das controvérsias: "Eu preferiria caminhar 15 quilômetros para fugir de uma disputa do que metade disso para entrar em uma contenda".

- **Alguns conflitos ocorrem por causa de erros e falhas do próprio líder.** Quando um líder é uma pessoa sem tato, descuidada, insensível, pouco comunicativa, cabeça-dura, autoritária e arrogante, ele atrai críticas como resultado. Esse tipo de controvérsia não é motivo de admiração; pelo contrário, representa a abordagem de uma liderança sem sabedoria que cria reações adversas.

- **A controvérsia pode servir para unir um líder a seus seguidores.** Isso revelou-se uma verdade no início do ministério de Spurgeon, quando ele foi caluniado pela imprensa. "O vínculo que me uniu aos membros de New Park Street foi provavelmente bem mais forte por causa da oposição e da calúnia que, pelo menos por algum tempo, tiveram de sofrer junto comigo."

- **O líder sábio é capaz de fazer a distinção entre as críticas pessoais e profissionais.** Spurgeon não costumava reagir a ataques pessoais, mas ele reagia quando alguém criticava o pastor do Tabernáculo Metropolitano. Ele demonstrava mais preocupação com seu papel de ofício do que com sua reputação pessoal.

- **Os líderes se beneficiam ao oferecer a seus críticos potenciais certas responsabilidades significativas.** A filosofia de Spurgeon era a de pegar as pessoas com potencial de criar divisões e proceder desta maneira: "Eu as coloco para trabalhar e elas deixam de ser encrenqueiras. Se isso não as curar, eu arranjo ainda mais trabalho para elas fazerem".

- **O objetivo de um líder não deve incluir a perspectiva de se tornar um mestre da controvérsia, mas de ser uma pessoa consistente ao lidar com a verdade.** Spurgeon pode não ter sido o maior dos polemistas, mas sua determinação era a de permanecer fiel a convicções sólidas, independentemente do resultado, crendo que a justiça prevaleceria no fim.

12

PERSISTÊNCIA:

LIDANDO COM PROBLEMAS DE SAÚDE E DEPRESSÃO

"Nem a bondade nem a grandeza pode livrar você da aflição."[1]

"Há masmorras sob o Castelo do Desespero
tão sombrias quanto a morada dos perdidos,
e alguns de nós estiveram nelas."[2]

A liderança sempre chega com um custo. Com frequência o tributo é cobrado na forma de provações e tribulações que surgem a partir das pressões da liderança e de tomadas de decisão difíceis. Mas outra coisa que deve ser considerada é o preço ainda mais alto pago com o comprometimento do bem-estar do líder, de dentro para fora. Estresse e sofrimento podem produzir um tremendo impacto na eficácia de um líder.

Em um livro surpreendente intitulado *The Sword of Suffering* [A espada do sofrimento], o doutor Stephen Olford relata sua própria

---

[1] SPURGEON, ... *Autobiography*, Manhã...
[2] WILLIAMS, William. *Personal Reminiscences of Charles Haddon Spurgeon* [Reminiscências pessoais de Charles Haddon Spurgeon]. Nova York: Fleming H. Revell Co., p. 166.

experiência com diagnóstico e tratamento do linfoma não Hodgkins. Olford revela suas mais profundas reflexões e seus sentimentos relacionados com seu sofrimento pessoal. Na apresentação, ele fala sobre a profecia sobre o menino Jesus, quando um ancião chamado Simeão abordou Maria no tempo por ocasião da apresentação de Jesus: "Simeão os abençoou e disse a Maria, mãe de Jesus: — Este menino está destinado a causar a queda e o levantamento de muitos em Israel, e a ser um sinal de contradição, de modo que os pensamentos do coração de muitos sejam revelados. Quanto a você, uma espada atravessará a sua alma" (Lucas 2:34-35).

Aquela "espada" de sofrimento era muito mais do que os insultos e a rejeição que Maria teria de enfrentar durante a vida de Jesus; tomaria a forma da "dor definitiva, do horror e da experiência dilacerante para a alma de ver o fruto de seu ventre brutalmente cravado numa cruz romana".[3] O exemplo de Olford para o sofrimento de Cristo foi instrutivo para que ele pudesse lidar com sua própria situação, e é esclarecedor para todos os líderes que buscam servir o Senhor.

O sofrimento era algo com que C. H. Spurgeon estava acostumado. Ao longo de sua vida e de seu ministério, ele sofreu muito ao ministrar por Cristo. Os estresses e as tensões do ministério, as grandes expectativas que recaíam sobre ele semana após semana, as datas-limite para entregar textos e o peso da responsabilidade espiritual — tudo isso contribuiu para o sofrimento pelo qual ele passou. Tal sofrimento se manifestou de diferentes maneiras durante sua vida. Embora já tenhamos falado a respeito das provações externas que Spurgeon enfrentou por causa dos conflitos e das controvérsias, precisamos voltar nossa atenção aos sofrimentos internos pelos quais ele passou. Sem simplificar demais, é possível caracterizar o sofrimento pessoal de Spurgeon como físico, emocional e, claro, espiritual — entendendo que essas provações, de alguma forma, se intercalaram em termos de efeitos sobre ele.

---

[3] OLFORD, Stephen F. *The Sword of Suffering* [A espada do sofrimento]. Chattanooga: AMG, 2001, xvi.

A REALIDADE DO SOFRIMENTO

Spurgeon achava que sofrer era parte normal da vida cristã. Ele concordava com o apóstolo Paulo que o cristão deve esperar por ter "participação nos [...] sofrimentos [de Cristo]" (Filipenses 3:10). Para Spurgeon, sofrer não era uma ocorrência rara para o cristão, pelo contrário, era uma parte que integrava a jornada espiritual do crente. Ele não esperava nem acreditava que deveria ser capaz de evitar as tribulações nesta terra.

> Não há como escapar das dificuldades. Nascemos dentro delas conforme as fagulhas sobem. Quando nascemos de novo, embora herdemos inúmeras misericórdias, nascemos certamente para enfrentar outro tanto de dificuldades. Encaramos provações espirituais, conflitos espirituais, dores espirituais e assim por diante; desta maneira, geramos uma dose dupla de aflições, assim como duas vezes mais misericórdia. Até o rei Davi, o "homem segundo o coração de Deus", foi um dos que sentiram o sofrimento imposto pela própria mão de Deus. [...] Nenhum grau de bondade ou grandeza é suficiente para livrar você da aflição.[4]

É verdade que vivemos em um mundo cheio de "encrencas" no qual há sofrimento, males e doença. A realidade da queda do ser humano e a entrada do pecado no mundo trouxeram consigo uma manifestação de sofrimento que compartilhamos com toda a humanidade. Ainda assim, muito desse tal sofrimento tem a ver com as consequências naturais de nosso próprio pecado. Outras vezes, o sofrimento chega porque somos envolvidos nas consequências de um pecado de um grupo, cometido por outras pessoas. De fato, as Escrituras nos dizem

---

[4] SPURGEON, *Manhã...*

que toda a criação geme por sua redenção, chamando nossa atenção para o fato de que somos participantes de algo que é comum à condição geral da humanidade enquanto vive nesta terra.

As pessoas podem questionar por que um Deus bom permite que o mal e o sofrimento ocorram no mundo. Embora possamos ter dificuldade para entender a providência divina em todas essas questões aqui na terra, temos confiança de que compreenderemos todos os caminhos de Deus quando o encontrarmos face a face na eternidade. Enquanto isso, confiamos que o Senhor deseja o bem para sua Criação. Alguns dos sofrimentos pelos quais passamos podem ser o resultado de escolhas ruins que seres humanos que vieram antes de nós fizeram. Quem sabe se o que existe em nosso ambiente físico que contribui para as doenças é resultado do domínio nocivo do ser humano durante vários séculos? Produtos químicos, poluição e água contaminada — todos fatores relacionados a doenças — têm infectado nosso ambiente durante anos. Além disso, de acordo com a Palavra de Deus, os pecados dos pais recaem sobre os filhos geração após geração. Estamos lidando com a multiplicação do pecado e suas consequências durante milênios.

Por outro lado, Deus pode deliberadamente permitir algum sofrimento para o aprimoramento de nossa vida espiritual. Spurgeon acreditava que Deus tem um propósito para nós em meio ao nosso sofrimento. Ele também cria que, se passássemos por uma "dose dupla de aflições", o Senhor a compensaria com "duas vezes mais misericórdia".

FRAQUEZA FÍSICA

"... quando sou fraco, então é que sou forte" (2Coríntios 12:10). As palavras do apóstolo Paulo trazem encorajamento ao líder cristão que luta contra a fraqueza. C. H. Spurgeon era um escritor, educador, evangelista, pastor e, por muitos anos, um sofredor por causa das aflições físicas severas que o afligiam. O Spurgeon que é costumeiramente retratado como um homem forte e robusto também precisava lidar com fragilidades pessoais em sua vida. Por boa parte de sua existência,

Spurgeon sofreu com a gota e os problemas decorrentes. Sua constituição física, embora parecesse robusta e saudável nos primeiros anos, começou a se deteriorar quando ele ainda era um jovem adulto.

O primeiro episódio real de doença registrado foi um problema prolongado ocorrido no inverno de 1858, quando Spurgeon tinha apenas 24 anos. Ele ficou fora do púlpito por três semanas, e parecia um prenúncio das coisas que estavam por vir.

> Queridos amigos amados, ainda sou um prisioneiro. A fraqueza se seguiu à dor, e o abatimento da mente é o resultado angustiante dessa prostração de meus poderes físicos. É Deus agindo. Em certo sentido, posso dizer como Paulo: "Sou um prisioneiro de Jesus Cristo." No entanto, ah, meus grilhões são mais fáceis e menos honrosos para usar do que os dele. Em vez de uma masmorra, minha sorte foi lançada em uma morada confortável. O ministério ao qual me habituei não está restrito por causa de uma corrente forjada por um homem, mas pelo cordão de seda da providência divina. Não estou sendo vigiado por um carcereiro rude, mas por parentes e amigos amorosos que cuidam de mim nessas horas tediosas de cativeiro. Suplico a vocês, portanto, meus amados, que permitam que suas muitas orações a Deus a meu favor sejam todas e cada uma misturadas com ações de graças. Que a gratidão seja sempre usada na devoção, como sal era utilizado nos sacrifícios "sem prescrição de limite".[5]

Aquela ocasião foi a primeira de muitas em que a doença afetou a capacidade de Spurgeon para conduzir seu ministério. Conforme os anos se passaram, a frequência e a intensidade dos ataques foram crescendo. No fim de sua vida, ele já não tinha mais capacidade de pregar em seu púlpito por longos períodos. A gota o afetou de tal maneira que, mesmo quando conseguia pregar, ele o fazia sofrendo dores muito

---

[5] SPURGEON, ... *Autobiography*, 2:318.

fortes. Às vezes, ele precisava pregar com o pé pousado em um banquinho. Em outras ocasiões, sua dor era tão intensa que ele tinha de sair do culto antes do fim. Entretanto, por meio de suas fraquezas, ele foi capaz de se identificar com as pessoas sofredoras presentes em sua congregação e ministrar a elas. Ele sabia exatamente o que era sofrer, e conseguia fortalecer o espírito delas por meio da força e do conforto que o Senhor lhes oferecia por intermédio dele. Embora Spurgeon cresse e orasse por sua cura, ele continuou sofrendo com problemas físicos pelo restante de sua vida. Com o tempo, sua gota foi piorando até se tornar uma insuficiência renal crônica, uma moléstia do rim que apressou sua morte com a idade de 57.

A doença da esposa de Spurgeon

Spurgeon não teve de lidar apenas com seus problemas de saúde, mas também com os de sua esposa amada, Susannah, que, como ele, sofreu com suas fraquezas físicas durante a maior parte de sua vida adulta. Por causa de complicações resultantes da gravidez, ela se tornou praticamente uma inválida aos 33 anos, uma condição que gerou muitas consequências tanto na esfera de sua vida pública quanto privada. Suas aparições públicas eram limitadas, e ela passava períodos frequentes confinada à sua cama. Em inúmeras ocasiões, Spurgeon teve de receber sozinho as pessoas que visitavam sua casa. Um visitante estadunidense registrou que, enquanto passeavam no gramado, a senhora Spurgeon acenava a eles do quarto de cima. Ainda assim, apesar de suas limitações, ela ofereceu um grande apoio emocional ao marido, além de se envolver pessoalmente no ministério de Spurgeon de várias formas, como vimos anteriormente.

ESTRESSE EMOCIONAL

É muito comum que grandes líderes que alcançam o ápice do sucesso também sucumbam diante do tombo do fracasso, seja na dimensão espiritual quanto na vida cotidiana. Alguns deles são marcados por questões pessoais que os afeta pela vida inteira. Winston Churchill disse: "A depressão me perseguiu como um cão durante toda a minha vida."[6] Conta-se que, quando ainda era um jovem advogado no Estado de Illinois (EUA), Abraham Lincoln ficou tão deprimido que seus amigos tiveram de esconder facas e navalhas dele. Ao escrever sobre seu problema, ele se expressou assim: "Neste momento, sou o mais miserável dos homens vivos. [...] Se um dia me sentirei melhor, não posso dizer. Minha previsão terrível é a de que isso não acontecerá."[7] Tanto Churchill quanto Lincoln se tornaram grandes líderes capazes de superar suas fraquezas emocionais para liderar com eficiência em tempos de grande comoção nacional.

Spurgeon também ficou conhecido por sofrer de depressão. Certa vez, ele declarou: "Há masmorras sob o Castelo do Desespero tão sombrias quanto a morada dos perdidos, e alguns de nós estiveram nelas."[8] Tal declaração ilustra bem quão mal ele chegava a se sentir às vezes. Sua depressão parecia ser uma ocorrência inevitável nas lutas emocionais de sua vida.

Os efeitos posteriores ao incidente do Salão de Música

Já mencionamos a ocorrência trágica no culto de estreia no Salão Real de Música de Surrey Gardens, em 19 de outubro de 1856. A imensa multidão de mais de 10 mil pessoas havia acabado de se acomodar para assistir ao culto quando "um distúrbio foi causado, e a congregação foi tomada de um pânico repentino".[9] Sete pessoas foram pisoteadas até a

---

[6] Ver STORR, Anthony. *Churchill's Black Dog* [O cachorro negro de Churchill]. Glasgow: Fontana/Collins, 1990.
[7] Carta a J.T. Stuart, citada em HERNDON William H.; WEIK, Jesse W. *Herndon's Lincoln: The True Story of a Great Life* [O Lincoln de Herndon: a verdadeira história de uma grande vida]. Chicago: Belford, Clarke & Co., 1889, p. 215.
[8] WILLIAMS, *Personal Reminiscences*...
[9] SPURGEON, ... *Autobiography*, 1:442.

morte e dezenas de outras ficaram feridas depois que um falso alarme de incêndio levou o povo a correr na direção das portas. O livro de registros do Tabernáculo Metropolitano continha o seguinte registro relacionado à tragédia:

> Essa lamentável circunstância produziu efeitos muito sérios sobre o sistema nervoso de nosso pastor. Ele ficou absolutamente prostrado por alguns dias, e inclinado a abandonar seus compromissos como pregador. Graças à grande misericórdia de nosso Pai Celestial, porém, ele foi restaurado de maneira a se sentir apto a ocupar o púlpito em nossa própria capela no domingo, dia 2 de novembro, e aos poucos recuperou sua saúde e seu vigor habituais.[10]

Depois do incidente no Salão Real de Música de Surrey Gardens, Spurgeon passou a sofrer ataques de pânico para o resto da vida. Toda vez que ele entrava em um recinto lotado, era acometido de uma sensação de pânico real. Era um trauma emocional que jamais o deixaria. O professor Drummond escreveu sobre os efeitos desse trauma na vida de Spurgeon:

> Ao longo dos anos, toda ver que uma grande multidão se formava para ouvi-lo, aquele dia fatídico parecia voltar à lembrança com mais força para perturbar seu espírito. Até mesmo o versículo da Escritura sobre o qual ele pregou naquela ocasião (Provérbios 3:33) revivia aquela lembrança triste. Ele ficava pálido só de ouvi-lo.[11]

Apenas um ano e meio depois do incidente, um prédio ruiu sob o peso da neve na manhã seguinte a uma pregação de Spurgeon naquele

---

[10] SPURGEON, ... *Autobiography*, p. 443.
[11] DRUMMOND, *Spurgeon: Prince...*, p. 245-246.

mesmo lugar, à noite. Ele jurou que, se vidas fossem perdidas novamente, ele deixaria de pregar. Felizmente, tal coisa jamais aconteceu.

A senhora Spurgeon escreveu a respeito dos efeitos da tragédia do Salão Real de Música de Surrey Gardens sobre a vida do marido:

> Ele carregou as cicatrizes daquele infortúnio até o dia de sua morte, e depois disso, nunca mais recuperou o vigor e a força física que tinha antes de passar por uma provação tão feroz. Na verdade, foi uma trilha espinhosa pela qual o Senhor o guiou. O amor humano o protegeria a qualquer preço de uma provação tão terrível, e de um sofrimento tão intenso; mas o amor de Deus enxergou o fim desde o princípio, e "ele nunca comete erros". Embora não possamos, em determinado momento, ver o propósito do Senhor nas aflições que ele nos envia, tudo será claramente revelado quando a luz da eternidade cair sobre a estrada pela qual temos caminhado.[12]

O fardo de carregar as lutas dos outros

Spurgeon também sofreu os estresses e as tensões habituais de um ministério muito ativo. Somados aos rigores que a preparação de sermões semanais havia a direção de múltiplos ministérios, os prazos de edição e redação de textos, os muitos convites para pregar, o cuidado e ao sustento de sua família e o envolvimento em muitas outras esferas da obra do Senhor. Spurgeon também se ocupava de aconselhar colegas de ministério. Os muitos homens que o buscaram para desabafar seus problemas também cobravam um alto preço. Ele não apenas ouvia aqueles que estavam sofrendo entre sua congregação, mas também muitos dos alunos da Faculdade de Pastores buscaram consolo com Spurgeon. James Douglas, um de seus alunos, disse ter visto Spurgeon ouvindo tantos fardos trazidos por outros homens que

---

[12] SPURGEON, ... *Autobiography*, 1:424.

tomou a decisão de nunca compartilhar quaisquer problemas pessoais com o mestre a partir daquele momento. Douglas jurou compartilhar apenas bênçãos com Spurgeon para que isso pudesse ajudar a levantar seu espírito. Sem dúvida, os fardos das dificuldades pessoais de outros pastores compartilhados com Spurgeon o deprimiram em muitas ocasiões. A depressão parecia disposta a assombrar Spurgeon com frequência ao longo de seu ministério.

Spurgeon nunca duvidou da mensagem do Evangelho de Cristo, mas, às vezes, duvidava de si como mensageiro. Diz-se que ele afirmou sentir-se mais como um garçom no banquete divino do Mestre, e menos como um instrumento através do qual poderia servir os outros. Certa vez, quando se sentia extremamente deprimido, ele viajou para o interior durante um fim de semana e assistiu a um culto numa pequena igreja de um vilarejo. O pregador não reconheceu o visitante famoso, e continuou entregando uma mensagem baseada em um dos sermões do próprio Spurgeon. Depois disso, Spurgeon se aproximou do jovem pastor, apresentou-se e o agradeceu pela ministração. O pastor ruborizou-se em oito diferentes tons de vermelho ao admitir, cheio de vergonha, que havia acabado de pregar um dos sermões do visitante. Spurgeon respondeu que, de fato, havia reconhecido o sermão, mas que aquilo era exatamente o que ele precisava ouvir. Ele disse àquele surpreso pastor que, por meio daquele sermão, Deus o assegurara de que a mensagem que havia pregado a outras pessoas também deveria servir para ele. Foi uma experiência revigorante e confortante na vida do perturbado pastor.

SOFRIMENTO ESPIRITUAL

Spurgeon achava que o sofrimento espiritual era necessário para que o cristão se colocasse na posição certa para servir a Deus. Voltando no tempo à época anterior à sua conversão, ele passou por variados graus de angústia espiritual. Dos 10 aos 15 anos, ele passou por uma peregrinação de fé que incluiu tempos amargos nos quais enfrentou suas dificuldades sem Cristo. Ele citava a "justiça de Deus", sobre a qual afirmou:

Persistência: Lidando com problemas de saúde e depressão

> ... como a relha de um arado, ela rasgou meu espírito. Eu estava condenado, perdido, destruído — sem rumo, sem saída, sem esperança. Pensava que só tinha o inferno diante de mim. Foi então que o arado passou, pois quando quis ouvir o Evangelho, ele não me confortou. [...] As promessas cuidadosamente escolhidas por Deus não me consolavam. [...] Orei, mas não achei uma resposta que me proporcionasse paz.[13]

Para Spurgeon, nenhum sofrimento pelo qual passaria mais tarde poderia se comparar àquele sabor amargo e devastador na alma. Aqueles sofrimentos espirituais o ensinaram a abominar a imundície do pecado e prezar a santidade de Deus. E também geraram dentro dele um júbilo angelical por sua salvação. Ao olhar para trás e pensar em sua conversão, Spurgeon prosseguiu:

> O benefício abundante que agora ceifamos a partir da lavoura profunda de nosso coração é suficiente para nos reconciliar com a severidade do processo. Precioso é o vinho prensado no tonel da convicção; puro é o ouro escavado nas minas do arrependimento; e brilhante são aquelas pérolas encontradas nas cavernas da profunda aflição.[14]

Spurgeon jamais perdeu sua noção inata do pecado e da devastação que pode provocar no coração de alguém. Ele olhava para trás com gratidão por sua conversão e nunca se esquecia dos horrores da convicção que ele sentiu por causa de seu pecado.

Spurgeon não achava, como fazem alguns pregadores da "geração da cura e da prosperidade" que se destacam na TV hoje em dia, que o sofrimento termina com a salvação. Ele se regozijava em seus sofrimentos e na maneira como eles o haviam levado a depender constantemente

---

[13] SPURGEON, ... *Autobiography*, 1:53.
[14] Ibid.

do Senhor. Spurgeon acreditava que eles faziam parte do propósito geral de Deus para sua vida:

> O Deus da providência limitou o tempo, a forma, a intensidade, a repetição e os efeitos de todas as nossas enfermidades; cada pulsação é decretada, cada noite em claro é predestinada, cada recaída é prescrita, cada depressão do espírito é previamente conhecida e cada resultado santificador dessas coisas tem um propósito eternamente determinado. Nada, seja grande ou pequeno, escapa da mão ordenadora daquele que sabe quantos fios de cabelo há em nossa cabeça.[15]

Mesmo em seus momentos mais sombrios, Spurgeon tinha a confiança de que Deus veria sua esperança duradoura no futuro:

> Podemos desfalecer em nosso espírito e ir tão baixo ao ponto de termos a impressão de que vamos afundar no abismo do inferno; mas não seremos deixados lá. Pode parecer que estamos às portas da morte em nosso coração, nossa alma e nossa consciência; mas não podemos permanecer ali. Nossa morte interior à alegria e à esperança pode ir longe; mas não pode prosseguir até as últimas consequências, como alcançar a corrupção interna do desespero sombrio. Podemos seguir bem devagar, mas não mais lentos do que o Senhor permite; podemos ficar na mais profunda masmorra da dúvida por um período, mas não morreremos nela. A estrela da esperança continua no céu, mesmo na noite mais escura. O Senhor não se esquecerá de nós nem nos conduzirá pela mão até o inimigo. Descansemos na esperança. Temos de manter nossa aliança com aquele cuja misericórdia dura para sempre. Com certeza, em vez de

---

[15] SPURGEON, *Manhã...*

morte e escuridão e desespero, vamos prevalecer para a vida, a luz e a liberdade.[16]

O REMÉDIO PARA O SOFRIMENTO

Como foi que Spurgeon lidou com seus vários sofrimentos? Para prevalecer diante das situações de dor, ele usou vários meios, entre eles os que veremos a seguir.

Uso de medicamentos

Spurgeon não era uma pessoa de fugir do uso dos mais recentes tratamentos médicos disponíveis em sua época. Ele consultava especialistas e usava medicamentos comuns naqueles tempos para tratar as variadas enfermidades que o acometiam. Embora os cristãos saibam que o Médico dos médicos pode curar qualquer doença de maneira sobrenatural, também cremos que ele age usando diversos meios para promover a cura. Se Spurgeon podia alcançar algum alívio como resultado de tratamentos médicos, ele não hesitava em buscá-los. Líderes cristãos de hoje não devem evitar os mais modernos métodos de tratamento, mas usá-los dentro de uma abordagem ampla para receber a cura sobre sua vida. Obviamente, os perigos de tratamentos radicais não recomendados e do uso abusivo de substâncias devem servir como alerta a qualquer pessoa em busca de alívio para suas enfermidades.

O apoio das cartas

Spurgeon dedicava uma grande parte de seu tempo a escrever cartas. Na verdade, um de seus biógrafos destacou que ele escrevia cerca de quinhentas cartas por semana. É claro que a carta típica não passava

---

[16] SPURGEON, C. H. *O talão de cheques do Banco da Fé*. São Paulo: Hezion, 2022.

de um texto breve de uma página, mas o esforço era incrível, considerando suas muitas enfermidades. E ele não ditava essas cartas a um secretário, pelo contrário, escrevia todas a mão com uma caneta que era obrigado a mergulhar num frasco de tinta várias vezes por minuto.

Às vezes, suas mãos tomadas pela artrite ficavam tão inchadas que ele escrevia as cartas em meio a muita agonia. Aquelas correspondências pareciam funcionar para ele como uma terapia para suas provações físicas porque, mesmo quando estava mal por causa das doenças, ainda assim Spurgeon enviava e recebia cartas de encorajamento e ministério. Em suas cartas, ele se referia com frequência a sua condição física, e aparentemente o esforço era catártico tanto para ele quanto para os santos a quem ele confortava ou os pecadores a quem ele exortava para que encontrassem a salvação.

O tratamento do bom-humor

Spurgeon tinha um grande senso de humor. Ele costumava falar de suas enfermidades usando palavras bem-humoradas: "Tenho sentido dores lancinantes", escreveu a um amigo, "mas estou me recuperando. Só estou com a coluna destruída, e preciso de outra nova."[17] William Williams, um colega pastor que se manteve na companhia de Spurgeon, era um amigo próximo e querido nos últimos anos da vida do pastor do Tabernáculo Metropolitano. Williams escreveu:

> Que fonte borbulhante de humor era o senhor Spurgeon! Eu acredito de verdade que ria mais em sua companhia do que durante todo o resto de minha vida. Ele tinha o mais fascinante dom de fazer rir [...] e tinha também a grande habilidade de fazer todos os que o ouviam rirem com ele. Quando alguém o acusou de falar coisas engraçadas em seus sermões, ele disse:

---

[17] WILLIAMS, *Personal Reminiscenses...*, p. 231.

"Ele não me faria essa acusação se ao menos soubesse quantas coisas eu deixei de falar."[18]

Certa vez, quando Spurgeon estava se sentindo deprimido, ele falou sobre o remédio do riso:

> Uma noite dessas, eu estava a caminho de casa depois de um dia duro de trabalho. Eu me sentia fatigado e muito deprimido, quando aquele texto me ocorreu rápida e repentinamente: "A minha graça é suficiente, pois..." Cheguei em casa e dei uma olhada no texto original, e por fim ele veio a mim desta maneira: "A minha graça é suficiente para VOCÊ, pois..." E eu disse: "Eu devo pensar que é, Senhor", e explodi em gargalhadas. Eu nunca entendi o que significava a santa risada de Abraão até aquele momento. Parecia fazer a falta de fé uma coisa tão absurda. [...] Oh, irmãos, sejam grandes crentes. Pouca fé levará a alma de vocês para o Céu, mas grande fé levará o Céu até a alma de vocês.[19]

Spurgeon sabia bem que "o coração bem-disposto é remédio eficiente..." (Provérbios 17:22). Ele usava o riso para ajudar a acalmar seu espírito quando estava mal.

O remédio da escrita

Sem dúvida, não teríamos a bagagem de sermões e outros escritos que Spurgeon ministrou a tantas pessoas se não fosse por causa de seu sofrimento. Algumas das maiores obras de Spurgeon foram produzidas em meio ao fogo da aflição. Quando ele estava sofrendo por conta de suas enfermidades ou era alvo de críticas, escrevia textos devocionais inspiradores. Seus livros devocionais são repletos de citações que surgiram

---

[18] Id., p. 24.
[19] Id., p. 25.

de suas provações e tribulações. Escrever era uma forma de se distrair de suas doenças e dos ataques de depressão. Era impressionante como ele não só pregou e publicou milhares de sermões, mas também escreveu obras de maior envergadura, como seu tratado sobre o livro de Salmos dividido em três grandes volumes, *O tesouro de Davi* (CPAD), além de editar o boletim mensal de sua igreja, *A Espada e a Espátula*. Escrever era um grande auxílio na superação de sua dor e de seu sofrimento pessoal, sem dúvida contribuindo para as 140 obras que ele escreveu.

O repouso das viagens

Quando Spurgeon sofria com períodos seguidos de enfermidade, ele se retirava, geralmente para Mentone, no sul da França, onde ele tinha mais tempo para se recuperar. Às vezes, os retiros duravam muitos meses, especialmente durante o inverno, quando o frio e a umidade de Londres pareciam exercer uma ação ainda mais destruidora sobre seu corpo frágil. Ele voltava para seu púlpito, em geral, na primavera, refeito e renovado, sendo recebido com uma vigorosa reação de amor por parte de sua congregação.

Outras vezes, ele fazia longas jornadas para revigorar seu espírito e acalmar seus ataques de depressão. Ele escreveu em sua *Autobiografia*: "Embora fatigado pelas longas horas de viagem, sinto-me, de todas as maneiras, mais renovado e livre da depressão. Que o Senhor possa me enriquecer também de bênçãos espirituais e me enviar de volta ainda mais capaz de servi-lo do que antes!"[20]

A terapia da oração

Spurgeon acreditava muito no poder da oração. Ele frequentemente louvava a Deus e agradecia às pessoas de sua igreja por suas orações vitoriosas, as quais, ele cria, o ajudavam a aliviar seu sofrimento e

---

[20] SPURGEON, ... *Autobiography*, 3:182.

traziam restauração a sua vida. Certa ocasião, ele recebeu uma carta assinada pelos diáconos e anciãos, e que terminava assim:

> E agora, amado pastor, nós o entregamos, como muitas orações, às mãos de seu Pai e nosso Pai. Que ele possa guardar sua vida em suas mãos seguras, preservá-lo de momentos de tristeza e depressão de espírito, animá-lo com a luz de seu semblante, fortalecê-lo e sustentá-lo por seu Espírito gracioso e, no tempo mais propício ao Senhor, trazê-lo de volta a seu amado Tabernáculo "na inteireza da bênção do Evangelho de Cristo". Esta é nossa fervente oração.[21]

Em 1871, Spurgeon foi acometido por uma enfermidade longa e dolorosa que o manteve fora de seu púlpito por doze domingos. Ele escreveu muitas vezes à congregação no Tabernáculo, pedindo a oração dos membros:

> Amigos queridos, a fornalha ainda arde à minha volta. Desde que preguei pela última vez a vocês, tenho ido até o fundo do poço. Minha carne está sendo torturada com dores, e meu espírito tem se prostrado por causa da depressão. [...] Vocês oram por mim, eu sei, mas eu lhes rogo que não cessem suas súplicas. Eu estou como o vaso do oleiro quando está totalmente quebrado, inútil e deixado de lado. Noites em claro e dias de pranto têm sido minha vida, mas tenho esperança de que a nuvem escura está indo embora. [...] Nesta provação em especial, muito aguda, peço novamente por suas orações. O Senhor seja com vocês cada vez mais! Amém.
>
> Assim ora seu pastor sofredor, C.H.S.[22]

---

[21] Id., p. 210.
[22] Ibid.

Exortando a igreja a orar

Em certo ponto de sua doença, ele repreendeu a igreja por não se reunir para orar especialmente por sua recuperação: "Talvez se *a igreja* se reunisse para orar, eu fosse rapidamente restaurado. Sei que milhares oram de fato, mas não seria o caso de a igreja fazer o mesmo *como igreja*?"[23] A sugestão do pastor para que a igreja se reunisse para orar foi imediatamente colocada em prática, e o resultado foi assim registrado na carta seguinte:

> Meus amigos amados, assim que a igreja tomou a decisão de se reunir para orar especialmente por mim, comecei a me recuperar rapidamente. [...] Podemos dizer verdadeiramente sobre a reunião de oração da quarta-feira que o Senhor cumpriu sua Palavra: "Antes de que clamem, eu responderei; mesmo antes que digam algo, eu os ouvirei." Por toda essa generosidade, oro para que vocês se unam a mim numa gratidão sincera e intensa ao Senhor nosso Deus.[24]

Aquele episódio foi um entre muitos em que o pastor bendisse ao Senhor pelo poder de cura da oração. Não demorou muito para Spurgeon estar de volta ao púlpito, e usando seu sofrimento como um meio de ministrar às pessoas através de sua proclamação.

A falta de cuidado físico

É necessário dizer que o cuidado de Spurgeon — ou melhor, a falta de cuidado — com seu próprio bem-estar físico deve ter contribuído para seu sofrimento. Ele era um fumante habitual, como eram muitos homens daquela época. Ele fumava charutos regularmente e

---

[23] SPURGEON, ... *Autobiography*, p. 212.
[24] Id., p. 213.

comentava até mesmo no púlpito que o fumo proporcionava alívio para suas dores. Ele também foi ficando bem corpulento, e as pessoas se referiam a ele como "o apóstolo do rosbife e da religião apimentada".[25] A comida poderia ser um conforto, mas o peso excessivo de Spurgeon, sem dúvida, exacerbava sua enfermidade física. Além disso, ele não fazia exercícios regulares, com exceção de caminhadas ocasionais no parque ou de passeios esporádicos no interior.

O ministério pode ser uma ocupação muito sedentária, e a falta de exercícios contribuiu para que a saúde de Spurgeon declinasse. Hoje em dia, damos uma ênfase saudável a dietas equilibradas e exercícios físicos. Todos os líderes fariam bem se seguissem com disciplina algumas rotinas nessas áreas tão importantes. O exemplo de Spurgeon pode ser um alerta para todos nós fazermos o possível para cuidar do templo do Espírito Santo que Deus nos concedeu.

A INSTRUÇÃO DO SOFRIMENTO

Spurgeon acreditava na escola da aflição. Ele se identificava com Davi, sobre quem ele disse que tinha sido "ensinado na melhor de todas as escolas — a escola da experiência pessoal, do coração".[26] Ele achava que essa era a maneira de Deus preparar uma pessoa para a nobilíssima causa do Evangelho: "Precisamos ser cortados com a faca afiada da aflição, pois apenas assim pode o Senhor fazer uso de nossa vida."[27] Spurgeon cria que a aflição era absolutamente necessária para manter o ministro de Deus na condição ideal para ser mais eficiente:

> Sinto muito dizer que sou feito de uma matéria tão débil que meu Senhor precisa me castigar frequente e dolorosamente.

---

[25] JOHNSON, J. *Popular Preachers* [Pregadores populares] (cópias encadernadas de panfletos de Spurgeon). Vol. 6, n° 1, p. 160.
[26] SPURGEON, *Manhã...*
[27] Id., *The Sword...*, 7:124.

Sou como uma pena de escrever que jamais escreverá, a não ser que seja constantemente aparada; por essa razão, tenho sentido o fio da faca muitas vezes, e ainda assim não me arrependerei de minhas dores e cruzes, desde que meu Senhor me use para escrever no coração dos homens. Essa é a causa das aflições de muitos ministros: elas são necessárias para nosso trabalho. Vocês ouviram falar da fábula do corvo que desejava beber, mas o bebedouro tinha tão pouca água que ele não conseguia alcançar. Assim, foi pegando uma pedra atrás da outra e depositando-as dentro do bebedouro até que a água chegasse à borda, e assim conseguiu beber. Há tão pouca graça em certas pessoas que elas precisam de muitas doenças, privações e outras aflições para tornar a graça que há nelas disponível para ser utilizada. Se, porém, recebemos graça suficiente para dar frutos sem a necessidade de poda, melhor ainda.[28]

Spurgeon conhecia a graça suficiente do Senhor para produzir frutos, mesmo enfrentando as circunstâncias mais terríveis de sua vida.

O ministério do sofrimento

Alguns podem liderar pela força, outros, pela fraqueza. Spurgeon usou suas enfermidades e deficiências como meios para se identificar com as dores de seus ouvintes. Ele tinha muita empatia com as pessoas fracas de sua congregação. Spurgeon disse: "Sou capaz de chegar às maiores profundidades uma centena de vezes para alegrar um espírito abatido. É bom para mim ter sido afligido, de forma que eu possa saber como oferecer uma palavra adequada para alguém que está fatigado."[29]

---

[28] SPURGEON, *An All-Round...*, 103-104.
[29] Ibid.

Spurgeon costumava mencionar suas aflições durante seus sermões. Ele usava essa estratégia como um meio de confortar as pessoas sofredoras de sua congregação. Uma mensagem em particular surgiu das fogueiras de seu próprio sofrimento físico. Foi entregue no Salão Real de Música de Surrey Gardens em 7 de novembro de 1858, quando Spurgeon tinha apenas 24 anos. Ele falou do tormento que sentia: "Eu estava deitado em minha cama durante a semana passada, e meu espírito estava de tal forma mergulhado [em depressão] que eu poderia chorar naquele momento como uma criança, mas, ainda assim, eu não sabia por que estava chorando."[30] Naquela mensagem, ele usou o texto de 1Pedro 1:6: "Nisso vocês exultarão, ainda que agora, por pouco tempo, devam ser entristecidos por todo tipo de provação."

Ele falou a respeito do paradoxo entre "abatimento" e "júbilo" durante as provações. Spurgeon acreditava que o abatimento era uma experiência necessária para o crente por várias razões. Primeiramente, sem abatimento não poderíamos ser como Jesus, que, antes de ser traído e preso, disse a seus discípulos: "A minha alma está profundamente triste, em uma tristeza mortal" (Mateus 26:38). Em segundo lugar, sem abatimento nós ficaríamos excessivamente orgulhosos e passaríamos a pensar demais por nós mesmos. Em nossas tribulações, descobrimos de que somos feitos, e nossas adversidades nos fazem mais humildes. Terceiro, no abatimento aprendemos lições que não conseguiríamos aprender de outra forma. "Os seres humanos jamais poderão alcançar a grandeza na divindade enquanto não se tornarem grandiosos no sofrimento."[31] Quarto, esse abatimento é uma experiência necessária para o cristão que deseja fazer o bem a outras pessoas. Ele produz uma empatia divina que não nos seria possível experimentar de outra forma.

---

[30] SPURGEON, C. H. "The Christian's Heaviness and Rejoicing" ["O abatimento e a alegria do cristão"], *in The Park Street Pulpit* [O púlpito de Park Street]. Albany: Ages Digital Library, 1999, vol. 4, nº 222.

[31] Id., p. 798.

Spurgeon estava convencido de que, de vez em quando, o abatimento de coração em nossa vida é necessário. Mas ele cria que esse abatimento só duraria uma temporada, não a vida inteira. O abatimento que conduz a períodos excessivos de desânimo não é produtivo. Spurgeon afirmou: "O desânimo não é uma virtude; creio que se trata de um vício. Sinto vergonha de mim mesmo, do fundo do coração, por cair nesse desânimo, mas tenho certeza de que não há remédio tão bom para isso quanto uma fé santa em Deus."[32] Tanta fé capacitou Spurgeon a transformar suas imensas provações em meios úteis para a ministração do Evangelho.

UM ADENDO: "AS CRISES DE DESMAIOS DO PASTOR"

Muitos líderes cristãos se sentem desencorajados.[33] A obra não se desenvolve como a pessoa imagina, a igreja não cresce como ela deseja, os líderes leigos não cooperam com a liderança, as pessoas são excessivamente críticas ou as finanças estão em baixa. A lista prossegue e é imensa. Alguém já disse que o desencorajamento é o risco operacional do ministério, e Spurgeon não era exceção a essa regra. Sendo bem-sucedido como era, ele também passou por esse sentimento e, em seu caso, costumava deteriorar até virar depressão. Às vezes, ele se tornava uma pessoa tão deprimida que mal conseguia trabalhar. Spurgeon abriu sua palestra sobre "As crises de desmaios do pastor" com estas palavras:

---

[32] SPURGEON, C. H. "The Christian's Heaviness and Rejoicing" ["O abatimento e a alegria do cristão"], *in The Park Street Pulpit* [O púlpito de Park Street]. Albany: Ages Digital Library, 1999, vol. 4, nº 222.

[33] Para uma abordagem mais aprofundada dos efeitos psicológicos da depressão no ministério de Spurgeon, veja SKOGLUND, Elizabeth R.; CONNOLLY, Ken, *Bright Days, Dark Nights: With Charles Spurgeon in Triumph over Emotional Pain* [Dias brilhantes, noites sombrias: com Charles Spurgeon no triunfo sobre as dores emocionais]. Grand Rapids: Baker, 2000.

Assim como está registrado que Davi, no coração da batalha, desmaiou, também pode ser dito isso de todos os servos do Senhor. Crises de depressão se abatem sobre a maioria de nós. [...] O forte nem sempre é tão vigoroso, o sábio nem sempre está preparado, o corajoso nem sempre tem coragem e o alegre nem sempre está feliz.[34]

Lições tiradas de "As crises de desmaios do pastor"

O pastor típico tem de lidar com grandes expectativas e exigências. Tenho dito com frequência, às vezes de maneira jocosa, à minha congregação: "O ministério é uma grande jornada de culpa. Há sempre alguma coisa que eu deveria estar fazendo — um sermão que deveria estar escrevendo, alguém que eu deveria estar visitando, outra pessoa que precisa de minha ajuda." Se for permitido, as pressões sobre o ministério podem produzir frustração e até mesmo desespero.

Em sua palestra intitulada "As crises de desmaios do pastor", diante de seus alunos da Faculdade de Pastores, Spurgeon revelou uma parte considerável de sua própria psiquê e os efeitos da depressão que costumavam assediá-lo em um ministério que, de outra forma, seria ilustre. Aquela palestra serve de consolo para qualquer pessoa que tem sido assolada por dúvidas, dificuldades e desespero, coisas que frequentemente acompanham a grande responsabilidade da liderança cristã. A seguir, veja alguns trechos extraídos daquela palestra:

> *Crises de depressão se abatem sobre a maioria de nós.* Por mais que sejamos pessoas animadas, há momentos em que podemos nos sentir abatidos. O forte nem sempre é tão vigoroso, o sábio nem sempre está preparado, o corajoso nem sempre tem coragem e o alegre nem sempre está feliz. Em vez de multiplicar as

---

[34] SPURGEON, *Lectures...*, 1:171.

facilidades, paremos para ponderar sobre as razões pelas quais Deus permite que certas coisas aconteçam conosco.

Para começar, *não somos seres humanos?* A grandes homens foi prometido terem de passar por tribulações neste mundo, e os ministros podem esperar um quinhão ainda maior do que o dos outros para que possam aprender a ser solidários com o povo sofrido do Senhor e, assim, possam ser pastores adequados para um rebanho doente.

Além disso, *a maioria de nós é, de uma forma ou outra, fisicamente doente*. Muitos de nós trabalhamos sob alguma forma de enfermidade, seja no corpo ou na mente. Essas enfermidades podem não ser um obstáculo para a utilidade especial da carreira de uma pessoa; elas podem até ter sido impostas sobre ele como resultado da sabedoria divina como qualificações necessárias para seu tipo de serviço específico.

Nosso trabalho, quando levado a sério, torna-nos vulneráveis a crises que podem se seguir de depressão. Quem pode suportar o peso de tantas almas sem afundar no pó de vez em quando? Esperas apaixonadas pela conversão das pessoas, se não forem totalmente satisfeitas, consomem a alma com ansiedade e desapontamento. Ver as pessoas esperançosas desistirem, os piedosos esfriarem, professores abusarem de seus privilégios e pecadores se embrenharem no pecado — essas visões não seriam suficientes para nos esmagar?

Nossa posição na igreja também conduzirá a isso. Um ministro totalmente preparado para exercer sua função geralmente terá um espírito de autossuficiência, achando estar acima, além e longe dos outros. Homens de Deus que tentam desprezar seus colegas, acreditando que podem viver uma comunhão mais próxima com as coisas do Céu, sentem falta da solidariedade humana nos momentos de fragilidade. Essa solidão que, se não estou enganado, é uma sensação vivida por muitos de meus irmãos, é fonte abundante de depressão. [...]

Persistência: Lidando com problemas de saúde e depressão

Pode haver pouca dúvida de que os *hábitos sedentários* tendem a criar desânimo em algumas pessoas. Em sua *Anatomia da melancolia* (UFPR), Robert Burton afirma: "Estudantes são negligentes com seus corpos." Sentar-se na mesma postura por muito tempo, debruçar-se sobre um livro ou usar uma caneta de pena são, por si, uma cobrança da natureza; mas adicione a isso um recinto mal ventilado, um corpo que passou muito tempo sem exercitar os músculos e um coração assolado por muitas preocupações e teremos todos os elementos para preparar um caldeirão fervente de desespero. [...]

Os períodos mais favoráveis para crises de depressão, até onde vivi isso. O primeiro entre eles devo dizer que é *o momento de maior sucesso*. Quando, por fim, um desejo acalentado por muito tempo é realizado, quando Deus foi glorificado grandemente por nosso intermédio e um grande triunfo foi alcançado, então estaremos aptos a desmaiar. É fácil imaginar que, em meio a bênçãos especiais, nossa alma deva voar até grandes alturas de êxtase e se jubilar com uma alegria indescritível, mas o que acontece, em geral, é o contrário. O excesso de alegria ou entusiasmo pode ser compensado em seguida por ataques de depressão.

Antes de qualquer grande realização, alguma medida de depressão é muito comum. Ao analisar as dificuldades que temos diante de nós, nosso coração afunda dentro do peito. Essa foi a experiência que vivi quando me tornei pastor em Londres. Meu sucesso me intimidou, e pensar na carreira que parecia estar se abrindo para mim, em vez de me fazer exultar, lançou-me na maior das profundezas, a partir da qual emergiu minha sensação de abatimento e não encontrei espaço para glorificar a Deus.

Em meio a um período muito prolongado de atividade sem nenhuma pausa, é possível que o mesmo tipo de aflição seja notado. Um arco não pode ser esticado indefinidamente sem o receio de que se quebre. O repouso é tão necessário para a mente quanto o sono para o corpo. Nossos *sábados*, geralmente aos domingos, são dias de labuta, e se não descansarmos em algum outro dia da semana, vamos desmoronar. Períodos e descanso não são perda de tempo. Trata-se de economia para reunir forças renovadas.

Às vezes, um golpe esmagador derruba o pastor. O irmão mais confiável se torna um traidor. Igualmente opressivo é o golpe quando um membro honrado e amado se rende à tentação e desgraça o nome santo com o qual passou a ser identificado. Além disso, conflito, divisões, calúnias e censuras tolas frequentemente provocam frustração em homens santos, fazendo-os seguir "como se tivessem uma espada nos ossos". Muito do que há de melhor nos ministros, desde a própria espiritualidade até seu caráter, é extremamente sensível — sensível demais para um mundo como este. As provações de um verdadeiro ministro não são poucas, e entre elas, as causadas por professores ingratos são mais difíceis de suportar do que os mais cruéis ataques de inimigos declarados.

Quando as tribulações se multiplicam, seguidas da falta de encorajamento numa longa sequência [...] o desânimo despoja o coração de toda a sua paz. Gotas constantes desgastam as pedras, e até as mentes mais fortes sentem a corrosão das aflições que se repetem. Angústias acumuladas aumentam o peso de uma sobre a outra; elas brincam nas mãos uma da outra, como bandos de ladrões que impiedosamente destroem nosso conforto.

Esse mal também sobrevirá a nós, não sabemos por que motivo, e então se torna ainda mais difícil afastá-lo. Depressão sem causa não é uma coisa racional, nem pode o som da harpa de Davi mandá-la embora com doces discursos. Da mesma forma que não é possível lutar contra a neblina, também é impossível enfrentar essa desesperança sem forma, indefinida e, ainda assim, tão turva. Quando está passando por isso, a pessoa não consegue ter pena de si, pois tudo parece tão sem sentido, e mesmo tão pecaminoso para ser atribulado sem uma causa manifesta. Ainda assim, o homem se sente atribulado, chegando até o que há de mais profundo em seu espírito.

A lição de sabedoria é: *não desanime com as tribulações da alma*. Encare isso não como uma coisa estranha, mas como parte da experiência ministerial cotidiana. Lance o fardo do presente, junto com o pecado do passado e o medo do futuro, sobre o Senhor, que não despreza seus santos. Siga em frente com o dobro de seriedade, servindo seu Senhor quando não há qualquer sinal visível de resultado diante de si. Em nada permitamos ser desviados da trilha que fomos chamados divinamente a seguir. Venha a justiça ou venha o erro, o púlpito é nossa torre de vigia e o ministério, nosso campo de batalha. E quando não pudermos enxergar a face de nosso Deus, que possamos descansar confiadamente sob A SOMBRA DE SUAS ASAS.[35]

---

[35] SPURGEON, "The Minister's Fainting Fits" ["As crises de desmaios do pastor"], *in Lectures...*, 1:167-179.

LIÇÕES DE LIDERANÇA DE SPURGEON

- **A liderança sempre cobra um preço.** Tal custo frequentemente cobra seu tributo sobre o bem-estar pessoal de um líder de dentro para fora. Spurgeon sofreu muito ao longo de seu ministério, especialmente por causa da gota, que o levou a uma depressão severa, entre outras complicações.

- **A depressão pode afligir até mesmo o maior dos líderes.** Abraham Lincoln, Winston Churchill e outras pessoas conhecidas sofreram de depressão durante a vida inteira. Spurgeon enfrentou longas crises de depressão, e lamentava por haver "masmorras sob o Castelo do Desespero".

- **O sofrimento pessoal influencia o impacto geral de um líder ao longo de sua vida e de seu ministério.** O sofrimento exerceu um forte impacto em termos de profundidade e qualidade na pregação, nos textos e em outros aspectos do ministério de Spurgeon. Ele escreveu: "Precisamos ser cortados com a faca afiada da aflição, pois apenas assim pode o Senhor fazer uso de nossa vida."

- **O sofrimento faz parte da jornada espiritual de uma pessoa.** Spurgeon considerava o sofrimento como parte normal da vida cristã. Ele concordava com o apóstolo Paulo, que escreveu à igreja filipense sobre a "participação nos [...] sofrimentos [de Cristo]. Spurgeon registrou que "nem a bondade nem a grandeza pode livrar você da aflição".

- **A oração é um grande remédio para o sofrimento.** Spurgeon acreditava firmemente na oração. Ele louvava a Deus constantemente e agradecia às pessoas de sua igreja por suas orações vitoriosas, as quais creditava o alívio para seu sofrimento, além de proporcionar-lhe restauração.

- **Um líder pode liderar tanto por meio da fraqueza quanto a partir da força.** Spurgeon usou suas enfermidades e deficiências como meios para se identificar com os sofrimentos de seus ouvintes.

Ele disse: "Sou capaz de chegar às maiores profundidades uma centena de vezes para alegrar um espírito abatido. É bom para mim ter sido afligido, de forma que eu possa saber como oferecer uma palavra adequada para alguém que está fatigado."

- **Um líder não pode ser vencido por seu sofrimento.** Por mais que Spurgeon tenha sofrido, ele sempre confiava que dias melhores viriam. Ele escreveu: "A estrela da esperança continua no céu, mesmo na noite mais escura. O Senhor não se esquecerá de nós nem nos conduzirá pela mão até o inimigo. Descansemos na esperança. [...] Com certeza, em vez de morte e escuridão e desespero, vamos prevalecer para a vida, a luz e a liberdade."

PARTE 3

COLOCANDO EM PRÁTICA AS LIÇÕES DE UM LÍDER

13

UM LÍDER PARA O MUNDO EM CRISE

"Derrama teu Espírito sobre teu servo para que,
quando vacilar em sua fraqueza, possa ser fortalecido
para pregar tua Palavra, liderar teu povo em santa oração
e ajudá-lo a se humilhar neste dia separado para esse fim."[1]

Um líder enfrenta muitos desafios, mas talvez nenhum deles é maior do que quando uma nação é levada a um período de crise. A Bíblia fornece muitos exemplos de líderes piedosos que se levantaram para oferecer o tipo de liderança necessária quando sua nação se viu diante do perigo ou da agressão. Moisés respondeu ao chamado de Deus, liderando os israelitas quando se libertaram da escravidão do Egito e guiando o povo nos anos que se seguiram, vagando pelo deserto. Em seguida, passou o manto da liderança para Josué, que liderou corajosamente sua nação para avançar, entrar e tomar posse da terra que Deus havia prometido a seu povo. Davi exerceu liderança estratégica ao construir a nação de Israel, resistindo a inúmeros conflitos externos. Neemias exerceu uma liderança de excelência quando conduziu os israelitas no retorno a Jerusalém e os orientou na reconstrução dos muros que os

---

[1] SPURGEON, C. H. "Fast-Day Service" ["Culto para o dia de jejum"], *in New Park Street Pulpit* [O púlpito de New Park Streeet]. Albany: Ages Digital Library, 1999, 3:626.

babilônios haviam destruído. Esses homens se tornaram modelos inspirativos para outros líderes que os sucederam nos anos seguintes.

Por toda a História, tanto líderes seculares quanto religiosos foram convocados para oferecer liderança e conforto espiritual em tempos de crise nacional. Nos Estados Unidos, esse tipo de liderança secular foi personificada no presidente Abraham Lincoln.

"O PRESIDENTE REDENTOR"

Os estadunidenses haviam enfrentado uma guerra devastadora quando o Norte e o Sul se viram envolvidos em um conflito civil que resultou na morte de 623 mil soldados, de 1860 a 1865. O presidente Lincoln é lembrado principalmente por seu Discurso de Gettysburg e suas "palavras que refizeram os Estados Unidos".[2] Mas Allen Guelzo, em seu livro *Abraham Lincoln: Redeemer President* [Abraham Lincoln: presidente redentor], defende que Lincoln deva ser lembrado mais por seu segundo discurso de posse, em 4 de março de 1865. Embora Lincoln pudesse ter se alegrado com a vitória que o Norte estava prestes a conquistar, ele preferiu usar a ocasião para refletir sobre os pecados da nação e o julgamento de Deus sobre ambos os lados do conflito. Lincoln procurou dar início a uma forma de liderança que fecharia as feridas da nação, melhor representadas nesta frase do discurso: "Para ninguém, o rancor; para todos, a caridade." Seu apelo pela reconciliação da nação recebeu uma resposta dúbia, mas o abolicionista negro Frederick Douglass comentou, logo depois do discurso de posse: "Senhor Lincoln, esse foi um esforço sagrado."[3]

---

[2] Essas palavras compõem o subtítulo do livro de Garry Willis, vencedor do Prêmio Pulitzer, sobre o discurso. Lincoln fez o Discurso de Gettysburg na inauguração de um cemitério nacional no local onde ocorreu a grande batalha, em novembro de 1863.

[3] Citado por OSTLING, Richard N. "A Sacred Effort" ["Um esforço sagrado"]. Associated Press, 16 de fevereiro de 2002.

Lincoln nunca teve a chance de implementar sua visão restauradora para a nação porque foi assassinado em 14 de abril, pouco mais de um mês depois de sua segunda posse. No entanto, como outros líderes que o antecederam, ele ofereceu um modelo de noção distintiva segundo a qual líderes seculares podem fornecer liderança espiritual em tempos de crise nacional. Em tempos mais recentes, vimos novamente a necessidade de os líderes estadunidenses oferecerem liderança espiritual em um dos mais terríveis momentos da História.

O ATAQUE CONTRA OS ESTADOS UNIDOS

Em 11 de setembro de 2001, os Estados Unidos foram pegos de surpresa com o ataque repentino de um grupo de terroristas islâmicos que orquestraram uma missão suicida de devastação sem precedentes. De maneira independente, um pequeno grupo de terroristas dominaram as tripulações de quatro voos comerciais repletos de passageiros civis. Eles transformaram os aviões em armas de guerra apontadas para alvos específicos. Eles bateram dois dos aviões sequestrados violentamente contra as Torres Gêmeas do World Trade Center, na cidade de Nova York. Jogaram um terceiro avião contra o Pentágono, em Washington D.C. Apenas um voo não conseguiu chegar a seu destino. Um grupo de passageiros heroicos evitaram que o quarto avião atingisse o alvo dos terroristas em Washington. Aqueles heróis investiram contra os sequestradores e, como consequência, forçaram o avião a cair perto de Pittsburgh. Conforme as Torres Gêmeas do World Trade Center desmoronavam, formando um amontoado infernal de destroços, a fumaça subia e se avolumava com a destruição do quartel-general militar da nação e a cratera formada pela queda do avião ardia em chamas na Pensilvânia, o país começou a acordar para o horror do plano coordenado que tolheu as vidas de aproximadamente 3 mil cidadãos inocentes.

De maneira geral, os estadunidenses acreditavam que os céus do país eram seguros antes de 11 de setembro de 2001. Mas a nação repentinamente se viu chocada com a realidade da vulnerabilidade de seu sistema público de transporte aéreo diante de um ataque daquele tipo. Nada perto daquele ataque dentro dos Estados Unidos havia ocorrido desde que os japoneses lançaram um ataque aéreo surpresa contra bases militares em Pearl Harbour, marcando a entrada do país na Segunda Grande Guerra.

A nação ficou sem ação, tentando entender a natureza devastadora daquele ato de agressão aparentemente sem sentido. O presidente George W. Bush, junto com outros líderes nacionais, foi forçado a adotar um estilo de liderança emergencial, e se uniu ao povo no luto e no medo que tomou conta da maior parte do país.

BILLY GRAHAM NA CATEDRAL NACIONAL

Como parte da resposta inicial do presidente ao ataque, ele convocou o povo a um Dia Nacional de Oração e Memória. O reverendo Billy Graham, conselheiro espiritual de muitos presidentes e geralmente reconhecido como o estadista cristão da nação, foi solicitado a conduzir o culto especial. Outros líderes religiosos de outros tipos de fé também receberam o convite para participar daquela ocasião singular na Catedral Nacional em Washington, em 14 de setembro de 2001. Em seu discurso impactante, Graham destacou os seguintes pontos:

> Hoje, nós nos reunimos de maneira especial neste culto para confessar nossa necessidade de Deus. Nós sempre precisamos de Deus, desde o início da formação deste país, mas hoje precisamos dele de uma maneira especial. Estamos enfrentando um novo tipo de inimigo. Estamos envolvidos em um novo tipo de guerra, e é necessário contar com a ajuda do Espírito de Deus. As palavras da Bíblia são nossa esperança: "Deus é o nosso refúgio e a nossa fortaleza; auxílio sempre presente nas adversidades. Por isso, não temeremos,

ainda que a terra trema e os montes afundem no coração dos mares" [Salmos 46:1-2].[4]

Os comentários de Graham espelhavam declarações de um líder espiritual anterior que se viu diante de um desafio similar durante um tempo de crise nacional na Grã-Bretanha em 1857. Uma revolta rebelde havia ocorrido na Índia, na época uma colônia do Império Britânico. Muitos soldados e pessoas leais ao governo britânico perderam sua vida durante a insurreição. Quando a nação buscou orientação, num esforço para reagir diante da tragédia, foi chamado um jovem pastor que já havia se provado como um líder religioso de destaque nacional no coração de Londres. Seu nome era Charles Haddon Spurgeon.

SPURGEON E O DIA NACIONAL DE JEJUM

C. H. Spurgeon, na época com apenas 23 anos, foi solicitado a pregar num culto pelo Dia Nacional de Humildade e Oração celebrado no recém-construído Palácio de Cristal em Londres, em 7 de outubro de 1857. O evento se tornou o maior ajuntamento de pessoas para o qual Spurgeon já havia falado em um prédio fechado. Aquele culto tão importante foi acompanhado por 23.654 pessoas no dia proclamado pela rainha Vitória para "um jejum solene, humilhação e oração diante do Deus Todo-Poderoso, com o objetivo de obter perdão por nossos pecados e implorar sua bênção e sua assistência para nossas forças armadas para a restauração da tranquilidade na Índia".[5]

Tal como Billy Graham e outros líderes religiosos que foram convocados a oferecer orientação espiritual a uma nação em tempos difíceis, Spurgeon apresentou-se para a tarefa de liderar seus compatriotas em um prolongado período de oração. Ele os desafiou a

---

[4] Mensagem de Billy Graham, copiada a partir de Billy Graham Evangelistic Association, *www.billygraham.org*.
[5] SPURGEON, ... *Autobiography*, 1:533.

se arrepender e os exortou a confiar em Deus naquele momento de grande comoção nacional. A liderança de Spurgeon como se apresentou no culto solene que ele conduziu naquele dia tão significativo é muito instrutiva para todos os líderes que podem se encontrar em situações similares.

Um incidente interessante ocorreu antes de o culto iniciar. Ao subir a plataforma, Spurgeon ficou bem nervoso, e mais ainda quando olhou para a multidão e viu sua esposa. A senhora Spurgeon, sabendo da intensa pressão que estava sendo colocada sobre seu marido, deve ter transmitido alguma ansiedade em seu semblante. Sem dúvida, as milhares de pessoas que haviam chegado para o culto tinham grandes expectativas. Spurgeon acenou para um de seus diáconos, pedindo que se aproximasse, e sussurrou alguma coisa em seu ouvido. O diácono saiu dali e foi até o lugar na plateia onde a senhora Spurgeon estava sentada. Ele disse a ela que o pastor havia pedido que ela fizesse o favor de mudar para outro assento onde ele não pudesse vê-la porque observar a expressão da esposa o estava deixando nervoso. A senhora Spurgeon mudou-se graciosamente para um lugar diferente, fora do campo de visão do marido, e o culto prosseguiu.

BUSCANDO A AJUDA DE DEUS

Em tempos de crise, um líder cristão a quem as pessoas recorrem em busca de orientação precisa unir as pessoas na busca por ajuda divina e conectar o coração e a mente delas em oração. Quando a tragédia ocorreu em solo estadunidense em 11 de setembro de 2001, a nação foi mobilizada pela liderança do Congresso dos Estados Unidos, que se reuniu na escadaria do Capitólio no dia seguinte ao dos ataques para um período especial de oração. Tanto republicanos quanto democratas esqueceram de seus partidos naquele dia memorável e durante alguns dias que se seguiram, à medida que se uniram para clamar a Deus em oração. Por fim, deram-se os braços e cantaram *God Bless America* [Deus abençoe os Estados Unidos]. Poucos estadunidenses esquecerão a tremenda demonstração daqueles líderes eleitos de uma unidade fora do comum.

No início do culto do Dia de Jejum, em 7 de outubro de 1857, Spurgeon liderou a imensa congregação em um período de oração consagrada, no qual invocou a ajuda de Deus. Ele orou pelos que tinham sofrido durante a insurreição, especialmente as viúvas e os órfãos. Em relação aos soldados, orou para que Deus lhes desse "força para que nossos combatentes executem sobre os criminosos a sentença que a justiça determinar; e então, por teu braço forte e por teu grande poder, que tu possas evitar uma repetição desse tão temeroso atentado".[6] Spurgeon clamou pela assistência divina para providenciar justiça para aqueles que haviam causado a destruição de vidas, e para que sua vontade fosse realizada na causa que tinham diante deles.

UM CHAMADO AO ARREPENDIMENTO

Uma nação que passa por uma tragédia pode naturalmente se voltar a uma atitude de introspecção e de autoexame. Cristãos entendem que, embora Deus possa não *causar* tais eventos, em sua providência ele *permite* que ocorram, talvez por razões específicas. Quando chega a crise, um país é compelido a ponderar sobre a própria necessidade de confissão de pecados. Israel foi alertado sobre a necessidade de arrependimento por causa de sua rebelião contra Deus. O Senhor prometeu a cura apenas se eles respondessem e se arrependessem: "... se o meu povo, que se chama pelo meu nome, se humilhar e orar, buscar a minha face e se afastar dos seus maus caminhos, dos céus eu o ouvirei, perdoarei o seu pecado e curarei a sua terra" (2Crônicas 7:14).

O escritor cristão Henry Blackaby, ao falar durante uma conferência de mulheres algum tempo depois, chamou os acontecimentos de

---

[6] SPURGEON, "Fast-Day ...", 3:630-631.

11 de setembro de 2001 de "um movimento horrendo na História de nossa nação". Ele comentou que achava que, durante os ataques, Deus estava tentando dizer a seu povo que estava começando a remover a cobertura de proteção do país por causa dos pecados nacionais. Mais adiante, ele declarou que os cristãos seriam cobrados por Deus de fazer uma diferença no mundo. Ele instou aquelas pessoas na plateia a orar objetivamente por um reavivamento nos Estados Unidos.[7]

Líderes cristãos estão exercendo uma liderança apropriada quando chamam ao arrependimento, já que nenhum obstáculo pode impedir Deus de ouvir e agir diante do pedido de uma nação por assistência divina. De fato, muitos líderes religiosos nos Estados Unidos se atentaram ao chamado por um despertamento entre os cristãos no sentido de se unir em oração e arrependimento pelos pecados da nação. Pastores e igrejas de todo o país mostraram o caminho para que as pessoas buscassem a face de Deus por intermédio da oração e do arrependimento. Da mesma maneira, Spurgeon orientou a assembleia presente no Palácio de Cristal a buscar arrependimento:

> Oh, Senhor, este é o dia para nos humilharmos diante de ti. Somos uma nação de pecadores; confessamos os pecados de nossos governantes e nossas iniquidades particulares. Por todas as nossas rebeldias e transgressões, oh, Deus, tenha misericórdia de nós! Imploramos pelo sangue de Jesus. Ajuda cada um de nós a se arrepender de seus pecados e buscar refúgio em Cristo, e conceda que cada um de nós possa, assim, firmar-se na Rocha até que a calamidade seja superada, sabendo

---

[7] BAKER, Shannon. "Blackaby ponders God's message from Sept. 11 in WMU address" ["Blackaby pondera sobre a mensagem de Deus no 11 de setembro durante discurso no WMU"], artigo na imprensa batista da Convenção Batista do Sul em 12 de junho de 2002, segunda-feira, em St. Louis. Henry Blackaby é um escritor cristão popular, mais conhecido por seu livro *Experiências com Deus* (Inspire).

que Deus não abandonará aqueles que colocarem em Jesus sua confiança.⁸

Quando uma nação é levada ao arrependimento, a porta se abre para que Deus opere sua cura e sua restauração à medida que o povo se volta para ele.

LUTANDO PARA ENTENDER A SITUAÇÃO

O líder que é colocado sob os holofotes em um momento de crise nacional carrega uma grande responsabilidade. Que respostas oferecer em face de uma situação tão terrível? A tarefa de expressar os sentimentos de um país é, no mínimo, difícil.

Os estadunidenses lutaram para compreender o significado dos ataques aterrorizantes em Nova York e Washington. Billy Graham declarou: "Não importa quanto tentemos, as palavras simplesmente não podem expressar o horror, o choque e a repulsa que todos sentimos sobre o que aconteceu nesta nação na manhã de terça-feira. A data de 11 de setembro marcará nossa História como um dia a ser lembrado."⁹

Graham vocalizou as perguntas que as pessoas estavam fazendo e a confusão que estavam sentindo: "Mas como entender algo assim? Por que Deus permite que um mal desse tipo aconteça? Talvez seja o que vocês estão se perguntando agora. Você pode até se irar com Deus. Quero garantir a você que Deus entende essas coisas que vocês podem estar sentindo."¹⁰

Ele procurou levar os Estados Unidos a saber que Deus se importava com o que havia acontecido na tragédia de 11 de setembro de 2001. Graham compartilhou lições valiosas que aprendeu a partir

---

⁸ SPURGEON, "Fast-Day...", 3:631.
⁹ Mensagem de Billy Graham...
¹⁰ Ibid.

dos ataques, lembrando-nos do mistério e da iniquidade do mal, da consciência de que os estadunidenses precisam um dos outros e de que algum bem ainda pode advir de uma tragédia tão terrível.

Da mesma maneira, Spurgeon ficou horrorizado com os levantes rebeldes e a violência na Índia. Ele verbalizou a afronta da nação e o clamor por justiça contra aqueles que haviam perpetrado tais crimes contra a humanidade. O tom que usou era ainda mais militante do que o de Graham:

> Olha desde o Céu, oh, Deus, e contempla este dia os milhares de compatriotas abatidos. Contempla as viúvas, as filhas da Grã-Bretanha, violentadas, maculadas! Contempla seus filhos, cortados em pedaços e torturados de uma maneira que a terra jamais viu antes. Oh, Deus, liberta-nos, nós te imploramos, desse flagelo repugnante! Concede força a nossos força para que nossos combatentes executem sobre os criminosos a sentença que a justiça determinar; e então, por teu braço forte e por teu grande poder, que tu possas evitar uma repetição desse tão temeroso atentado.[11]

Não chega a ser surpresa o fato de Spurgeon escolher como seu texto Miqueias 6:9: "Prestem atenção na vara e naquele que a designou!" Ele não poupou palavras ao aplicar a passagem à situação.

O biógrafo G. Holden Pike declarou que as gerações mais jovens, ao ler sobre o incidente, poderiam não entender "a intensidade dos sentimentos que as atrocidades daquele levante fizeram surgir".[12] Até mesmo alguns dos contemporâneos de Spurgeon pensaram que ele estava sendo muito vingativo em suas observações. Mas os comentários de Spurgeon eram coerentes com sua crença teológica

---

[11] SPURGEON, "Fast-Day...", 3:630-631.
[12] PIKE, *The Life and...*

em um Deus que trouxe ira e julgamento sobre os povos que o rejeitaram. É preciso entender Spurgeon no contexto do período no qual ele viveu.

CONFORTANDO OS SOFREDORES

Em tempos de crise nacional, líderes espirituais expressam consolo e compaixão às vítimas que sofreram muito. Billy Graham disse às pessoas de sua nação que Deus se importava com o que estava acontecendo nos Estados Unidos. Àquela altura, nos primeiros dias antes do culto de oração nacional, milhões de cidadãos estadunidenses já haviam feito doações significativas para as vítimas do ataque de 11 de setembro de 2001. Em 1857, Spurgeon levou as pessoas presentes no Palácio de Cristal a demonstrar, na prática, compaixão por aqueles que mais estavam sofrendo, levantando recursos para as vítimas do levante na Índia.

> Oramos a ti que te lembres deste dia da viúva e das crianças órfãs; lembra-te daqueles que neste dia se encontram angustiados ao extremo. Guia o coração dessa grande multidão de maneira que eles possam doar de maneira liberal, e que neste dia concedam de seu sustento para seus pobres irmãos destituídos.[13]

Assim como os estadunidenses responderam imediatamente às necessidades das vítimas e das famílias dos ataques ao World Trade Center, a multidão no Palácio de Cristal também levantou uma considerável soma em dinheiro para assistir as famílias que haviam sofrido com a insurreição na Índia. Era uma maneira prática de demonstrar preocupação genuína pelas pessoas que mais precisavam.

---

[13] Id., 3:631.

OFERECENDO ESPERANÇA PARA O FUTURO

Considerando que as circunstâncias imediatas depois de uma tragédia nacional podem provocar nos cidadãos um sentimento de desesperança, o líder cristão tem uma obrigação diante de Deus de apontar para a esperança que há em Jesus Cristo. Billy Graham era inflexível ao mostrar aos estadunidenses o futuro e garantir a eles sua fé em que Deus forneceria cura e restauração pelos eventos trágicos que haviam ocorrido:

> Há esperança para o presente porque creio que o palco já foi montado para um novo espírito em nossa nação. [...] Precisamos de um reavivamento espiritual nos Estados Unidos. E Deus nos diz em sua Palavra, dia após dia, que precisamos nos arrepender de nossos pecados e nos voltar a ele, e então ele nos abençoará de uma nova maneira. [...] Mas também há esperança para o futuro por causa das promessas de Deus. Como cristão, tenho esperança, não apenas para essa vida, mas pelo Céu e pelo porvir. E muitas daquelas pessoas que morreram na semana passada estão no Céu agora, e não gostariam de voltar para cá. Lá é tudo tão glorioso e maravilhoso. E essa é a esperança para todos nós que colocamos nossa fé em Deus. Oro para que vocês tenham essa esperança no coração.[14]

Da mesma forma, Spurgeon conduziu os fiéis presentes no culto do Dia de Jejum a olhar na direção de Deus e de sua esperança para eles naquela situação:

> Nosso Deus se deleita na misericórdia e no livramento da Grã-Bretanha de suas enfermidades. Isso será tão agradável a Deus

---

[14] Mensagem de Billy Graham...

quanto à Grã-Bretanha; sim, quando a nação tiver se esquecido disso, e apenas a página da História registrar suas misericórdias, o Senhor ainda se lembrará do que fez por nós neste dia por causa de nossos infortúnios e nossas dificuldades. Quanto à esperança de que ele nos ajudará, trata-se de uma certeza. Não há receio de que, quando nos unirmos em oração, Deus se recusará a ouvir. Isso é tão certo quanto o fato de que há um Deus, de que ele nos ouvirá e de que, se pedirmos a ele corretamente, virá o dia quando o mundo verá o que o Senhor da Grã-Bretanha realizou, e como ouviu o clamor do país e respondeu à voz de suas súplicas.[15]

A responsabilidade e o estresse de fornecer liderança durante crises nacionais podem cobrar um tributo emocional do mais forte dos líderes espirituais. Spurgeon não era exceção. Conta-se que ele ficou tão exausto depois do culto do Dia de Jejum que, ao deitar-se para dormir naquela noite de quarta-feira, ele não acordou até a manhã de sexta-feira. Spurgeon relembrou: "Foi a única ocasião em minha vida que tive uma experiência como aquela. Somente a eternidade revelará os resultados completos do culto do Dia de Jejum no Palácio de Cristal."[16]

RECUPERANDO E SEGUINDO EM FRENTE

A Grã-Bretanha se recuperou de sua crise no tempo propício, em meados do século 19, e os Estados Unidos voltaram a certo nível de normalidade no devido tempo depois do 11 de setembro de 2001. Mas as coisas não seriam mais as mesmas de antes. Uma nação outrora acomodada em sua complacência seria desafiada a ser vigilante em uma nova era de preocupação com a segurança nacional.

---

[15] SPURGEON, "Fast-Day...", 3:628.
[16] Ibid.

Além das nossas fronteiras, outras nações viveram uma escalada de terrorismo que tinha seus cidadãos como alvos. Guerras dentro das fronteiras do Iraque e do Afeganistão sinalizaram ameaças globais que persistiriam pelos anos seguintes. Considerando o clima de agressão e opressão que persiste inabalável em muitas partes do mundo, qual é a melhor maneira de líderes cristãos responderem? Deixando de lado a política, há oportunidades distintas para que líderes cristãos ofereçam uma liderança corajosa e testemunhem de sua fé nos tempos mais difíceis, tanto em termos nacionais quanto internacionais.

Independentemente das ameaças que possamos encontrar, podemos dar o exemplo seguindo adiante em nossa vida com determinação, perseguindo diligentemente a obra de nossa vida, planejando para o futuro e colocando nossa fé e nossa confiança em Deus. Os tempos atuais não são para se temer ou intimidar pelas forças que se opõem à nossa missão. Devemos continuar a trabalhar pelo bem e realizar tudo que pudermos pelo Reino de Jesus Cristo. Acreditamos firmemente que Deus está no controle. E, em última análise, confiamos nossa segurança e nosso futuro às mãos do Senhor. Ele nunca falhará nem nos abandonará.

LIÇÕES DE LIDERANÇA DE SPURGEON

- **Uma nação olha para seus líderes para receber orientação e direção em tempos de crises nacionais.** Aos 23 anos, Spurgeon foi solicitado a conduzir um culto especial de oração pelo país durante um período de revoltas rebeldes na Índia.

- **Um líder cristão a quem as pessoas recorrem para receber orientação precisa uni-las para buscar a ajuda de Deus e conectar a mente e o coração delas em oração.** Spurgeon estava determinado a conduzir o país no sentido de adorar a Deus à medida que o povo buscasse a ajuda e a intervenção divina.

- **Para um líder cristão, é preciso convocar ao arrependimento, já que nenhum obstáculo pode impedir Deus de ouvir e agir diante do pedido de uma nação por assistência divina.** Spurgeon chamou a nação ao arrependimento ao mesmo tempo que clamou pela justiça divina contra aqueles que perpetraram ações violentas.

- **Em tempos de crises nacionais, líderes oferecem conforto e compaixão às vítimas que tanto sofreram.** Spurgeon levou as pessoas que compareceram ao culto no Palácio de Cristal a demonstrar compaixão por aqueles que estavam sofrendo levantando recursos para as vítimas da insurreição na Índia.

- **O líder que é colocado sob os holofotes em um momento de crise nacional carrega uma grande responsabilidade porque as pessoas olham para ele em busca de ajuda para compreender a situação.** Spurgeon verbalizou a afronta que a nação estava sentindo em relação àquela insurreição criminosa na Índia e prometeu que a justiça de Deus seria cumprida, de acordo com a Palavra.

- **Em períodos de crise nacional, o líder cristão tem uma obrigação diante de Deus de apontar para a esperança que há em Jesus Cristo.** Spurgeon acreditava que Deus continuaria a abençoar a Grã-Bretanha à medida que a nação buscasse no Senhor a orientação e a direção.

14

UM LÍDER PARA OS DESAFIOS DE CADA DIA

> "Nesta era, quando as multidões seguem seus líderes e homens ousados facilmente comandam um séquito [...] e a independência bruta é rara, é bom para nós sermos contidos, íntegros, e não meramente membros de um grupo, mantendo a integridade pessoal no pensamento, na consciência, nos modos e na ação."[1]

Podem existir tantos estilos de liderança quanto a quantidade de líderes. Lideranças eficazes não estão limitadas a um só estilo ou filosofia. Tanto Robert E. Lee quanto Ulysses S. Grant, por exemplo, foram líderes eficazes durante a Guerra Civil nos Estados Unidos. Entretanto, em termos de personalidade e estilo de liderança, eram tão diferentes entre si quanto o dia e a noite. Grant se formou em um dos últimos lugares de sua classe na academia militar de West Point, enquanto Lee foi um dos primeiros de sua turma. Grant era considerado rude, inculto e indisciplinado quanto a seu comportamento pessoal, e usou a vantagem de contar com grandes recursos para alcançar seus objetivos militares. Lee, por sua vez, era reconhecido como um cavalheiro sulista — cortês, educado e erudito —, e mesmo contando

---

[1] SPURGEON, *An All-Round...*, p. 43.

com um contingente limitado de homens e provisões, ele provou ser prudentemente engenhoso em termos de estratégias no campo de batalha. Grant e Lee estavam em lados opostos daquele embate nacional, mas ambos lideraram campanhas bem-sucedidas, e eram muito estimados por seus soldados. A maioria dos historiadores consideram ambos os líderes eficientes em seus respectivos papéis.

Hoje em dia, estilos de liderança são tão variados quanto eram anos atrás. No mundo dos negócios, você tem a mesma variedade de líderes que teria em outra área, incluindo a igreja. Embora existam distinções entre a liderança cristã e a secular, elas possuem similaridades em suas abordagens porque, independentemente dos tipos de organização, eles estão lidando com pessoas. Esse denominador comum oferece a base para comparação dos estilos de liderança que funcionam.

Tipicamente, são reconhecidos quatro estilos de liderança, com algumas variantes, apesar de poderem diferir em termos de designação. Em seu aclamado livro *The Leader's Window: Mastering the Four Styles of Leadership to Build High-Performing Teams* [A janela do líder: dominando os quatro estilos de liderança para construir equipes de alto desempenho], John Beck e Neil Yeager categorizam esses quatro estilos desta maneira: direção, solução de problemas, desenvolvimento e delegação.[2]

- O estilo número 1 é **direção**, ou seja, dizer aos funcionários o que devem fazer, quando fazer e como fazer. Em sua forma negativa, é chamado *dominação*. Este estilo é tipicamente associado a líderes *autoritários*.

---

[2] BECK, John D.W.; YEAGER, Neil M. *The Leader's Window: Mastering the Four Styles of Leadership to Build High-Performing Teams* [A janela do líder: dominando os quatro estilos de liderança para construir equipes de alto desempenho]. Palo Alto: Davies-Black, 2001. Nascido da experiência dos autores no treinamento de milhares de gestores por intermédio do Charter Oak Consulting Group, este livro fornece um novo paradigma para liderança de alto desempenho.

- O estilo número 2 é **solução de problemas**, e envolve reunir-se com os funcionários para ouvir as ideias deles antes de tomar uma decisão. Sua forma negativa é o envolvimento *excessivo* dos funcionários, em vez de tomar uma decisão e seguir com a tarefa que se apresenta — uma espécie de *patinada* em grupo. Este estilo é uma abordagem de *consenso* à liderança.
- O estilo número 3 é **desenvolvimento**. O líder age como um apoiador ou incentivador do funcionário enquanto ele ou ela resolve quaisquer problemas. Em sua forma negativa isso se chama *acomodação*. O líder simplesmente deixa o funcionário *se virar* para resolver, mas não se envolve. Este é um estilo *passivo* de abordagem da liderança.
- O estilo número 4 é **delegação**. O líder presume que o funcionário sabe o que fazer e está fazendo sem a necessidade de ser direcionado. Em sua forma negativa, o líder está *abdicando*, presumindo que a tarefa está sendo executada. Este estilo é uma abordagem *desvinculada* de liderança.

Beck e Yeager mostram os diferentes estilos e como um líder precisa combinar os quatro para fornecer uma liderança eficaz. Com a ajuda de dezenas de estudos de casos reais e perfis de inúmeros grandes líderes políticos e corporativos, os autores analisam cada estilo por seus méritos relativos em várias situações de trabalho. Eles demonstram como dominar os quatro estilos e implantá-los de acordo não apenas com as necessidades de mudança da equipe e das pessoas envolvidas, mas também com as demandas do mercado, sempre em mutação.

O livro enfatiza a importância de o líder usar todos os quatro estilos. Uma armadilha na qual as lideranças caem é a combinação 1-4-1 de estilos, na qual o líder diz ao funcionário o que fazer (1); o líder deixa o funcionário resolver sozinho (4); e então o líder constata que o funcionário não está cumprindo a tarefa do jeito que ele esperava, então volta para o modelo de direção (1). A combinação mais útil é 1-4-3-2, na qual o líder dá a direção (1); em seguida, permite que o funcionário realize a tarefa (4); depois, reúne-se com o funcionário para dar assistência com quaisquer problemas (3); finalmente, quando o funcionário encontra um obstáculo, o líder ouve e daí toma uma decisão (2). O livro conclui com um olhar sobre como formar uma equipe a partir de um grupo de pessoas, usando os quatro estilos de liderança.

E3 – DESENVOLVIMENTO	E2 – SOLUÇÃO DE PROBLEMAS
• Muito apoio — Pouca direção • O membro da equipe decide junto com a direção • Escuta ativa — Influência limitada	• Muito apoio — Muita direção • O líder decide a partir das informações que coleta • Escuta ativa — Influência ativa
E4 – DELEGAÇÃO	**E1 – DIREÇÃO**
• Pouco apoio — Pouca direção • O membro da equipe decide sozinho • Escuta limitada — Influência limitada	• Pouco apoio — Muita direção • O líder decide sozinho • • Escuta limitada — Influência ativa

Em seguida, Beck e Yeager oferecem exemplos de grandes líderes da indústria que usaram cada um desses estilos como sua forma principal de liderança. Também são interessantes os exemplos que eles dão de políticos que usaram esses estilos.

ESTILO	LÍDER	POLÍTICO
Estilo 1	Ray Kroc (McDonald's)	Al Gore
Estilo 2	Bill Gates (Microsoft)	George Bush Sr.
Estilo 3	Jack Welch (General Electric)	Corazon Aquino (Filipinas)
Estilo 4	Ted Turner (CNN)	Ronald Reagan/George W. Bush

C. H. Spurgeon era um líder que combinava os diferentes estilos de liderança com sucesso. Como fundador de muitas instituições de benemerência e muitos ministérios, ele começou exercendo o estilo de *direção* em suas organizações, especialmente nas fases iniciais de cada nova obra. Mas então ele começava a *delegar*, entregando a direção dos ministérios a gestores capazes e líderes leigos. Por seu envolvimento em várias controvérsias e seu posicionamento em favor da justiça, Spurgeon parecia comandar os movimentos. Ele era o ponto de referência que estava à frente, conduzindo muitas dessas causas, e outras pessoas seguiam seu exemplo. Ele usou o "púlpito agressivo" em muitas ocasiões para avançar em seus esforços e persuadir outras pessoas à ação.

Parte do estilo de liderança de Spurgeon foi determinado mais pela necessidade do que pela intenção. Por causa dos ataques crônicos de gora de Spurgeon e outras doenças relacionadas, sua ausência do púlpito em Londres significava que ele precisava renunciar ao controle de seus ministérios em favor de seu irmão, James, e delegar a maior parte das decisões administrativas importantes aos diversos líderes de cada organização, sociedade ou instituição. Além disso, os anciãos prestavam assistência a James na condução dos ministérios regulares do Tabernáculo Metropolitano. Spurgeon dirigia, quando necessário, a partir da posição distante em Mentone, para onde se retirava para se recuperar fisicamente.

A influência de Spurgeon era tanta que, se ele tivesse alguma dúvida ou indicasse a necessidade de promover mudanças, suas determinações eram realizadas da melhor maneira possível por seus subordinados. O "chefe" era o líder inquestionável da igreja e de seus ministérios mais amplos. No entanto, durante suas ausências mais longas, Spurgeon precisava saber que poderia contar com seus líderes. Por isso, era de suma importância para ele que seus líderes tivessem habilidades complementares, crenças e convicções similares e o propósito comum de fazer avançar o Reino de Cristo. Ainda que Spurgeon tenha tipicamente empregado o estilo *diretivo* de liderança, ele não era uma pessoa autoritária nem exigia que as coisas fossem feitas do jeito dele. Spurgeon levou a sério as palavras de Jesus quando reuniu seus discípulos e os instruiu:

> Jesus os chamou e disse: — Vocês sabem que os governantes das nações as dominam, e as pessoas importantes exercem autoridade sobre elas. Não será assim entre vocês. Ao contrário, quem quiser tornarse importante entre vocês deverá ser servo, e quem quiser ser o primeiro deverá ser servo dos demais, tal como o Filho do homem, que não veio para ser servido, mas para servir e dar a sua vida em resgate por muitos. (Mateus 20:25-28)

Anteriormente, no capítulo 10, "Compaixão", dedicamos uma significativa discussão à "liderança servidora". Com certeza, é possível dizer que essa designação, mais que qualquer outra, descreve o estilo de liderança de Spurgeon. Ele não estava interessado em poder e controle sobre as pessoas. Ele falou a seus alunos da Faculdade de Pastores: "Eu preferiria ser o líder de seis homens livres cujo amor entusiasmado fosse meu único poder sobre eles do que fazer o papel de ditador a um grupo de nações escravizadas."[3] A mentalidade de Spurgeon era de serviço, o que ele poderia fazer para servir tanto seu Senhor quanto as pessoas.

A liderança é o processo de influenciar um grupo organizado na direção de um objetivo comum. Pode soar como algo fácil, mas a aplicação prática pode se revelar um desafio real. A liderança eficaz depende de líderes capacitados, que pensem positivamente e sejam capazes de liderar em diferentes níveis. Nenhum estilo de liderança específico é apropriado para todas as situações; portanto, para ser um líder eficaz, é preciso aprender a compreender seu ambiente, sua situação e suas circunstâncias, o que ajudará você a agir de acordo com a

---

[3] SPURGEON, *Lectures...*, 3:19.

necessidade. Lembre-se: seu sucesso como líder vai depender de sua avaliação da situação e de sua capacidade de comunicar o que quer de maneira que as outras pessoas desejem cumprir seus desejos. Isso é a arte da liderança.

Seu objetivo como líder é fazer o melhor trabalho que puder para influenciar as pessoas na direção de objetivos que compartilha com elas. Por ter de lidar com um grupo diversificado de pessoas, é importante entender as diferentes abordagens para motivá-las a cumprir as metas. Ao longo dos anos, inúmeros modelos foram desenvolvidos para analisar os vários tipos de liderança. O melhor modelo para você integrará seu estilo de liderança com a situação e o desenvolvimento do liderado. Uma abordagem tão direta fornece um modelo excelente de liderança.

Avaliar o estilo de liderança de alguém é mais difícil do que parece a princípio. Líderes são complexos e variados em termos de personalidade, estilo e método. A maioria das pessoas tenta entender a liderança de maneiras simples, em vez de compreender as complexidades. A maior parte dos líderes usam 80% do instinto e 20% de intenção (ou consciência). É por isso que muitos líderes encontram dificuldade em descrever ou mesmo compreender seu próprio estilo de liderança.

Toda pessoa possui um estilo de liderança e o usará a maior parte do tempo ao ser colocado em um papel de liderança. Muitas boas ferramentas analíticas estão disponíveis para nos ajudar a refletir a respeito de nosso próprio estilo. De maneira geral, quanto mais aprendemos sobre nosso estilo e refletimos sobre sua eficácia, melhor o usamos. Da mesma maneira, quanto mais aprendemos, de mais alternativas e opções passamos a dispor. Quanto mais lideramos, mais instintivamente somos inclinados a liderar quando a ocasião se apresenta.

Mais do que qualquer outra coisa, como cristãos temos a confiança de que o Espírito Santo nos lidera à medida que implementamos diferentes abordagens à liderança. Se formos sensíveis à liderança do Espírito, podemos, como C. H. Spurgeon, confiar que o Senhor nos liderará na direção certa.

CONCLUSÃO

O LEGADO DURADOURO DE LIDERANÇA DE SPURGEON

Você e eu podemos nunca chegar ao nível de liderança exemplificado por alguém como C. H. Spurgeon. De fato, um número relativamente pequeno de líderes chega ao grau de influência e ao status de um Spurgeon. Esses servos escolhidos parecem surgir uma vez a cada geração, levantados por Deus para propósitos específicos que ele determinou por sua providência. Dentro do critério subjetivo de avaliação pelo qual nós e o mundo medimos nossas realizações, podemos achar que nunca seremos capazes de alcançar tal padrão de liderança. Espero que você, depois de ter lido *Liderança segundo Spurgeon*, não pense dessa maneira.

Minha intenção ao escrever este livro foi usar C. H. Spurgeon como um modelo de liderança para inspirar e motivar você a realizar todo propósito sob os céus que Deus planejou para sua vida. A observação cuidadosa da forma como Deus usou Spurgeon é muito valiosa, ajudando-nos a assimilar percepções espirituais que nos beneficiará e auxiliará no aprimoramento de nosso potencial para liderar. Num sentido real, esse é o assunto deste livro. Podemos olhar para as coisas que Spurgeon realizou como líder, guardar a sabedoria divina que ele compartilhou por intermédio de seus textos e, em seguida, aplicar essas lições onde for mais apropriado às circunstâncias relacionadas à situação que estivermos vivendo. É possível que tenhamos de fazer alguns ajustes que nos conduzirão a uma direção positiva rumo ao nosso objetivo. No processo, devemos orar sem cessar para que os princípios de liderança eternos de Deus se enraízem em nossa vida e produzam frutos para ele. Simplesmente ofertamos o melhor de nós ao Senhor de maneira consistente e de todo o nosso coração, e então confiamos a ele os resultados.

Independentemente do grau de reconhecimento que recebamos, tenha certeza de que cada um de nós possui um papel específico a ser desempenhado na obra do Reino de Deus nesta terra. Nossa influência pode não se estender imediatamente ao alcance de milhões de pessoas, mas ela afetará diretamente aqueles por quem somos responsáveis como líderes. Como retribuição, eles influenciarão a vida de outras pessoas. Só o Senhor sabe como esses começos humildes dentro de nosso círculo de influência podem, no tempo propício, tocar quantidades incontáveis de pessoas pela causa de Cristo. O mais importante é que cada um de nós seja fiel à tarefa para a qual Deus nos chamou, e mantenha o foco em fazer tudo para a gloria do Senhor, não a nossa.

Deus nos chamou! Esse fato é extraordinário por si. Ele nos considera dignos, e confia almas preciosas a nossos cuidados. Ele tem um propósito específico para nós que revelará na hora certa. Nada entusiasma tanto quanto descobrir a maneira pela qual o plano divino de Deus se revela em nossa vida! O legado de Spurgeon mostra que Deus pode usar qualquer pessoa, em qualquer lugar, se ela se entregar totalmente ao serviço do Senhor. Nunca subestime o que Deus pode fazer por seu intermédio se você se render completamente a ele. Oro para que o Senhor Jesus abençoe ricamente sua iniciativa de liderança e inspire você a se desenvolver, crescer e amadurecer até se tornar o vaso de bênçãos que o Pai está moldando você para ser.

Um dia, quando nos reunirmos em volta do trono de nosso Senhor para louvá-lo no Céu, entenderemos o significado de nossas realizações terrenas no contexto da glória eterna de Cristo. Nossa reação imediata será a de lançar nossas coroas terrenas aos pés de nosso Rei como uma expressão de nosso amor agradecido e de nossa devoção. Aí então começaremos a aproveitar o banquete celestial de sua presença eterna e a bênção de termos uns aos outros como irmãos. Aproveite a jornada! O melhor ainda está por vir!

APÊNDICE

ESBOÇO BIOGRÁFICO DE CHARLES HADDON SPURGEON

- 19 de junho de 1834: nascimento em Kelvedon, condado de Essex, Inglaterra.
- 6 de janeiro de 1850: conversão espiritual em Colchester.
- 3 de maio de 1850: adesão à Igreja Batista (batizado no Rio Lark em Isleham).
- 1850: pregação do primeiro sermão em uma cabana em Teversham.
- 12 de outubro de 1851: primeiro sermão pregado na Capela Batista de Waterbeach.
- 12 de outubro de 1853: primeiro sermão pregado na Igreja de New Park Street, em Londres.
- 28 de abril de 1854: chamado ao pastorado na Igreja de New Park Street (232 membros).
- 8 de janeiro de 1855: primeiro sermão publicado no boletim New Park Street Pulpit.
- 8 de janeiro de 1856: casamento com Susannah Thompson (nascida em 15/1/1832).
- 20 de setembro de 1856: nascimento dos filhos gêmeos, Thomas e Charles.
- 1856: fundação da Faculdade de Pastores.
- 1857: pregação à maior plateia em um recinto fechado (23.654 pessoas) no Dia Nacional de Oração.

- 18 de março de 1861: abertura do novo Tabernáculo Metropolitano.
- 1864: início da "Controvérsia da Regeneração Batismal".
- 1867: fundação do Orfanato Stockwell.
- 1875: a senhora Spurgeon inaugura o Fundo do Livro.
- 1887: início da "Controvérsia do Declínio" com artigos publicados no boletim *A Espada e a Espátula*.
- 1888: a mãe de Spurgeon, Eliza, morre aos 75 anos.
- 7 de junho de 1891: último sermão entregue no Tabernáculo Metropolitano.
- Durante seu pastorado, 14.692 pessoas foram batizadas e se tornaram membros do Tabernáculo.
- Ao fim do ano de 1891, a membresia era de 5.311 pessoas (a capacidade do Tabernáculo era de 6.000 pessoas, sendo 5.500 sentadas e 500 de pé).
- 31 de janeiro de 1892: morre depois de uma doença prolongada em Mentone, aos 57 anos.
- 11 de fevereiro de 1892: é sepultado no Cemitério de Norwood, em Londres.
- 22 de março de 1899: morre James, seu irmão e pastor assistente no Tabernáculo Metropolitano, aos 61 anos.
- 14 de junho de 1902: morre John, seu pai (e também pastor) com quase 92 anos.
- 22 de outubro de 1903: morre Susannah, sua esposa e colaboradora, aos 71 anos.
- 17 de outubro de 1917: morre Thomas, seu filho (e também pastor), aos 61 anos.
- 13 de dezembro de 1926: morre Charles, seu filho (e também pastor), aos 70 anos.

Sua opinião é importante para nós.
Por gentiliza, envie-nos seus comentários pelo e-mail:

editorial@hagnos.com.br